完/美/融/合/的/创/新/力/量

STUDY　REFLECTION　PRACTICE

读书·思考·实践

打造21世纪卓越企业的解决方案

李在卿 著

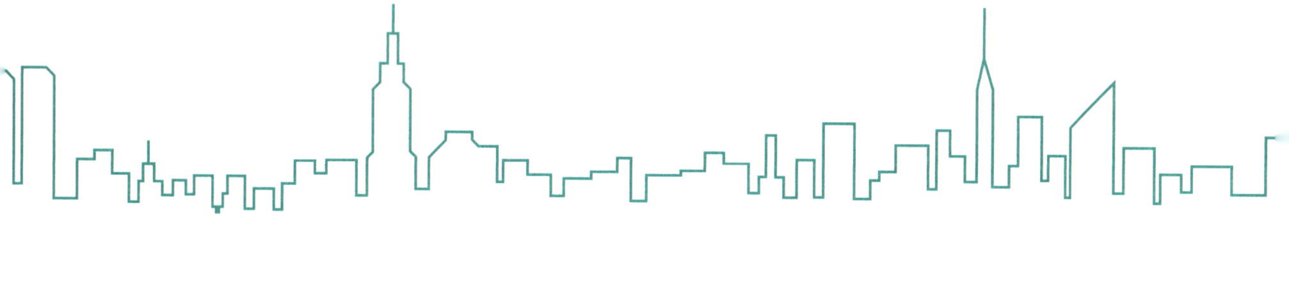

中国电力出版社
CHINA ELECTRIC POWER PRESS

内 容 提 要

本书是作者在研读了50多部国内外优秀图书后，反思过去近15年从事管理咨询与培训时所看到的一些企业在追求卓越道路上的经历，以及在一些知名企业的参观交流学习所见，结合自己近8年围绕打造卓越企业的管理实践所开展的探索，将读书笔记和学习心得与实践反思汇集而成。书中不仅高度提炼和介绍了国内外著名管理大师或专家的先进管理理念、原则、方法和工具，而且围绕在当今巨大的不确定性下组织如何打造21世纪卓越企业，从“定战略、改机构、选干部、建体系、抓运营、防风险、促转型、作决策、推创新、强文化”十个方面阐述了作者的所学、所悟、所感、所行。

本书适用于有志打造21世纪卓越组织各类企业的高级管理人员、运营管理人员、人力资源管理人员、企划和战略管理人员阅读，也可供管理咨询人员学习参考使用。

图书在版编目（CIP）数据

读书·思考·实践 打造21世纪卓越企业的解决方案 / 李在卿著. —北京：中国电力出版社，2020.8
ISBN 978-7-5198-4611-4

Ⅰ.①读… Ⅱ.①李… Ⅲ.①企业管理 Ⅳ.①F272

中国版本图书馆CIP数据核字（2020）第073806号

出版发行：中国电力出版社
地　　址：北京市东城区北京站西街19号（邮政编码100005）
网　　址：http：//www.cepp.sgcc.com.cn
责任编辑：孙　芳
责任校对：王小鹏
装帧设计：赵姗姗
责任印制：吴　迪

印　刷：三河市万龙印装有限公司
版　次：2020年8月第一版
印　次：2020年8月北京第一次印刷
开　本：787毫米 ×980毫米　16开本
印　张：15.5
字　数：312千字
印　数：0001—1500册
定　价：80元

前言

21 世纪，是数字化和智能化的世纪，也是一个充满不确定性的世纪。面对变革大潮，企业想可持续、高质量、绿色健康发展，必须顺应时代变革，要建立面向未来的战略并适时修正；要结合市场的内外环境变化不断调整组织构架，以快速高效适应客户要求；必须建设一支对企业忠诚、竞争力强、作风优良的干部队伍；需要根据国际成熟和成功的标准建立管理体系平台并不断优化，要建立高效运营机制，提高运营效率；要建立全面风险管控体系，切实做好风险防控，合规守法经营；要根据用户需求和技术发展要求做好创新和转型，推进组织信息化建设和数字化发展；要建立高效决策体系，提升管理者的领导决策能力，同时也要强化组织文化建设，为企业的持续成功创造良好的组织氛围。

2012 年，在结束了第二段职业生涯——长达 13 年的管理研究、咨询、培训与认证工作经历后，为了将自己多年的成果和认知在一个良好的平台进行检验和实践，我带着自己已经完成出版的 50 部专著所体现的管理思想和工具，加盟了一家上市公司，担任高级管理工作。我先后负责公司政策研究与战略规划、经营计划与运营及组织绩效考核管理、标准化与体系管理、精益管理、全面风险控制与内控管理、流程管理、卓越绩效管理、效能监察、运营数字化建设、创新管理、质量监督、安全健康监督、环境保持与水土保持监督、企业社会责任、绿色评价、工程建设全过程管理、工程建设数字化平台建设等工作。这些管理，对于一家企业是除了生产业务、人财物以外的所有综合管理。我尽管有多年管理底蕴，但面对新的环境和工作，也深感压力山大。

为了把工作做好，从 2016 年起，我给自己规定每年要读 12~24 本有针对性的书，以提升自己的能力。我根据分管的工作和现代组织发展的要求，除了及时阅读大量文章外，主要选读了有关战略、运营、风控、信息化与数字化、企业创新和转型变革方面的国内外知名管理著作。并且，每年确定 2 个专题，每本书都分为泛读和精读两个阶段，读书过程中我坚持做笔记，写读后感，记录我的思考及感悟，并把一些内容做成 PPT 与公司高级管理人员分享或开设专门的课程进行内外培训，还将部分内容在博客和专业刊物发表，也获得了良好的反响。

为了与更多的读者进行交流，我于2019年1~10月对读书笔记进行了归纳整理、补充和完善，形成了本书稿。本书共分10章，概括为“定战略、改机构、选干部、建体系、抓运营、防风险、促转型、作决策、推创新、强文化”，主要围绕当今中国企业特别是大企业面临的重要问题，对我研读的相关著作中所给出的可推广借鉴的理论和经验进行了提炼汇总，结合自己几十年从事管理培训咨询和应用的经历进行了验证，对一些成功和失败的案例进行了分析，提炼了如何解决这些问题的思路、工具和方法。在每一章的最后还提供了我所阅读的相关书目，以便读者进行进一步的深入研读。希望能够对有志打造21世纪卓越企业的管理人员有所帮助。

本书由读书心得式的文章和笔记汇编而成，为了保持对相关著作精彩内容的准确介绍，在本书中引用了所读书的相关重要精华内容。这也是对这些著作和相关企业的一种推介，在此对所有作者和提供案例的同事朋友表示真诚的谢意。延续我几十年写作并在12家出版社出版的风格，我没有请知名专家和企业家帮助为本书作序或写评语，期待本书第二次印刷时我能将读者的评价增加在本书扉页中。

限于作者水平，书中难免会存在一些问题，恳请读者批评指正。

李在卿

2019年10月19日于北京

目录

前言

第一章 打造战略中心型组织

20 世纪 90 年代，我在一家央企担任过负责企业策划的高管，此前曾经是该公司企划部门的负责人。当时央企是要按照上级政府主管部门的要求制定“企业五年规划”的，这份规划也是企业的战略。作为总经济师我曾经负责过这家央企的第 10 个和第 11 个五年规划的编制。但当时的规划并不像现在的规划有非常明确的目标，也没有动态检讨和修订机制。

2000 年到 2012 年间，在从事管理咨询和认证服务时，由于工作需要我和不少企业的高管特别是一把手讨论过企业的战略，曾经一些企业高管对战略的高见我还深深地印在脑海里。后来我在自己写过的不少著作中都对战略有过一些论述。在中国质量协会质量保证中心工作时，我学习了卓越绩效标准（当时我国还没有编制发布相关标准，所谓标准是协会的文件），了解了“使命”“愿景”“核心价值观”和“战略”，并研究了欧美和日本一些企业的战略。后来我在给企业做创国家质量奖咨询时开始全面关注和研究战略。2015 年，国际标准化组织（ISO）发布的 ISO 9001 新标准，特别强调了质量管理体系与战略的一致性，我更加注重战略的作用。2016 年，我服务的某上市公司全面推进战略管理，并从中国华润集团引入了战略管理的方法。我参与了相关战略的制定、动态检讨、分解落实。2017 年起，我作为公司分管战略运营的负责人，参与推动了打造战略中心型组织的建设，还组织公司参与了集团公司创全国质量奖的全过程。这期间研读了一些国内外战略管理的相关著作，本章我将读书笔记和读后感进行了整理，并结合工作实践和事后的反思与企业的高管谈谈如何打造战略中心型组织。战略确实是高管最需要关注的事，制定战略和保障战略落地高管必须参与。

在本章中，我首先谈了战略管理的重要性，谈了我对打造战略中心型组织五项原则的认识，介绍了平衡计分卡的相关知识；接着说明了如何制定有效的战略；再谈了如何确保战略落地，最后谈了自己这几年负责战略管理的经验。

一、成功的企业都十分重视战略

不是所有的战略都是有利于企业成功发展的好战略。好战略推动企业持续成功的案例不少，由于战略失误导致企业破产的也有很多。理查德·鲁格尔特（Richard Rumelt）的《好战略　坏战略》一书是一部厘清近20年“战略”管理思想的经典作品。书中给出了好战略和坏战略的特征。理查德·鲁格尔特是美国加州大学洛杉矶分校约翰·安德森管理学院教授，在著名的欧洲工商管理学院任教多年。曾任美国宇航局喷气推进实验室系统工程师，负责木星探测任务的“旅行者计划”。1966年开始研究战略问题，是全世界战略研究重要的三位先驱人物之一。《经济学人》评价其为“当今25位具世界影响力的管理思想家之一”。麦肯锡公司评价其为“战略中的战略家”。

（一）战略、好战略、坏战略

1. 战略

战略（strategy）一词最早是军事方面的概念。战略的特征是发现智谋的纲领。在西方，“strategy”一词源于希腊语“strategos”，意为军事将领、地方行政长官。后来演变成军事术语，指军事将领指挥军队作战的谋略。在中国，战略一词历史久远，“战”指战争，“略”指“谋略”“施诈”。春秋时期孙武的《孙子兵法》被认为是中国最早对战略进行全局筹划的著作。传统的战略概念指军事战略，即指导战争的作战方法（方略），或指导战争全局的方略。现代战略概念，除仍指传统的战略概念外，还被广泛作为包括诸如国家战略、国防战略等多种战略在内的战略概念使用，例如，国家战略、国防战略、军事战略、军种战略、战区战略等战略。战略是一种从全局考虑谋划实现全局目标的规划，战术只为实现战略的手段之一。战略是一种长远的规划，是远大的目标。

战略管理（Strategic management）是指对一个企业或组织在一定时期的全局的、长远的发展方向、目标、任务和政策，以及资源调配做出的决策和管理艺术。

2. 好战略

战略是为了应对高风险的挑战而采取的连贯的分析、理念、方针、论证和行动。“好战略”是以充分论证为基础的连贯性活动。好的战略通常具有以下四个特征：

（1）连贯性：战略是长期的规划，既要承上启下，又要关注未来。

（2）协调性：战略要考虑股东、顾客、内部、员工。

（3）指导性：战略是行动指南。

（4）物质性：战略引导资源配置。

一个好的战略往往包括三个核心要素，即调查分析、指导方针、连贯性行动方案。战略的核心内容就是要分析当前形势，制定指导方针来应对重大问题，并采取一系列的连贯性活动。要制定一个好的战略要经过三步：

第一步：深入分析挑战的具体结构，而不是简单地制定业绩目标。

第二步：选定对当前形势的整体性指导方针。

第三步：进行活动配置和资源分配，以落实既定的指导方针。

好的战略对企业的各项管理工作、目标、计划起着重要的指导作用，它成为企业的“杠杆”，通过集中组织的智慧、资源和行动来获取力量，使企业统一思想、目标，集中力量发挥最大效用；好的战略是企业的蓝图和纲领，它规划了企业长时期发展的方向、目标，以及实现目标的基本途径和策略，是企业一定时期各项工作的指南；好的战略能发挥竞争优势，实现质的变革；好的战略还需要一个好的调整机制，没有一个完善的执行战术，战略在执行过程中也会偏离轨道。

3. 坏战略

“坏战略”不是简单的好战略的缺失，它起源于一些特定的认知误区和领导失误。坏战略是明显的错误思维和表述。“坏战略”普遍存在，主要有以下表现：

（1）缺乏长远发展规划，没有清晰的发展战略和竞争战略。

（2）战略决策随意性较大，缺乏科学的决策机制。

（3）领导兢兢业业，员工任劳任怨，但是企业就是停滞不前。

（4）对公司战略的判断仅仅依靠领导者和管理者个人的直觉和经验。

（5）对市场和竞争环境的认识不足，缺乏量化的客观分析。

（6）盲目追逐市场热点，企业投资过度多元化，导致资源分散，管理混乱。

（7）企业上下对未来发展方向没有达成共识，内部存在较大的分歧。

（8）战略制定没有在组织内部充分沟通和交流，导致既定战略缺乏组织内部的理解和支持。

（9）战略目标没有进行充分分解，也没有具体的行动计划，无法落实到企业的日常经营管理活动中，成为空中楼阁。

（10）缺乏有效的战略执行手段和保障措施，在组织结构、人力资源规划、财务政策等方面与战略脱节。

纵观一些坏战略，一般具有以下特征：

（1）不能直面挑战：没有发现并解决妨碍企业发展的根本性障碍问题。

（2）错把目标当战略：如某企业的战略是“我们将成为一流的图形艺术服务商”。

（3）糟糕的战略目标：战略是为了实现特定的目标而采取的行动。有的用价值观的愿景作为战略目标、有的用中间目标（运营目标）作为战略目标、有的是不切实际的目标、有的是大杂烩的目标。

导致“坏战略”存在的原因主要有：组织不愿意或者没有能力做出抉择，战略就是要有所为有所不为，就是要利用有限的资源与精力实现一些目标，也放弃一些目标，但有些组织却很难在目标中做出取舍。由于模板化的战略规划系统的影响，一些企业过于形式化，从愿景、使命、价值、战略描述战略规划，但愿景中没有从时间段上明确战略目标，空洞的愿景不等于好的战略；战略措施写成了所求的目标；还有一些企业过分强调领导魅力，实际上魅力领导不等于好的战略，有效的领导不依赖魅力。

（二）战略的作用

组织的战略管理决定了其方向和定位，是企业做强、做大的必然要求，是企业谋求生存和发展的重要保障。战略是决定企业经营活动的关键因素，是企业创造长期竞争优势的根本途径，是企业实现自己理性目标的前提条件，是企业长久高效发展的重要基础；是企业充满活力的源泉。

（三）成功的企业战略管理经验

无论是中国的青岛啤酒、华为、海尔，还是美国的美孚石油、农业化学公司等的持续成功都得益于有一个好的战略并有效执行。

1. 青岛啤酒运用“平衡计分卡”战略工具顺利实现多次重大转型

青岛啤酒2003年开始关注和研究平衡计分卡，10多年来，公司从“扩张”到“整合”，再到“整合与扩张并举”，青岛啤酒成功实现了从生产型企业向市场型企业的转型。在这些重大转型过程中，平衡计分卡作为管理工具起到了重要作用，保证了青岛啤酒的战略落地和整合效果。青岛啤酒成为全球100多个“战略执行明星组织”之一。

2. 华为利用“业务领先模型”实行三次战略转型

自1987年至今，华为在过去30多年里，先后历经多次重大战略转型，形成了从战略制定、战略执行到保障机制的战略管理流程链，使其业务发展达到事半功倍的效果，实现持续盈利的发展态势。正是基于一次次成功的战略“转身”，华为在动荡的行业浪潮之中存活下来，并不断发展壮大。

第一次转型是起步期，农村包围城市：华为在初创期，遵循的是农村包围城市的发展战略。众所周知，华为一直是一个强销售驱动，或者说是由市场驱动经营的公司。它始终强调的是，一定要做满足客户需求的产品和解决方案，永远以市场需求和客户需求为导向，不断牵引公司的研发方向。

第二次转型是国际化及全球化：华为在1998年左右，启动了第二次战略转型，即差异化的全球竞争战略。国际化战略的形成，是基于以下4个重要的因素：

（1）天花板效应。当时，华为的产品，尤其是交换机产品在国内已经占据了主导的地位，整个行业的国内市场也已经趋于饱和。因此，依托这个产品实现快速增长的天花板已经出现，必须形成新的突破。这时，海外市场就成为最佳的选择。

（2）成熟的产品体系。因为华为的交换机产品经过了国内市场的检验和锤炼，已经非常成熟了，可以直接拿到海外进行销售。

（3）优秀的人才储备。在国内，无论是在客户层面、服务层面还是在产品层面，在共同面对市场的过程当中，一大批优秀的干部已经被培训和训练了出来。当时，华为创造了“铁三角”模式，包括客户经理、解决方案经理、交付专家以及HR经理等等人才，完全可以直接走到海外去进行市场的拓展、销售以及产品的服务和维护。

（4）管理体系的提升。不论是在农村包围城市的市场策略当中，还是在整个国际化的进程中，华为引入了很多的咨询公司，包括从 IBM（国际商用机器公司）引进了 IPD（集成产品开发）、ISC（集成化供应链）等流程。在 1995 年前后，华为邀请了华夏基石的彭剑锋等六位人大教授为其提炼出《华为基本法》等企业文化方面的内容，可以说对当时公司思想的统一起到了非常重要的作用。

第三次转型是由运营商客户向运营商 BG（business group，事业部或事业群）+ 企业 BG+ 消费者 BG 转型，即三个 BG 业务的分拆：华为第三次战略转型，是从单纯面向运营商转向三个不同的 BG 业务领域。以前，华为的客户只在运营商层面，包括中国电信、中国移动等等。在转型之后，华为不仅仅做运营商企业（运营商 BG），而且做了很多的行业客户、企业客户（企业 BG），同时也会面向终端消费者。其中，面向终端的 BG 主要包括面向手机类产品以及最终面向消费者的一些业务部门（消费者 BG）。

华为引入 IBM 的“业务领先模型（Business Leadership Model，BLM）”（见图 1-1）作为完整的战略规划方法。BLM 认为企业战略的制订和执行部分包括八个相互影响、相互作用的方面，分别是战略意图、市场洞察、创新焦点、业务设计、关键任务、氛围与文化、人才和正式组织等。通过这一模型，华为建立了以客户为中心、以目标为导向的战略管理体系。华为之所以在战略规划领域引入了 IBM 的 BLM 模型，并且在制定公司战略规划的过程中能够一直坚持使用这个模型，是因为这一模型具有非常重要的价值。

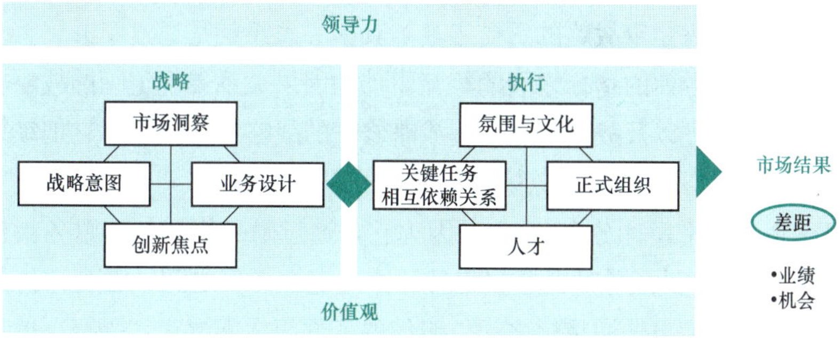

图 1-1 IBM 的业务领先模型

3. 美国农业化学公司运行“平衡计分卡”实施战略管理，3 年收入翻番

美国农业化学公司是一家农业化学品制造商，1993 年制定了包括 5 个相互交叠的战略主题，即生产流程再造、重新设计和经销商的交互界面、改善经销商运营、研发经销准则与农户的新交互界面、倡导精准农业。通过运用平衡计分卡实施战略管理，取得显著运营改善。公司 3 年内销售收入翻了一番，净资产回报率从 16% 提高到 50%，并和终端客户建立了直接的长期合作关系。

4. 美孚石油通过运用战略中心型组织的五项原则取得突破性绩效增长

美孚石油 1994 年启动平衡计分卡项目，1995~1998 年，重新进行市场定位，将平衡计分卡作为公司管理流程的核心，重新从财务、客户、内部流程、学习和成长协同的角度确定公司的战略目标和措施，通过将公司的战略地图和平衡计分卡向下分解到各个单元，促进了部门间加强合作，提升协同效应；通过基于平衡计分卡建立了一套全面、持续的沟通流程，确保每个员工理解战略；通过将薪酬体系与平衡计分卡联系起来，进一步强化了战略；公司高管每年对平衡计分卡进行回顾，并根据公司内部管理水平和外部竞争环境变化对计分卡进行更新，通过制订年计划和行动方案实现从战略到运营的循环；公司高管每年一月召开平衡计分卡会议。由于实施以基于平衡计分卡的战略管理，大幅降低成本、提高了整体运营效率，提高了客户满意度，连续 4 年产品质量不断提高、每年成品损失减少 70%、案例事故导致的误工损失减少 80%、环境事故减少 36%。

二、正确理解“战略中心型组织”的五大原则

美国平衡记分卡协会主席、哈佛大学教授罗伯特·卡普兰（Robert S.Kaplan）和复兴全球战略集团的创始人、总裁戴维·诺顿（David Norton）在《平衡计分卡的制胜方略 战略中心型组织》一书对平衡计分卡进行了介绍，这本书是 80 年来影响力深远的管理学说“平衡记分卡”创始人的突破性力作，解决组织普遍的战略执行问题，“平衡计分卡”是有史以来最强大的绩效衡量体系。

平衡计分卡是组织制定战略的重要工具。其核心思想就是通过财务、客户、内部流程及学习与发展四个方面的指标之间的相互驱动的因果关系展现组织的战略轨迹，实现绩效考核——绩效改进以及战略实施——战略修正的战略目标过程。它把绩效考核的地位上升到组织的战略层面，使之成为组织战略的实施工具。

之所以称之为“平衡计分卡”，主要因为它是通过财务指标与非财务指标考核方法之间的相互补充“平衡”，同时也是在定量评价与定性评价之间、客观评价与主观评价之间、组织的短期目标与长期目标之间、组织的各部门之间寻求“平衡”的基础上完成的绩效考核与战略实施过程。

平衡计分卡从财务、客户、内部流程、学习和发展四个角度阐述战略，具体而言：

第一个角度——财务角度：我们怎样满足股东？企业经营的直接目的和结果是创造价值，利润始终是企业所追求的最终目标。如销售贡献额、销售收入、净利率等。

第二个角度——客户角度：客户如何看我们？如何向客户提供所需的产品和服务，从而满足客户需要，提高企业竞争力，已经成为企业能否获得可持续性发展的关键。客户角度正是从质量、性能、服务等方面，考验企业的表现。如新开发有效客户数量、客户满意度、营销支持满意度等指标。

第三个角度——内部流程角度：我们擅长什么？公司是否建立起合适的组织、流

程、管理机制，在这些方面存在哪些优势和不足。内部流程角度应该从以上方面着手，制定考核指标。如技术降成本、成本控制体系建设、质量体系建设等指标。

第四个角度——学习与发展角度：我们能否继续提高并创造价值？企业的成长与员工的能力素质和企业竞争力的提高息息相关，而从长远角度来看，企业唯有不断学习与创新，才能实现长远的发展。如绩效体系落地情况、人均培训小时数等指标。

平衡计分卡可以帮助组织建立管理战略的系统，让战略成为组织管理的中心议题，使组织能够清晰地描述和沟通战略，并让全员理解并努力实现战略目标；可以实现高度聚焦，使组织内的任何资源和行动围绕战略协同起来；可以鼓励所有员工采取完全不同的行为方式，帮助组织在业务单元、共享服务部门和员工个人间建立新的联系。

戴维·诺顿重点提出了“战略中心型组织”用以管理战略执行的 5 项基本原则，即高层领导推动变革、把战略转化为可操作的行为、使组织围绕战略协同化、让战略成为每个人的日常工作、使战略成为持续性流程。书中用大量案例详细论述了这五个原则。因此，要打造战略中心型组织，必须全面准确理解这五个原则。

（一）高层领导推动变革

与所有管理活动遵循的原则一样，“领导作用”在创建战略中心型组织时同样重要。

创建战略中心型组织，不仅要看组织的结构与设计等问题，更倚重组织高层管理者的领导。建立一个以战略为中心、相互协同的组织一定离不开高层管理团队的积极、持续地推动和参与。平衡计分卡战略执行项目是企业的一场变革，这一变革要得到公司高层的高度重视，成为“一把手”工程。领导者能够创造一种变革的气氛以及变革要达到的愿景，教育和引导企业所有中层管理者深刻领会建立战略中心型组织的重大意义和价值，从而获得他们的参与和支持；高层领导团队的推动往往决定了平衡计分卡能否持续从而保证战略的成功实施，高层管理者要明确自己在项目中的角色和定位，并在项目遇到问题时能够及时提供有力的支持和保障，一旦组织启动了这一变革，高管团队就要着手建立流程来引导转型过程。平衡计分卡项目可以从企业的不同单元开始实施，标准就是看该单元是否有一位注重交流、参与和员工革新的高管。

（二）把战略转化为可操作的行为

这一原则要求和高层一起明晰战略、确定战略目标，并把战略转化为一张简单易懂的战略地图。

许多组织在战略实施中遇到严重困难，主要原因是组织的系统阻力影响了战略执行，很多组织甚至没有管理战略的任何流程。很多组织实施的项目往往不具备战略性，采用的是绩效管理的流程和形式。由于绩效管理项目通常只关注关键绩效指标（KPI），而不关注他们与品牌战略的联系，或者是否支持用以实施战略的重点举措。

打造战略中心型组织，需要组织整合预算和经营管理与战略双循环流程。要基于平衡计分卡的报告体系对战略实施监控，必要时采取纠正措施。平衡计分卡是战略学习流程的关键，它将经营控制流程与战略管理的学习流程和控制流程挂钩，帮助组织以统

一、有启发性的方式来描述和沟通战略。组织可以通过以下 3 种措施建立新型的战略中心型管理体系，以实现监测战略绩效、团队合作、分析数据、开发新的战略认识、形成新的战略方向、更新计分卡指标、调整预算的目的。

（1）挂钩战略和预算：通过平衡计分卡设定的挑战性目标和战略行动方案将复杂的战略和严谨的预算挂钩。

（2）关闭战略循环：和“平衡计分卡”挂钩的战略回顾体系提供了新的报告框架和新的管理会议模式，便于聚焦战略，管理者不再是管理职能间的壁垒，而是管理整合和协同的战略主体。

（3）平衡计分卡清晰地描述了战略假设，高层可以通过平衡计分卡回顾体系所提供的信息验证战略假设，从而深度分析，随着组织出现新的观念和方向，实时调整战略。

（三）使组织围绕战略协同化

协同是组织设定的最高目标，为了使组织整体绩效超过组织内各部门所产生的绩效总和，每个单元的战略都必须相互关联和协同。传统职能型组织之间的壁垒是阻碍战略实施的一个主要障碍，而战略中心型组织可以打破这种障碍，管理层可以改变原来正式的报告结构，根据战略主题和优先次序在组织内各个分散的单元之间传达一致的信息。高管团队就组织的战略地图和平衡计分卡达成一致后，就要把战略分解到组织的各个层级，实现纵向和横向的有效协同。

（四）让战略成为每个人的日常工作

战略中心型组织需要所有员工理解战略。战略管理归根到底是对人的管理，如果战略执行没有得到所有员工的支持，难以想象会有成功的战略管理。因此，组织首先要建立科学合理的管理体系，构建强有力的执行机制，然后需要逐步优化人员的管理，将个人绩效和组织绩效联系起来，将个人执行结果和个人职业发展、员工能力提升以及激励机制挂钩，形成完整的、可持续的战略管理系统。

平衡计分卡为组织提供了一个强大的沟通和协调工具，它把员工的经历和才干都聚焦于组织的战略目标。战略中心型组织运用平衡计分卡，通过 3 个流程来把员工和战略协同起来：

（1）沟通和教育：员工要帮助实施公司的战略，就必须首先了解并理解战略。有效的沟通流程就是要帮助员工理解公司的战略。

（2）开发个人和团队目标：员工必须理解他们如何能够影响公司战略的成功实施。管理者必须帮助员工设定个人和团队目标，这些目标要与公司目标一致。根据这些目标，可以定制员工的个人发展计划。

（3）奖金和激励机制：公司要建立“平衡的薪酬体系”。要让员工感到，公司成功时，他们个人也分享到了公司的成功，个人薪酬相应提升；相反，公司绩效不佳时，他们的薪酬也会相应减少。奖金和激励机制把组织绩效和个人回报紧密联系在一起。

（五）使战略成为持续的流程

战略管理流程是组织最高层面的管理流程；实验室能够把战略与预算、运营和人力资源管理更深入且精确地联系起来。成功运用平衡计分卡的公司可引入将战术管理和战略管理融合成一个无缝持续的流程即“双循环流程”来管理战略。

首先，组织要将战略和预算流程连接起来，明确战略型预算和运营型预算，确保长期行动方案得到资金支持。

其次，建立战略回顾制度，每个季度或半年召开一次战略回顾会议，主要讨论平衡计分卡，以便中高层管理人员有专门的机会发现意见。

最后，不断完善战略管理流程，采纳组织中不断产生的新创意和知识，改进组织的战略。

三、制定有效的战略

组织规划战略通常包括以下六个步骤：

第一步：确定股东 / 利益相关者的价值差距：设定挑战性目标值和必须缩小的价值差距。

第二步：调整客户价值主张：确定能够提供客户价值新来源的目标客户群和价值主张。

第三步：为持续性结果规划时间表：在规划范围内说明如何缩小价值差距。

第四步：确定战略主题（少数关键流程）：把价值差距分配到各战略主题。

第五步：确定和协调无形资产：确定在人力资源、信息和组织资本方面的准备度差距。

第六步：确定执行战略所要求的战略行动方案并安排预算：为战略行动方案安排预算。

组织要制订一个有效的、适宜的、可落地的战略，要重点做好以下工作：

（一）做好战略定位

战略是连接统一体中的一环，使命是明确组织是干什么的，也就是解决了我是谁的问题；愿景说明了我要成为什么，也就是解决了我要到哪儿去的问题；战略是如何去，也就是要解决道路、工具或方法问题。使命是一个简明、重点清晰的内部陈述——企业希望如何向客户传递价值；说明了企业存在的原因，指引企业行动的基本目标和指导员工行动的价值。愿景是一个简明的陈述，界定了企业中长期（3~10 年）目标；愿景应该是外部的和市场导向的，也应该表达企业想如何被世界感知。战略是选择一套行动方案使企业能够善于在市场上创造持续性差异；持续性差异能够向客户传递的价值超过竞争者或提供更低的成本。使命、愿景和战略构成一个整体，成为组织的总体规划。

任何组织在制定战略规划前都要通过确定使命、愿景来给组织进行明确的定位。如定位投资商、制造商、发电商或解决方案提供商，其具体战略目标和措施是完全不一样的。

战略的本质就是要创造差异化。马克·吐温说："每当发现自己和大多数人站在一起，你就该停下来反思"；优秀的组织一定有与众不同的战略定位，战略的精髓就是选择不做什么。要针对对手确定最具优势的有利位置。

（二）明确战略意图

组织的最高管理层，要根据组织一定时期的定位，明确组织的战略意图，并对战略规划编制人员进行充分说明，以便在战略规划编制时突出和充分体现组织的战略意图。如同头狼分配任务，一定要分工明确，意图清晰，作为领导，要使你的员工明白你的意图并执行战略，就必须让他们了解总体战略以及他们在其中的任务。

（三）编制平衡记分卡

平衡计分卡框架（见图 1–2），主要通过描述财务层面、客户层面、内部流程层面和学习成长层面 4 个层面的目标指标和主要措施来展现组织的战略规划。组织要在充分开展市场洞察和内部现状分析的基础上，结合使命、愿景的总体描述和总体战略描述的要求，详细确定这 4 个层面的战略目标指标。

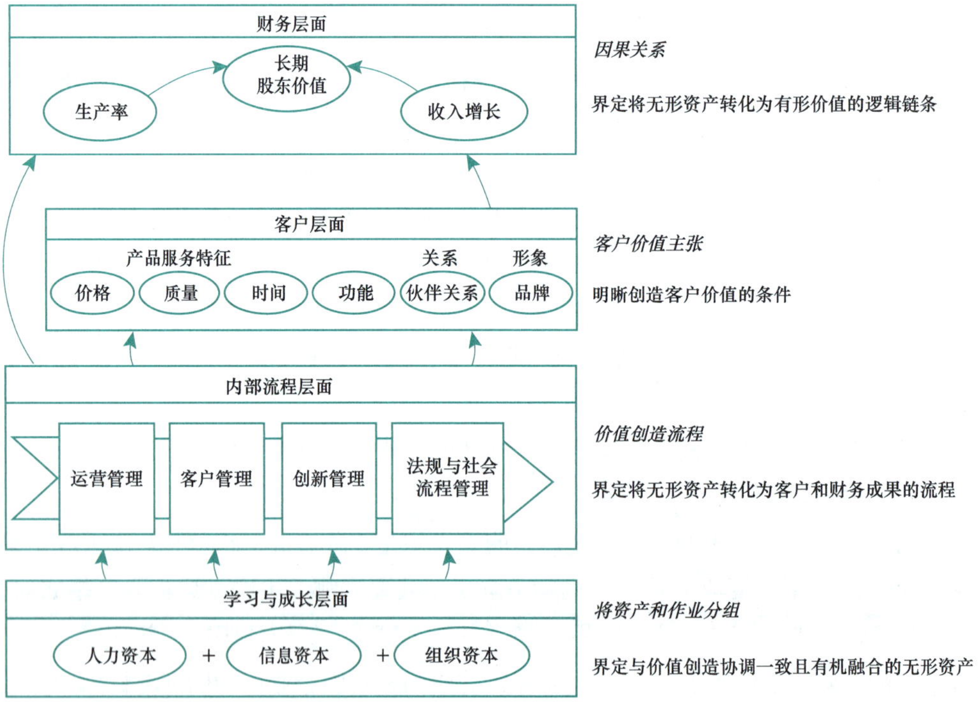

图 1–2　平衡计分卡框架示意图

1. 财务层面：长、短期对立力量的战略平衡

公司财务业绩改进的基本方法通常包括：收入增长，即通过加深与现有客户的关系，企业能够创造盈利性收入增长，或通过销售全新的产品，企业也能够创造收入增

长；或生产率提升，可通过降低直接成本和间接成本来降低总成本，或通过更有效地利用它的财务和实物资产，减少支持业务所需的营运和固定成本。

要实现长期和短期的平衡需要注意两点：改善收入增长行动通常比改善生产率行动需要更长的时间；战略的财务要素必须要有长期和短期两个维度。表 1–1 给出了财务层面目标指标案例。

表 1–1　　财务层面目标指标案例

目标	指标
成为行业中的成本领先者	1. 单位成本，将竞争对手作为杠杆
	2. 单位产出成本的年降低率
	3. 成本预算差异百分比
	4. 单位产出或每个场所的一般、销售和管理费用
现有资产利用最大化	1. 销售 / 资产
	2. 存货周转率
	3. 投资效率（新项目的净现值与投资总额之比）

2. 客户层面：战略的基础是差异化的价值主张

价值主张定义了公司的战略。价值主张通常是指公司期望做的事情比竞争对手更好或者与众不同，差异化就是指与众不同，要有特殊的价值主张，即描述企业将如何为客户创造差异化、可持续的价值，如强调有吸引力的价格、卓越而一致的质量、较短的交货期、方便购物和良好的选择，为客户实现最佳购物和实现总成本最低；再如强调独特的产品特征和性能，这些特征和性能是前卫的客户所看重并愿意付出高价得到的，突出产品创新和行业领导地位；还如为客户提供全面解决方案，使客户感受到公司了解他们并能够提供客户化的、满足需要的产品和服务。表 1–2 给出了客户层面目标指标案例。

价值主张的需要传递，组织的战略应确定特殊的细分客户，即可为公司带来增长和盈利的客户；一旦确定客户之后，再确定目标和指标来反映组织想要提供的价值主张，通过公司为目标客户提供独特的产品组合、价格、服务、关系和形象。创造持续的价值主张是企业战略的核心。

表 1–2　　客户层面目标指标案例

目标	指标
降低客户成本：增加客户利润	1. 相对于竞争对手的价格
	2. 客户的获得成本
	3. 本公司产品和服务的客户盈利性

续表

目标	指标
向客户交付零缺陷的产品或服务	1. 每百万件缺陷率或客户体验到的缺陷等级的比率
	2. 客户抱怨的数量和百分比
	3. 质保事件和现场维修服务的数量
准时交付产品	1. 准时交付比率
	2. 客户提前期（从订货到交付）
	3. 完美订单比率（从正确的时间将无缺陷产品和服务交付到正确的地点）
提供良好的选择	1. 衡量客户需求满足程度的产品或服务提供状况指数
	2. 缺货比率

3. 内部流程层面：价值通过内部流程创造

内部流程实现的两个关键战略要素是：向客户生产和传递价值主张；为了财务的生产率要素，改善流程并降低成本。如运营管理流程：从供应商获得原材料⟶将原材料转变为成品⟶向客户分销成品⟶管理风险；再如客户管理流程：选择目标客户⟶获得目标客户⟶保持目标客户⟶增长目标客户；又如创新流程：识别新产品和服务的机会⟶对研究和开发进行管理⟶设计和开发新产品和服务⟶将新产品和服务推向试产；还如法规与社会流程：环境⟶安全和健康⟶招募实践⟶社区投资。组织要围绕内部流程确定主要过程目标指标。表 1–3 给出了内部流程层面的目标指标案例。

表 1–3　内部流程层面的目标指标案例

目标	指标
降低生产产品和服务的成本	1. 关键运营流程的作业成本
	2. 单位产出成本（生产相似产品的组织）
	3. 营销、销售、分销和管理费用占总成本的百分比
持续改进流程	1. 持续改进流程的数量
	2. 减少无效或不增值流程的数量
	3. 每百万件缺陷率
	4. 合格率
	5. 报废和废品率
	6. 检查和测试成本
	7. 质量总成本（预防、评价、内部失败、外部失败）

续表

目标	指标
改进流程反应程度	1. 周转期（从生产开始到产品完工）
	2. 加工时间（产品实际被加工的时间）
	3. 加工效率（加工时间占周转期的比率）
提高固定资产利用率	1. 生产能力利用百分比
	2. 设备可靠性（可用于生产的时间的比率）
	3. 故障次数或百分比
	4. 灵活性（生产和交付 / 服务的流程的范围）
提高运营资本效率	1. 日存货、存货周转期
	2. 日应收账款
	3. 库存比率
	4. 现金周转期（应收账款周转期加上存货周转期减去应付账款周转期）

4. 学习与成长层面：无形资产的战略协调一致

重点关注三类无形资产。三类无形资产包括人力资本、信息资本、组织资本，即：人力资本，支持战略所需技能、才干和知识的可用性；信息资本，支持战略所需的信息系统、网络和基础设施的可用性；组织资本，执行战略所需的发动并持续变革流程的组织能力。要重视关键战略内部流程所需的特殊能力和特征；通过战略地图使管理者查明战略所需的特殊人力、信息和组织资本。表 1–4 给出了学习成长层面的目标指标案例。

表 1–4　　学习成长层面的目标指标案例

目标	指标
开发质量管理和流程改善	1. 参加质量管理技术培训的员工百分比
	2. 具有 6sigma 黑带水平资格的员工比率或数量
	3. 参加质量管理理论培训或具有这方面知识的员工比率
推动流程改善和客户满意度的技术	1. 从运营中获得及时反馈的员工比率
	2. 能够对订单情形进行电子化跟踪的客户比率
持续改善文化	1. 持续改善和知识共享文化的员工调查
	2. 提出流程改善新思路的数量
	3. 采纳员工流程改善建议的比率
	4. 跨多个部门共享质量和流程改善思路的数量
	5. 来自员工建议和行动（成本节约、缺陷减少、产量提高、处理时间减少）的业绩改善

（四）绘制战略地图

1. 战略地图的内容和作用

战略地图是组织可视化表述战略的最好方式。战略地图是在平衡计分卡的基础上发展来的，与平衡计分卡相比，它增加了两个层次的东西，一是颗粒层，每一个层面下都可以分解为很多要素；二是增加了动态的层面，也就是说战略地图是动态的，可以结合战略规划过程来绘制。战略地图是以平衡计分卡的财务层面、客户层面、内部层面、学习与增长层面这四个层面目标为核心，通过分析这四个层面目标的相互关系而绘制的企业战略因果关系图。

战略地图的核心内容包括：企业通过运用人力资本、信息资本和组织资本等无形资产（学习与成长），才能创新和建立战略优势和效率（内部流程），进而使公司把特定价值带给市场（客户），从而实现股东价值（财务）。

战略地图具有以下作用：

（1）让员工清晰地理解战略。

（2）可以直观展示公司各种战略目标之间的关系，形成具有清晰因果关系的战略路径。

（3）能够将战略目标转化为可以操作的方案。

2. 建立战略地图的原则

（1）战略平衡各种力量的矛盾：描述战略以平衡和连接短期财务目标和长期财务目标。

（2）战略以差异化的价值主张为基础：战略要求在目标细分客户与令他们愉悦的价值主张之间建立清晰的联系。

（3）价值通过内部流程来创造：它们驱动了战略，描述如何实施它们的战略决定了价值的创造和持续。

（4）战略包括并存的相互补充的主题：战略应该是平衡的，四类内部流程中，每类至少有一个主题被包含进来。

（5）战略的协调一致决定无形资产价值：学习与成长的三个层面与战略一致时，企业具备很高的组织准备程度。

3. 绘制战略地图

图 1–3 给出了战略地图的示例。具体绘制战略地图的步骤是：

（1）明确什么是公司战略地图。在企业的战略指导下，从财务，客户，流程，学习成长四个层面定义公司的目标，各个目标之间层层递进，并通过明晰这四个层面目标之间的因果关系，来描述企业的战略，这张图就叫战略地图。它让企业以一种更为连贯、完整和更为系统的方式，来审视自己的战略。

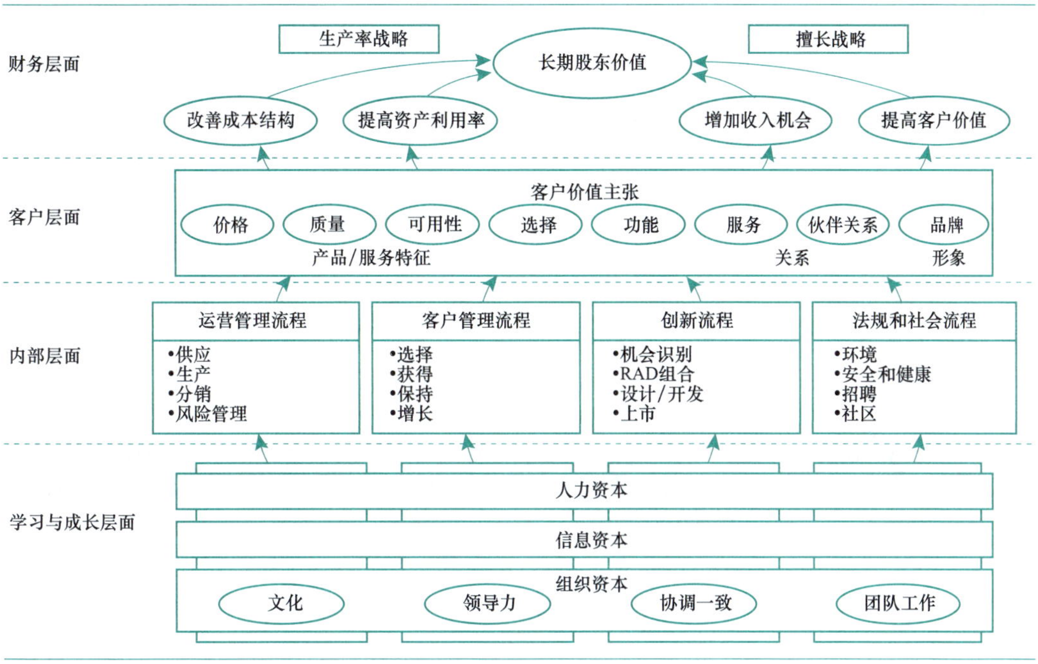

图 1-3　战略地图示例

（2）战略地图绘制的五大步骤。战略地图绘制的五大步骤（见图 1-4）：①确定战略财务目标；②确定业务增长路径；③确定客户价值主张；④确定内部运营主题；⑤确定战略资产准备。

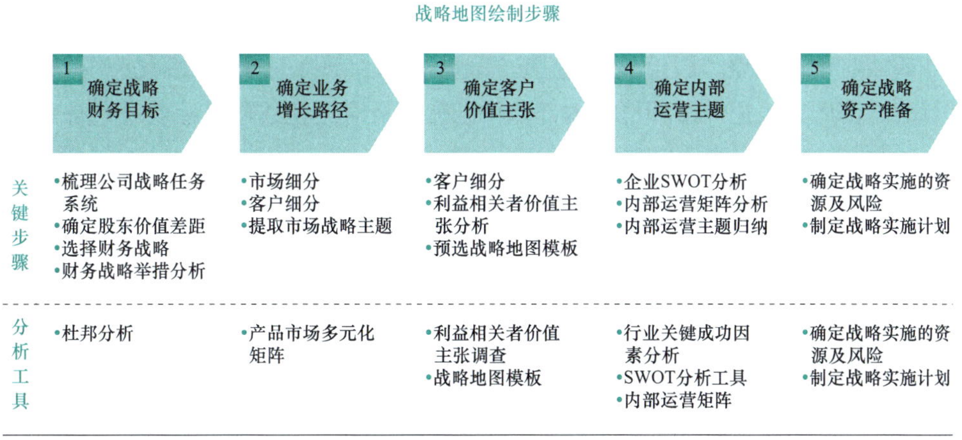

图 1-4　战略地图绘制步骤

通过以上 5 个步骤，基本能绘制出公司总的战略地图、细分的职能战略地图和业务战略地图。

（五）精准制订战略策略

实现宏大战略目标的路径才是战略。战略目标确定后，战略策略制定也非常重要。只有目标却没有可行的行动方案也是达不到目的的。战略是为了获得竞争决胜的“一致行动”，一堆没有内在逻辑的、松散堆砌的行动清单并不是战略；战略是组织所有运营活动的最高统领，一切运营活动都要围绕战略展开，支撑战略定位。要针对各个战略目标，分析风险，明确责任，明确战略控制点，明确资源配置，确定实现路径和对策措施。组织可以将业务分为核心业务、成长业务和新兴业务，分别确定战略目标、战略重点、管控方式和绩效评价标准，如表 1–5 所示。

表 1–5　战略措施分解示例

类别	核心业务	成长业务	新兴业务
战略目标	维护行业地位	迅速扩张	形成新的增长点
战略重点	持续改进价值链运营	发起挑战，扩大市场份额	核心技术和商业模式
管控方式	经营计划实施与控制	核心能力差距分析	项目规划
绩效评价标准	利润表现和现金流	收入增长和投资回报	成功可能性

（六）快速迭代战略

战略也不是一成不变的，随着外部环境和内部条件的变化，战略是要进行动态调整的。战略规划的核心任务不是输入一份战略规划报告，而是要重塑企业决策者的心智模式，加速整个组织的认知升级。华为始终处于战略发展和动态调整状态，主要缘由是以任正非为首的管理层具有强大的深层学习能力，他们的自我批判推动华为管理层不断改善心智模式、不断调整“假设”、防止被“假设”和“经验”绑架。因此，组织要不定期进行战略回顾，根据外部环境和内部条件的变化及时调整战略目标或进行必要纠偏，完善行动方案，确保战略的适宜性和可行性。

四、打造战略落地能力

（一）提升战略领导力

战略领导力是领导力的一个重要组成部分。带一群人去一个从来没去过的地方，这个人所具备的能力就是战略领导力。优秀的领导者带人去他们想去的地方，卓越的领导者带人去他们没想到要去但是应该去的地方。战略领导力的根本特征是对全局整体负责、对方向路径负责、对事业成败负责、对持续未来负责。

在战略管理中，领导者的作用是为新战略制订鼓励人心的愿景，创建聚焦战略的新型组织结构、将组织的权力和责任分解到最低层面，利用共同愿景的力量去协调各单元的行动方案，运用预算、反馈和报告系统建立新的治理流程，整合以上行动以激励组织并保持战略变革的动力。

要想打造战略中心型组织，组织的高级管理层必须具备以下四大战略管理能力：

（1）构建战略远见和雄心，明确战略意图、布局战略地图，推动大家前行在正确的道路上。

（2）深入洞察行业生态演进，设计与众不同的战略定位，并将战略定位深化为“护城河”。

（3）优化资源配置，打造组织能力，将战略转化为经理人的行为和员工的行为，推动战略落地。

（4）适应和引领战略变革，快速推进认知升级，创新探索、主动求变，推进战略快速进化。

战略是以未来推导现在，是组织的生死大计，决定着组织的方向和命运。战略是企业家的灵魂，只有有能力定义未来，才能超越竞争。

（二）发育企业核心竞争力

人才不是企业的核心竞争力，人才管理体系和人才管理能力是企业的核心竞争力。一个组织要想成为产业领导者，必须要发育企业的核心竞争力。要认清所在行业在哪个产业演进阶段，要站在全球范围内，扫描地筛选兼并对象，要从终局看布局，确定成为最后赢家的关键因素；要不断思考如何加速增长，以使公司走在整个行业的前列；要制订成为产业最后赢家的公司发展战略，在战略的内部成长维度，从产品研发、市场拓展、成本控制、质量水平、人才管理等方面形成自己的核心竞争力。

（三）强化组织执行力

在战略管理上许多组织都需要跨越战略和实施间的鸿沟。一个组织的战略不落地，原因有：一是没有及时调整组织；二是没有能力挑战现有组织；三是组织的激励机制不具备正确导向；四是组织处于一个只讲故事、只描绘未来而不创造未来的文化氛围中。

要想确保战略有效落地，组织可以：

（1）分解细化战略目标和措施，针对不同目标制定详细的战术方案，方案可以参考如表 1–6 所示的格式。

表 1–6　　战略目标实施方案

<table>
<tr><td colspan="2">行动方案</td><td colspan="4"></td></tr>
<tr><td>负责人</td><td></td><td>牵头部门</td><td></td><td>参与部门</td><td></td></tr>
<tr><td>开始时间</td><td></td><td>结束时间</td><td></td><td>持续周期</td><td></td></tr>
<tr><td colspan="6">任务目标描述：</td></tr>
</table>

续表

<table>
<tr><td rowspan="3">所需资源</td><td>人力需求</td><td colspan="3"></td></tr>
<tr><td>组织需求</td><td colspan="3"></td></tr>
<tr><td>资金需求</td><td colspan="3"></td></tr>
<tr><td colspan="2" rowspan="2">里程碑日期</td><td colspan="3">里程碑描述</td></tr>
<tr><td>阶段目标</td><td>输出成果</td><td>行动措施</td></tr>
<tr><td colspan="2"></td><td></td><td></td><td></td></tr>
<tr><td colspan="2"></td><td></td><td></td><td></td></tr>
</table>

（2）明确责任，适时调整组织结构，完善薪酬体系和激励机制，确保战略执行在整个组织中得到有效协同。

（3）定期进行战略检讨，动态预警、及时纠偏，确保整个组织始终聚焦战略。

（4）改变文化，建立有效的绩效沟通系统，进行建设性和支持性对话、将落实战略较好部门的方法共享给其他部门。

（四）有效利用资源

战略管理就是要有所为有所不为，就是要明确坚持什么和放弃什么。任正非说：“要想成为行业领导者，一定要加强战略集中度，坚持强压原则，在成功的关键因素和选定的战略生长点上，以超过主要竞争对手为目标配置资源，要么不做，要做，就要极大地集中人力、物力、财力实现重点突破。”资源是有限的，企业在确定了战略方向和目标后就要从人、财、物、技术方面合理配置资源，确保有限的资源用在战略目标的实现上。

五、战略管理实践

（一）认识过程

在我几十年工作经历中，新疆金风科技股份有限公司及北京天润新能投资有限公司的战略管理是做的最好的。这两家公司对战略的管理也有一个认识和提升过程。从2016年起，这两家公司强化了战略管理，管理层把战略管理作为公司的一项重要工作。特别在引入了卓越绩效管理模式后，更加强化了战略管理。

（二）总体做法

集团和业务单位设有战略管理部门，集团决策委员会是公司最高战略决策机构。集团制订10年长远发展规划，在此基础上制定3年战略规划，每年进行一次滚动的战略修编。具体做法是：确定和完善公司的使命和愿景——明确总体战略方向——确定战略定位开展市场洞察——明确不同阶段战略目标——制订战略措施——年度进行滚动修编——每季进行战略检讨。

（三）战略制订、分解

集团和各业务单元制订总体战略，各专业系统制定专项战略。上级对下级的战略进行评审，确保战略纵向和横向协调一致。

（四）战略反思和迭代

每季度、半年、年度都要召开集团、各业务单位的战略检讨会，在各单位主要负责人总结分析汇报的基础上，大家共同对战略进行分析评价。每年 9 月启动战略动态修编，修订的战略也要组织评审。

（五）年度经营计划

每年 11 月依据确定的战略制订年度经营计划，编制资源预算，确定重点任务，以确保战略落地。

（六）日常推进

日常通过周高管例会、月度经营分析会、动态报表、重点任务和决议跟踪、专题战略研讨、绩效考核来推动战略的落地。

本章深度阅读参考文献索引

1.【美】罗伯特·卡普兰（Robert S. Kaplan）戴维·诺顿（David Norton）. 平衡计分卡的制胜方略　战略中心型组织 . 上海博意门咨询有限公司译 . 北京：北京联合出版公司，2017.

2. 王成 . 战略罗盘　新时代持续增长的战略逻辑 . 北京：中信出版社，2014.

3.【美】理查德·鲁格尔特（Richard Rumelt）著 . 好战略　坏战略 . 蒋宗强译 . 北京：中信出版社，2012.

4.【美】瑞·达利欧（Ray Dalio）. 原则 . 刘波译 . 北京：中信出版集团，2018.

5.【美】詹姆斯·M·库泽斯（James M·Kouzes），巴里·Z·波斯纳（Barry Z.Posner）. 领导力如何在组织中成就卓越 . 徐中、沈小滨译 . 杨斌审校 . 第四版 . 北京：中国工信出版集团电子工业出版社，2018.

第二章 做好互联网时代下的组织变革

带着这几年经历的几次企业组织结构调整出现的问题，我阅读了不少介绍互联网时代有关组织变革的书，2018 年还随集团公司一起在海尔公司进行了参观交流和学习。本章我说明了问题提出的背景，并介绍了管理学派和组织理论的发展；接着分析了传统组织结构的优缺点，归纳了互联网时代的新组织结构形式，并介绍了一些成功案例。希望对高管们在实施组织结构变革时提供一些帮助。

一、问题的提出

北京大学国家发展研究院陈春花教授曾说："所有的组织管理，其实都是要回答时代的问题。也就是说今天的组织管理要回答的最大的一个时代问题，就是互联网技术下企业所面对的不确定性，我们要用什么样的组织方式去应对它。如果我们没有能力让组织模式应对互联网技术带来的不确定性，那不管我们有多么强大的力量，其实在今天你都会比较被动。"

海尔用"人单合一模式"让一个大型制造企业拥有了个性化定制的能力；华为能够走到今天这样一个全球引领的位置，是因为它在非常早的时期就设计了它的组织模式……。纵观今天非常成功的企业，能够在互联网时代下得到飞速发展，无不是组织在适当的时机进行了顺应时代的变革。

今天的各类组织面对"持续的不确定性、没有办法判断未来和万物互联带来了更透彻的影响"这三大挑战，要想持续生长和发展，必须做好组织转型。

在现实工作中，不少企业总在进行战略调整和组织结构调整，甚至一年好几次，但组织的发展进步并不显著，反而还影响了尚有竞争力的传统业务的正常发展，企业好像看不准方向，缺少定力，也造成组织人才流失、凝聚力下降。企业转型在很大程度上取决于领导。统计表明成功的转型需要 70%~90% 的领导和 10%~30% 的管理。带着研究和观察发现的问题，我近年阅读了《共生》《重新定义公司》《重新定义团队》《重新定义管理》《华为创新》《智能商业》《海尔转型笔记》《战略中心型组织　平衡计分卡的制胜方略》等专著，重温了当年的管理学基础教材，试图从理论和成功实践中找到一些可复制借鉴的东西。以下是我的读书笔记，并就传统企业如何做好组织变革谈了自己的一些思路。

二、管理学派与组织理论的发展

研究和探讨组织变革，有必要了解相关的理论及其发展，以便指导我们做好组织变革的策划与实施。

（一）管理学派的发展

现代管理理论是继古典管理理论、行为科学理论出现后，西方管理理论和思想发展的第三个阶段。它是在前两个阶段的基础上，充分吸收了现代科学技术、适应现代市场经济环境而不断创新所形成的学派（特指二战以后出现的一系列学派）所创立的理论。

与前两个阶段相比，这一阶段的最大特点是：学派林立，新的管理理论、思想、方法不断涌现，出现了“百家争鸣”的局面。这种现象曾被美国著名的管理学家孔茨称为“管理的丛林”。

孔茨认为当时林林总总的重要管理学派共有 11 个，它们是：管理过程学派、经验主义学派、人际关系学派、群体行为学派、社会系统学派、社会技术系统学派、管理科学学派、决策理论学派、系统管理学派、权变理论学派、经理角色学派。

现代管理理论众多学派并存，从不同角度对管理理论进行卓有成效的探讨，都对管理理论的发展做出了贡献。人们用“管理理论丛林”来形容现代管理理论。管理科学步入一个发展、创新、分化、综合并存的时期。主要的管理学派如下：

（1）政治经济学派。从政治经济学角度，认为管理是具有二重性的社会功能，即指挥劳动和监督劳动。马克思在其《资本论》中提出管理二重性理论，认为企业管理的中心就是生产管理和经济核算。

（2）管理过程学派。管理过程学派是在法约尔的一般管理理论的基础上发展起来的。代表人有美国的哈罗德·孔茨和西里尔·奥唐奈。管理过程学派强调对管理过程和职能进行研究。

（3）行为学派。这一学派把管理看作是对组织行为的领导和协调，坚持认为抓好对人的管理是企业成功的关键。

（4）经验主义学派。代表人物是美国的彼得·德鲁克，代表作《有效的管理者》。经验主义学派重点分析许多组织管理人员的经验，然后加以概括，找出成功经验中具有共性的东西，使其系统化、理论化，并据此向管理人员提供实际的建议。

（5）社会系统学派。代表人物是美国的巴纳德，代表作《经理的职能》。他被誉为“现代管理理论之父”。主要贡献是从系统理论出发，运用社会学的观点，对正式组织与非正式组织、团体及个人做出了全面分析。

（6）系统管理学派。侧重以系统观点考察组织结构及管理基本职能，代表人物是美国的卡斯特和罗森茨韦克。主要贡献是把管理组织视作一个开放系统，对组织的运行进行了系统分析。

（7）决策理论学派。代表人物有美国的西蒙和马奇。强调决策的重要性，决策贯穿于管理的全过程，管理就是决策。这一学派重点研究决策理论。片面地强调决策的重要性，但决策不是管理的全部。

（8）管理科学学派。把管理看成是一个类似于工程技术、可以用精确计划来严格控制的过程，因此也被称为技术学派。其局限性：适用范围有限，不是所有管理问题都能定量。实际解决问题中存在许多困难。管理人员与管理科学专家之间容易产生隔阂。此外，采用此种方法大都需要相当数量的费用和时间，往往只用于大规模复杂项目。

（9）权变理论学派。代表人物有英国的伍德沃德和美国的菲德勒。把管理看成一个根据企业内外部环境选择和实施不同管理策略的过程，强调权宜应变。

（二）组织理论的发展

陈春花教授在《共生》一书中总结了组织理论发展的 7 个学派：

（1）泰勒提出的科学管理，出发点是为了指导组织应该怎样工作，这个学派对劳动效率贡献最大，但是完全忽略了“人”。

（2）切斯特·巴纳德提出的人际关系，强调组织不是机器而是合作群体的人。

（3）马克斯·韦伯提出了层级制，倾向于把层级制作为组织不可或缺的一部分，强调层级在工业化革命中在组织效率中所发挥的作用。

（4）菲利普·塞尔兹尼克提出的权力、冲突和决策。

（5）琼·伍德沃德提出技术会造成组织类型有巨大的不同，特别是随后其他的研究者认为稳定的环境需要层级式组织，而多变的环境则需要更灵活的组织。

（6）系统：每件事情都可以影响系统中的其他事物，系统思想可能解释一切事物，却难以用于预测。

（7）学院派认为组织是历史独特的一部分，有着自己的目标和影响模式。

三、传统的组织结构形态及特点

组织结构（Organizational Structure）是指：对于工作任务如何进行分工、分组和协调合作。组织结构（organizational structure）是表明组织各部分排列顺序、空间位置、聚散状态、联系方式以及各要素之间相互关系的一种模式，是整个管理系统的“框架”。

组织结构是组织的全体成员为实现组织目标，在管理工作中进行分工协作，在职务范围、责任、权利方面所形成的结构体系。组织结构是组织在职、责、权方面的动态结构体系，其本质是为实现组织战略目标而采取的一种分工协作体系，组织结构必须随着组织的重大战略调整而调整。

要做组织转型，我们先要研究分析传统组织结构形式对互联网时代的不适应性。

（一）组织结构分类

组织结构一般分为职能结构、层次结构、部门结构、职权结构四个方面。

（1）职能结构：是指实现组织目标所需的各项业务工作以及比例和关系。其考量维度包括职能交叉（重叠）、职能冗余、职能缺失、职能割裂（或衔接不足）、职能分散、职能分工过细、职能错位、职能弱化等方面。

（2）层次结构：是指管理层次的构成及管理者所管理的人数（纵向结构）。其考量维度包括管理人员分管职能的相似性、管理幅度、授权范围、决策复杂性、指导与控制的工作量、下属专业分工的相近性。

（3）部门结构：是指各管理部门的构成（横向结构）。其考量维度主要是一些关键部门是否缺失或优化。从组织总体型态，各部门一、二级结构进行分析。

（4）职权结构：是指各层次、各部门在权力和责任方面的分工及相互关系。主要考量部门、岗位之间权责关系是否对等。

（二）组织结构内容

企业组织架构包含三个方面的内容：

1. 单位、部门和岗位的设置

企业组织单位、部门和岗位的设置，不是把一个企业组织分成几个部分，而是企业作为一个服务于特定目标的组织，必须由几个相应的部分构成，就像人要走路就需要脚一样。它不是由整体到部分进行分割，而是整体为了达到特定目标，必须有不同的部分。这种关系不能倒置。

2. 各个单位、部门和岗位的职责、权力的界定

这是对各个部分目标功能作用的界定。如果一定的构成部分，没有不可或缺的目标功能作用，就像人的尾巴一样会萎缩消失。这种界定就是一种分工，但却是一种有机体内部的分工。就如嘴巴可以吃饭，也可以用于呼吸。

3. 单位、部门和岗位角色相互之间关系的界定

这就是界定各个部分在发挥作用时，彼此如何协调、配合、补充、替代的关系。

这三个问题是紧密联系在一起的，在解决第一个问题的同时，实际上就已经解决了后面两个问题。但作为一大项工作，三者存在一种彼此承接的关系。我们要对组织架构进行规范分析，其重点是第一个问题，后面两个问题是对第一个问题的进一步展开。

（三）传统的组织结构形式

传统的组织结构有以下形式：

1. 直线制

直线制是一种最早也是最简单的组织形式。

它的特点是：企业各级行政单位从上到下实行垂直领导，下属部门只接受一个上级

的指令，各级主管负责人对所属单位的一切问题负责。厂部不另设职能机构（可设职能人员协助主管人工作），一切管理职能基本上都由行政主管自己执行。它的优点是：结构比较简单，责任分明，命令统一。缺点是：它要求行政负责人通晓多种知识和技能，亲自处理各种业务。这在业务比较复杂、企业规模比较大的情况下，把所有管理职能都集中到最高主管一个人身上，显然是难以胜任的。直线制只适用于规模较小，生产技术比较简单的企业，对生产技术和经营管理比较复杂的企业并不适宜。

2. 职能制

职能制组织结构，是各级行政单位除主管负责人外，还相应地设立一些职能机构。如在厂长下面设立职能机构和人员，协助厂长从事职能管理工作。这种结构要求行政主管把相应的管理职责和权力交给相关的职能机构，各职能机构就有权在自己业务范围内向下级行政单位发号施令。因此，下级行政负责人除了接受上级行政主管人指挥外，还必须接受上级各职能机构的领导。

职能制的优点是能适应现代化工业企业生产技术比较复杂，管理工作比较精细的特点；能充分发挥职能机构的专业管理作用，减轻直线领导人员的工作负担。但缺点也很明显：它妨碍了必要的集中领导和统一指挥，形成了多头领导；不利于建立和健全各级行政负责人和职能科室的责任制，在中间管理层往往会出现有功大家抢、有过大家推的现象；另外，在上级行政领导和职能机构的指导和命令发生矛盾时，下级就无所适从，影响工作的正常进行，容易造成纪律松弛，生产管理秩序混乱。由于这种组织结构形式的明显缺陷，现代企业一般都不采用职能制。

3. 直线—职能制

直线—职能制，也称生产区域制，或直线参谋制。它是在直线制和职能制的基础上，取长补短，吸取这两种形式的优点而建立起来的。绝大多数企业都采用这种组织结构形式。这种组织结构形式是把企业管理机构和人员分为两类，一类是直线领导机构和人员，按命令统一原则对各级组织行使指挥权；另一类是职能机构和人员，按专业化原则，从事组织的各项职能管理工作。直线领导机构和人员在自己的职责范围内有一定的决定权和对所属下级的指挥权，并对自己部门的工作负全部责任。而职能机构和人员，则是直线指挥人员的参谋，不能对直接部门发号施令，只能进行业务指导。直线—职能制的优点是：既保证了企业管理体系的集中统一，又可以在各级行政负责人的领导下，充分发挥各专业管理机构的作用。其缺点是：职能部门之间的协作和配合性较差，职能部门的许多工作要直接向上层领导报告请示才能处理，这一方面加重了上层领导的工作负担；另一方面也造成办事效率低。为了克服这些缺点，可以设立各种综合委员会，或建立各种会议制度，以协调各方面的工作，起到沟通作用，帮助高层领导做出决策。

4. 事业部制

事业部制最早是由美国通用汽车公司总裁斯隆于1924年提出的，故有“斯隆模型”之称，也叫“联邦分权化”，是一种高度（层）集权下的分权管理体制。它适用于规模庞大，品种繁多，技术复杂的大型企业，是国外较大的联合公司所采用的一种组织形式。近几年中国一些大型企业集团或公司也引进了这种组织结构形式。

事业部制是分级管理、分级核算、自负盈亏的一种形式，即一个公司按地区或按产品类别分成若干个事业部，从产品的设计、原料采购、成本核算、产品制造，一直到产品销售，均由事业部及所属工厂负责，实行单独核算，独立经营，公司总部只保留人事决策、预算控制和监督大权，并通过利润等指标对事业部进行控制。也有的事业部只负责指挥和组织生产，不负责采购和销售，实行生产和供销分立，但这种事业部正在被产品事业部所取代。还有的事业部则按区域来划分。

5. 模拟分权制

这是一种介于直线－职能制和事业部制之间的结构形式。

许多大型企业，如连续生产的钢铁、化工企业由于产品品种或生产工艺过程所限，难以分解成几个独立的事业部。又由于企业的规模庞大，以致高层管理者感到采用其他组织形态都不容易管理，这时就出现了模拟分权组织结构形式。所谓模拟，就是要模拟事业部制的独立经营，单独核算，而不是真正的事业部，实际上是一个个“生产单位”。这些生产单位有自己的职能机构，享有尽可能大的自主权，负有“模拟性”的盈亏责任，目的是要调动他们的生产经营积极性，达到改善企业生产经营管理的目的。需要指出的是，各生产单位由于生产上的连续性，很难将它们截然分开，就以连续生产的石油化工为例，甲单位生产出来的“产品”直接就成为乙生产单位的原料，这当中无需停顿和中转。因此，它们之间的经济核算，只能依据企业内部的价格，而不是市场价格，也就是说这些生产单位没有自己独立的外部市场，这也是与事业部的差别所在。

模拟分权制的优点除了调动各生产单位的积极性外，就是解决企业规模过大不易管理的问题。高层管理人员将部分权力分给生产单位，减少了自己的行政事务，从而把精力集中到战略问题上来。其缺点是，不易为模拟的生产单位明确任务，造成考核上的困难；各生产单位领导人不易了解企业的全貌，在信息沟通和决策权力方面也存在着明显的缺陷。

6. 矩阵制

在组织结构上，把既有按职能划分的垂直领导系统，又有按产品（项目）划分的横向领导关系的结构，称为矩阵组织结构。

矩阵制组织是为了改进直线－职能制横向联系差，缺乏弹性的缺点而形成的一种组织形式。它的特点表现在围绕某项专门任务成立跨职能部门的专门机构上，例如组成一个专门的产品（项目）小组去从事新产品开发工作，在研究、设计、试验、制造各个不同阶段，由有关部门派人参加，力图做到条块结合，以协调有关部门的活动，保证任务的完成。

矩阵结构适用于一些重大攻关项目。企业可用来完成涉及面广的、临时性的、复杂的重大工程项目或管理改革任务。特别适用于以开发与实验为主的单位，例如科学研究，尤其是应用性研究单位等。

矩阵结构的优点是：机动、灵活，可随项目的开发与结束进行组织或解散；由于这种结构是根据项目组织的，任务清楚，目的明确，各方面有专长的人都是有备而来，因此在新的工作小组里，能沟通、融合，能把自己的工作同整体工作联系在一起，为攻克难关，解决问题而献计献策，由于从各方面抽调来的人员有信任感、荣誉感，使他们增加了责任感，激发了工作热情，促进了项目的实现；它还加强了不同部门之间的配合和信息交流，克服了直线职能结构中各部门互相脱节的现象。矩阵结构的缺点是：项目负责人的责任大于权力，因为参加项目的人员都来自不同部门，隶属关系仍在原单位，只是为“会战”而来，所以项目负责人对他们管理困难，没有足够的激励手段与惩治手段，这种人员上的双重管理是矩阵结构的先天缺陷；由于项目组成人员来自各个职能部门，当任务完成以后，仍要回原单位，因而容易产生“临时”观念，对工作有一定影响。

7. 委员会

委员会是组织结构中的一种特殊类型，它是执行某方面管理职能并以集体活动为主要特征的组织形式。实际中的委员会常与上述组织结构相结合，可以起决策、咨询、合作和协调作用。

（1）优点：可以集思广益；利于集体审议与判断；防止权力过分集中；利于沟通与协调；能够代表集体利益，容易获得群众信任；促进管理人员成长等。

（2）缺点：责任分散；议而不决；决策成本高；少数人专制等。

8. 多维立体

这种组织结构是事业部制与矩阵制组织结构的有机组合。多用于多种产品，跨地区经营的组织。其优点是：对于众多产品生产机构，按专业、按产品、按地区划分；管理结构清晰，便于组织和管理。缺点是：机构庞大，管理成本增加、信息沟通困难。

（四）传统组织结构的特点及其局限性

综合以上描述，传统组织结构的特点及其局限性如下：

1. 层级化

为了实现对整个企业的有效控制，保证管理水平，企业将员工分为若干层级，每一个层级会设定相应的管理者，形成管理层。为了使管理有效率，尽量缩小管理幅度，同时增加管理者，最后形成的组织结构整体呈高耸的“金字塔”状。

这种强制的层级制度在实现管理目的的同时，往往会产生更多问题。首先“金字塔”的每一层具有若干管理者，机构臃肿，人浮于事，相互推诿，管理者庞大的基数加上其高昂的薪酬大大增加企业的用人成本。其次，一线员工掌握着市场的最新信息，通过高耸的组织结构反馈给决策者时，不仅降低信息的传播速度还出现严重的信息遗漏，严重影响企业的竞争力。

2. 部门化

部门化有其出现的原因：首先，将具有相同技能以及从事类似工作的员工集中到一个部门，使其互相学习，能够提高专业化程度。其次，将发挥一个职能的人集中到一起，无需在各个地方进行重复设置，可以降低经营成本。

但随着时代发展，优势逐渐不再明显。第一，部门化分工，人为地在员工之间划了一条界限，跨部门沟通受到阻碍。第二，教育的普及提高了员工整体素质，互联网的发展增加了员工学习的渠道，可实现跨时间、跨区域的可持续学习，员工自身高素质使其能够独立完成分内工作，不需要一定集中在一起学习。第三，人们的需求日益多样化与生产批量化产生矛盾，需要灵活的组织结构去满足客户的需求。灵活的组织结构需要不同技能的人不断重新组合，员工呈动态流动性。

3. 中心化

中心化是为了实现部分集权管理，管理者往往掌握着决策的权力，通过管理监督促使企业有条不紊地运行。同时，管理层是员工努力的方向，为员工提供努力的目标，激励员工努力晋升，争取成为企业的核心人员，在本企业拥有一定的地位和荣誉，满足员工自我实现的需要。

然而中心化的弊端不容忽视。首先，在重视创新的互联网时代，下层没有自主权，创新能力将很难发挥出来。企业一旦有了过于明显的员工与管理者之分，就难以做到畅通交流。其次，受过良好教育的新生代员工逐渐走入职场，成为主力军，新生代员工具有较强的自主工作与学习能力，他们对权力和权威的看法使组织中心化面临挑战。除此之外，获得顾客的满意以及同事的认可更是员工自我实现的表现。

4. 边界化

严格界定企业员工界限，通过各个方面提高员工满意度来保证员工对企业的忠诚度，有助于企业降低企业员工流失率，降低招聘培训成本，防止人才流失，同时也有利于保留企业的竞争优势。

然而互联网打破了时间、空间的界限，信息的快速流通，对员工具有诱惑力的因素越来越多，企业难以留住人才。除此之外，从社会效益角度看，一个员工对于特定企业智慧的贡献率将随着时间减少，适当时间换一家企业工作有利于员工更好地发挥价值，有利于整个社会效益的提高。

四、互联网时代新组织结构形态及特点

传统的组织结构适应特定时代不同发展阶段的组织的需要。从企业组织发展的历史来看，企业组织结构的演变过程本身就是一个不断创新、不断发展的过程，先后出现了直线制、矩阵制、事业部制等组织结构形式。过去的金字塔式的层级结构（科层级）已不能适应现代社会特别是互联网时代的要求，出现了一些弊端，如：大公司病，办事效

率偏低，有官僚作风，甚至滋生腐败；部分人旱涝保收，而基础人员拼死拼活却没有机会；对市场变化反应速度较慢、决策慢等等。

（一）互联网时代新组织特征

互联网时代下，企业组织结构发展呈现出新的趋势，其特点是：扁平化、弹性化、无边界化、网络化。

1. 扁平化

要改变高耸的“金字塔”结构，最直接有效的方法就是削减管理层，减少组织层级，扩大管理幅度，实现组织扁平化。根据生命周期理论，当企业进入协作阶段，企业运营管理比较成熟，扁平化结构便有了萌芽的土壤。扁平化结构适应了企业对快速反应市场的需求，克服了企业纵向信息传递慢的困难。

2. 弹性化

弹性化的组织如团队、矩阵组织，拥有不同知识、技能的员工灵活地结合在一起，大大增加企业组织结构的灵活性。这些组织如一个个多功能的细胞，能够自由组合演变，擦出新的火花。尤其对于创新要求高的企业，弹性化的组织结构能大大缩短产品研发的时间，但对于团队绩效的考核方式需加以重视。

3. 无边界化

企业的员工可以实现跨地区工作，如一家企业的分公司员工可以通过互联网建立虚拟团队合作完成工作任务。信息更加公开透明，企业的员工可以自由向外流动，员工不再忠诚于企业而是忠诚于自己的客户和职业，员工的智慧具有流动性，可以在能力范围内同时选择其他自己认可的企业工作。企业对员工的界定不仅仅是为企业工作的人，还包括前员工，甚至是他们的亲朋好友和所有与企业接触的人。

4. 网络化

网络化有两层含义：网络化是指企业只需专注经营自己最擅长的领域，不断提升自己的核心技能，将其他工作进行外包，各个企业结合长处实现合作共赢。也指利用QQ、微信、邮箱等交流工具，建立一张密切联系企业员工的沟通网络。

企业内部结构呈一张网络状，员工均处于同一层面，连接员工的是对用户的承诺和契约，不再去定义核心员工，每一位对企业做出贡献的员工均是核心员工，领导和中层消失了。有利于密切员工之间的横向联系，消除了上级对下级的压迫感，使沟通更加畅通，企业可以迅速对市场做出反应。

企业发展已经呈现出竞争全球化、顾客主导化和员工知识化等特点。现代企业十分推崇流程再造、组织重构，以客户的需求和满意度为目标，对企业现有的业务流程进行根本性的再思考和彻底重建，利用先进的制造技术、信息技术以及现代化的管理手段，最大限度地实现技术上的功能集成和管理上的职能集成，以打破传统的职能型组织结构，建立全新的过程型组织结构，从而实现企业经营成本、质量、服务和效率的巨大改善，以更好地适应以顾客、竞争、变化为特征的现代企业经营环境。

企业和用户的距离无限接近，用户对产品和服务的评价是对产品和服务带来的用户体验感受的综合评价，用户体验的打造是企业所有价值创造环节共同产生的。团队组织、动态联盟、虚拟企业等新型的组织结构形式相继涌现。

（二）互联网时代新组织形态

具体来说，具有这些特点的新型组织结构形态有：

第一，横向型组织。横向型的组织结构，弱化了纵向的层级，打破刻板的部门边界，注重横向的合作与协调。其特点是：①组织结构是围绕工作流程而不是围绕部门职能建立起来的，传统的部门界限被打破；②减少了纵向的组织层级，使组织结构扁平化；③管理者更多的是授权给较低层次的员工，重视运用自我管理的团队形式；④体现顾客和市场导向，围绕顾客和市场的需求，组织工作流程，建立相应的横向联系。

第二，无边界组织。这种组织结构寻求的是削减命令链，成员的等级秩序降到最低点，拥有无限的控制跨度，取消各种职能部门，取而代之的是授权的工作团队。

无边界的概念，是指打破企业内部和外部边界：打破企业内部边界，主要是在企业内部形成多功能团队，代替传统上割裂开来的职能部门；打破企业外部边界，则是与外部的供应商、客户包括竞争对手进行战略合作，建立合作联盟。

第三，组织的网络化和虚拟化。无边界组织和虚拟组织是组织网络化和虚拟化的具体形式，组织的虚拟化，既可以是虚拟经营，也可以是虚拟的办公空间。

未来的组织应该是一个共生型的组织，不是一个独立的组织，也不是简单的平台型组织。未来的组织形式是互为主体的，你是主体，我也是主体，最重要的是共生。当组织可以共生时，整个状态才会存在下来。这样的共生，打破了单向的竞争，打破了价值活动分离的模式，组织真正围绕着顾客价值形成了一个理解顾客的概念，这个组织就是一个共生型的组织。

以下分别具体介绍各类新的组织形态：

1. 平台化组织

传统的组织模式中，企业逃不出“员工动不起来”和“创新乏力”的宿命。互联网改变商业逻辑的同时也改变了组织逻辑。

平台型组织是匹配互联网商业逻辑的组织模式，它赋予了基层员工更多的责权利，能够在需求侧灵敏获取用户刚需、在供给侧灵活整合各类资源、用“分好钱”的机制激活个体去整合各类资源满足用户刚需，形成供需之间的高效连接。

打造平台型组织有两大主题：一是通过设计精巧的激励机制让每个人都能感受到市场的压力，确保各职能并联劣后、用户付薪、动态优化；二是通过优化组织结构，形成前台、中台、后台的协作关系，让中台调用后台的资源和机制，“赋能”和“激励”前台灵活作战。在平台型组织上，如果能有效布局资源的协同关系，将使企业走向下一阶段——生态型组织，获取更大的生态红利。

平台化战略转型通常难以一蹴而就，在转型的各个阶段中，组织需要对平台化战略进行层层推演，完成不断递进的系统变革，真正演化为高层次的平台型组织，而高层次的平台化组织所能够释放的能量、具备的魅力也常常超乎人想象。

平台化组织在向高阶不断演化的过程中，起码会面临五种不同层次的转变，我们把这五种层次的转变称为平台化组织的五层次竞争。

（1）第一层次：市场机制的设计。

在第一层次，平台型组织必须完成相关业务市场机制的设计，以实现平台资源对开放、外部力量的引入。在这一层次上，企业搭建平台时有 2 种选择方向：

1）对于具备突出的相对竞争优势（如：产品标准化、创新、供应链管理、品牌影响力）的企业，可选择搭建跨界型、外向型平台，将核心优势资源对等为平台价值，并设计市场机制将平台价值“明码标价”，通过对外部企业开放平台实现资源的互换、合作，以更低的成本实现产业链延伸、跨界合作。

2）对于具有一定竞争优势，但优势不明显的企业，可选择搭建面向现有行业的整合型平台，通过总部平台对下属经营单位提供服务，并通过市场化的交易机制设计，明确集团总部与各业务单元之间、各业务单元之间、业务单元内部的利益分配、内部交易机制，以合伙人改造的方式大规模整合、收编行业内企业、团队，形成众多扁平化、自组织的经营单位，将经营重心下沉，释放组织整体效率，快速扩充企业规模，“先规模后利润，再升级”，抢占优质的竞争资源。

（2）第二层次：总部价值的重塑。

在第二层次，平台型组织应完成对总部价值的重塑。平台型企业的总部是所有企业微小创业单元的背后支撑。能否吸引创业单元加入经营并做大做强，核心是依托强有力的总部资源，其中，如何创造实现对下属单元的价值输出是核心命题。总部职能在组织进行平台化战略改造的过程中不应被削弱，反而应该被加强，尤其应针对下属业务版块所需的管理诉求进行强化。在平台化改造中，总部功能应完成以下转型：

1）由管控型转化为服务型。

2）抓大放小，完成宏观层面的思考，而将具体运营交由下属团队自行根据市场需求优化。

3）依托下属的创业单元不断积累和沉淀数据、知识进而转化为数据及知识资源，转变为智慧型总部。

（3）第三层次：结构效率的激活。

除依靠前两层次对现有业务进行整合，在第三层次，平台型组织还应完成对企业战略、商业模式的系统思考，以实现业务结构效率的激活。基于“产产互动”+“产融互动”+“产网互动”+“产才互动”的逻辑体系，先沿着产业链上下游寻找进入关键环节的机会，思考企业现有业务布局中可优化、改善的价值点，再对相关环节进行金融化、互联网化改造，最后通过产业联盟等形式网罗全价值链条的行业人才，抢占行业发展的制高点。最终，平台型企业下属各项业务应实现互通资源、互相促进、相辅相成的有效配合，企业将依靠系统商业模式设计所释放的结构效率对原有单一性发展渠道进行转型升级。

（4）第四层次：文化、精神影响力的释放。

更高阶的平台型组织设计从第四层次开始。在第四层次，平台型组织并不是简单的商业利益叠加——这只能做一个传统的小平台，而是通过打磨、推敲、提炼，建设有气魄、有格局的文化体系，从使命、价值观上面完成对平台所有主体的融合和统一，来实现彼此基于平台上更大的商业认同并彼此维系。细化说来，文化体系建设应解决组织的下述问题：

1）对社会：强调品牌宣导，树立理想远大、执业高标的企业形象，传播成为行业领导者的强力愿景，增强影响力。

2）对待整合行业内目标企业、人才：依靠正向的企业文化，对待整合群体进行影响、感召，基于双方共同的价值认同完成对其整合。

3）对整合后队伍：以文化缓解摩擦，通过统一的企业文化将散乱的力量汇成一股洪流，补充完善利益分配机制解决企业内部冲突的功能，实现有效降低内部交易成本。

4）对平台创业者：对内凝聚人心，为创业者树立崇高使命、奋斗方向，寻找精神认同，成为其精神归宿。

（5）第五层次：人本生态的构建。

最高层次的平台型组织，是将组织完全打造成以人为本的生态圈，以“培养人、熏陶人、投资人、依靠人”为理想，模糊组织边界，通过更紧密的利益关联不断吸引并留住核心人才，扶持每一位创业者做大做强、创利创新，依靠人的成长性支撑平台化组织的成长性，使“人”的未来成为组织的未来。

1）培养人、熏陶人：培养组织内员工的专业素养，提升其综合能力，以组织魅力熏陶、留住人才，对员工的成长成才贡献关键引导力量。

2）投资人：拓宽业务边界，培养、吸纳多方面人才；鼓励业务创新，对内部人才创新业务进行投资孵化，给予资金、技术等支持，鼓励员工在平台上创业，具备独立业务开展能力，并扶持其做大做强，构建专业多元化的人才梯队。

3）依靠人：由人定义组织，人的业务边界决定组织的业务边界，人的成长性支撑组织的成长性，人的创新性支撑组织的创新性，使平台型组织最终成为为广大创业者提供各项所需服务、支持的基地。

能否打开平台型组织的五层次竞争格局，是平台型组织不断向高层次演化的关键所在。平台型组织的构建是一个系统、持续的过程，随着平台层次的提升，组织将一次次焕发惊人的生机与活力，最终真正成为思想融通、利益共享、理想共赴的新型商业基地。

2. 无边界组织

无边界组织（boundary less organization），也就是一种有机组织。有机组织被置于一个更大的有机组织之中，就像动物细胞核与细胞体、动物细胞与动物器官组织、动物器官组织与动物体之间的关系一样，彼此之间的关系不能僵死。如果这种关系僵化，将直接导致动物肌体组织的死亡和动物本身的死亡。

无边界组织是相对于有边界组织而言的。有边界组织要保留边界，完全是为了保证组织的稳定与秩序。但无边界组织也需要稳定和呈现度，所以它绝不是要完全否定企业组织必有的控制手段，包括工作分析、岗位定级、职责权力等等的设定，只是不能把它们僵死化。

所谓无边界组织是指边界不由某种预先设定的结构所限定或定义的组织结构。边界通常有横向、纵向和外部边界三种。横向边界是由工作专门化和部门化形成的，纵向边界是由组织层级所产生的，外部边界是组织与其顾客、供应商等之间形成的隔墙。

无边界组织是通用电气的韦尔奇首创的一个概念。他强调无边界组织应该将各个职能部门之间的障碍全部消除，工程、生产、营销，以及其他部门之间能够自由沟通，工作及工作程序和进程完全透明。罗恩·阿什克纳斯在他与人合著的《无边界组织：打破组织结构的锁链》一书中对四种边界进行了分析界定。

就纵向关系而言，各个层次及各种头衔人员之间的界限已经打破，垂直上下之间的界限不再僵硬难破，而变得具有弹性和可渗透性，从而有助于更快、更好地决策和行动，也有利于组织方便地从各层次人员那里获得知识信息和创新灵感。

就横向关系而言，各职能部门不再有自己独立的山头，部门间的相互渗透，有关领地管辖的争执，被怎样探讨才能最大限度地满足客户需求的探讨所替代。

就企业与外部供应商、客户的关系而言，已由通过谈判、争吵、高压技巧、封锁信息，甚至相互拼斗方式的生意人之间——“我们”与“他们”的关系，转化为一种共创、共享、互利、双赢的价值链关系，彼此之间成为一个战壕里的战友。高效的创新方式一经发现，就可以很快被引入整个产品或服务企业联合价值链中来，为大家所共享。直接无偿投资支持供应商和经销商，也开始成为一种高效的经营方式。企业联盟不仅是一种战略，而且成为一种价值观念。

地点、文化和市场的边界也开始被打破。源自于强调国民自尊心、文化差异、市场特殊性的观念，往往将创新和效益的观念孤立起来，并导致总部与工厂、销售市场之间的分离和矛盾。这已经不再适应全球化统一市场的企业经营和发展。人才、资金、材料供给已全面向本地化方向发展推进。将跨国企业定义为某国某地的企业已不再有任何意义，在何处经营，在何处纳税，也就是何处的“公民”。

罗伯特·史雷特在他的《通用商战实录》一书中就无边界组织的界定做了更细致的描绘，从速度、弹性、整合程度和创新四个方面，对纵向关系、横向关系、企业伙伴关系、空间区域关系四种关系进行了分析。他认为无边界组织具有以下 16 个特征。

（1）纵向关系的速度特征为：大多数决定由那些最接近客户的人现场做出，不过这些决定一般只奏效数小时而不是数星期、数月。

（2）纵向关系的弹性特征为：各级管理者不但肩负日常的一线管理责任，而且承担有更为广泛的战略责任。

（3）纵向关系的整合程度特征为：关键问题由多层次的团队共同解决，其成员的努力不再受组织中的级别限制。

（4）纵向关系的创新特征为：针对要解决的问题，经常通过跨层次的头脑风暴法来发掘新注意、新思路，并现场决策，不再来回地申报审批。

（5）横向关系的速度特征为：新产品或服务以越来越快的速度推向市场，一发掘出客户价值，就以最快的速度呈献给客户。

（6）横向关系的弹性特征为：各种资源的占有已打破单位、部门之间的块块分割，能够根据需要快速、经常、无阻碍地在专家和操作部门之间流转。

（7）横向关系的整合程度特征为：日常工作可通过流水作业的团队予以解决，非常规性工作由从响应单位、部门抽调力量构成项目组来处理。

（8）横向关系的创新特征为：经常举办由感兴趣的人自主参加的跨单位、跨部门，甚至是跨企业的专题研讨会、报告会，或问题攻关小组活动，以横向团队的形式自发地去探索新主意、新思路、新技术和新方法。

（9）企业伙伴关系的速度特征为：对于客户和合作伙伴的要求和投诉，能预先采取措施，并适时答复。与客户的关系也是一种合作伙伴关系。

（10）企业伙伴关系的弹性特征为：战略资源和重要的管理者可以在企业伙伴之间流动，甚至无偿地“借给”客户和供应商使用。

（11）企业伙伴关系的整合程度特征为：供应商和客户经理在设计企业运行和战略选择的团队中居于核心地位，并发挥主导作用。

（12）企业伙伴关系的创新特征为：能从供应商和客户那里经常获得大量的新产品和新工艺的建议和思路。

（13）空间区域关系的速度特征为：最好的经验得以在与自己企业结成企业联盟关系的范围内传播，甚至直接跨地区、跨国界地传播。

（14）空间区域关系的弹性特征为：企业领导者，包括企业下属区域公司领导人，定期参与在不同地区、不同国家的区域业务营运会议及决策。

（15）空间区域关系的整合程度特征为：在企业联盟内部的各国业务之间存在标准的产品平台、统一的行动和分享的经验。

（16）空间区域关系的创新特征为：新产品的建议能放到其原产地以外的环境里评价其适应性。

3. 阿米巴

“阿米巴（Amoeba）”在拉丁语中是单个原生体的意思，属原生动物变形虫科，虫体赤裸而柔软，其身体可以向各个方向伸出伪足，使形体变化不定，故而得名“变形虫”。变形虫最大的特性是能够随外界环境的变化而变化，不断地进行自我调整来适应所面临的生存环境。这种生物由于其极强的适应能力，在地球上存在了几十亿年，是地球上最古老、最具生命力和延续性的生物体。

在阿米巴经营方式下，企业组织也可以随着外部环境变化而不断“变形”，调整到最佳状态，即能适应市场变化的灵活组织。

“阿米巴经营模式”的主要目标是利润最大化，主要方式是把企业组织划分为一个个小集体，独立核算，内部市场化，让人人有机会，人人成为经营者，成为老板。

在阿米巴机制里面，即使是一个集团公司，我们主张层级最好不要超过三级。阿米巴组织中，哪怕只有两三个人，都可以成为一个阿米巴，进行独立运营。

在阿米巴组织形态中，身为“巴长”(即独立经营集体的负责人)，有较大的自主权和经营权，阿米巴组织结构如图 2-1 所示。

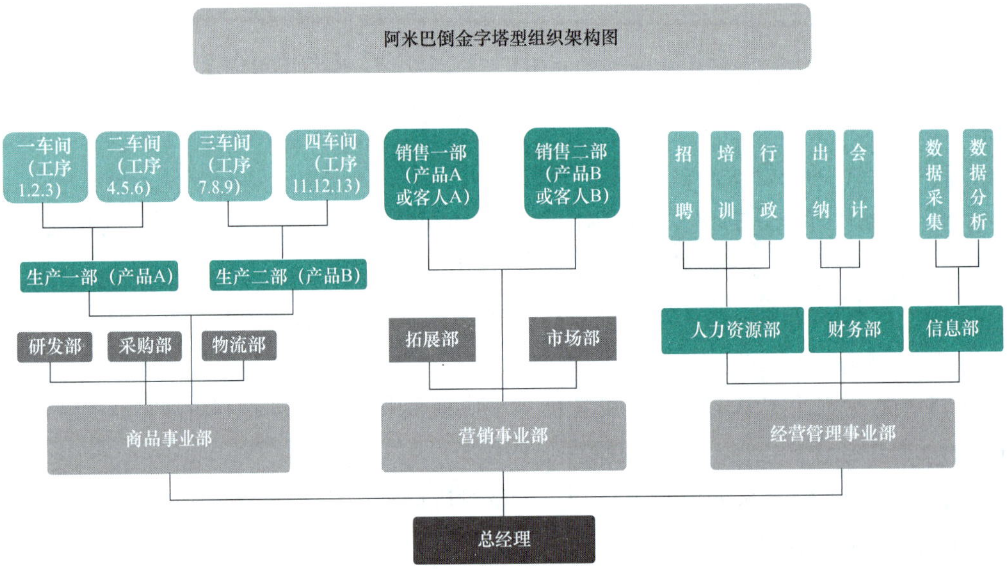

图 2-1　阿米巴组织结构

图片来源：百度文库—人人成为经营者－阿米巴经营模式，林国华

与传统的组织结构相比：传统型的组织架构是管控型，阿米巴型组织架构是服务型。

（1）阿米巴组织更加灵活，效率更高。

（2）阿米巴组织更加有利于培养数量众多的干部，给人才一个出路，实现企业平台化，内部创业化。

（3）阿米巴组织可以让老板更加专注于战略层面、经营事务，而不要被事务性工作绑架。在阿米巴组织架构中，各个巴长处于最顶端，他们才是这个企业的当家人、决策者，他们要为自己的集体创造利润，责任重大。

（4）阿米巴组织可以比较有效地避免推诿扯皮。

4. 小微组织 + 支持平台

也叫“小前端 + 大平台”，以内部多个价值创造单元作为网络状的小前端与外部多个个性化需求有效对接，企业为小前端搭建起后端管理服务平台提供资源整合与配置，企业组织成为资源与用户之间的双向交流平台。

这类组织形态包括：

（1）以小组为核心的单品全程运营体系，简称“小组制”，各小组对某一产品的设计、制造、营销承担责任，3 人为一个小组，4~5 个小组为一个大组，公司为小组提供一个公共服务平台。如韩都衣舍。

（2）海尔的小微组织，小微是海尔平台组织上的基本创新单元，也就是独立运营的创业团队。小微能够充分利用海尔平台上的资源快速变现价值。海尔小微组织 + 支持平台模式如图 2–2 所示。小微可以按两种方式进行分类，即全流程生态圈小微和资源类小微。生态圈小微直接对用户的全流程最佳体验负责，直接创造用户价值。资源类小微要抢单进入生态圈小微的团队，同一目标，从不同维度承接生态圈小微的单，通过交换价值挣酬。

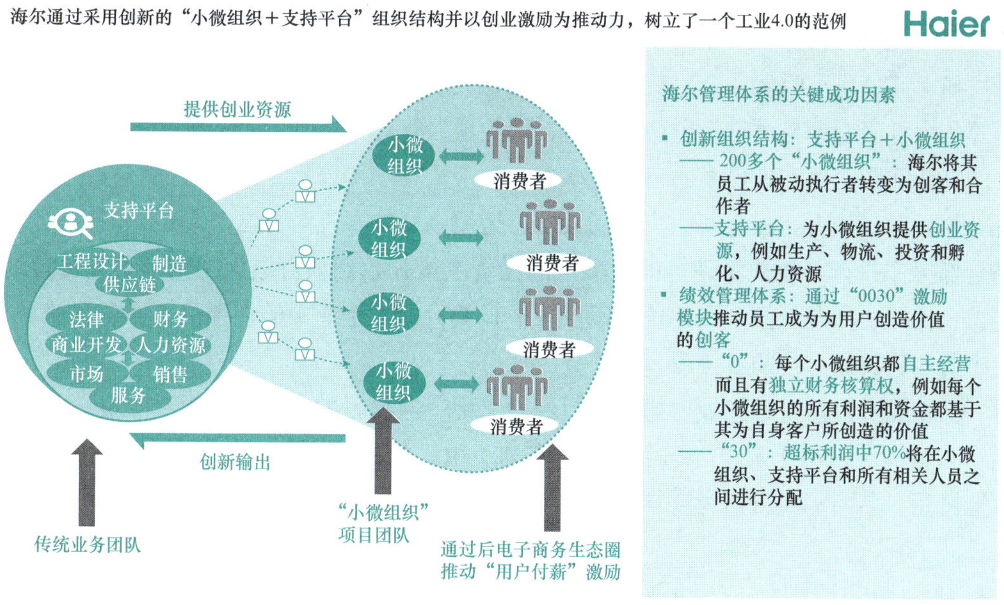

图 2–2 海尔小微组织 + 支持平台模式

资料来源：小组分析；文献检索

2014 年，海尔集团以“企业平台化、员工创客化、用户个性化”的转型主题实施“小微模式”的战略变革，让员工由被动的执行者变为主动的创业者，利用互联网平台促使企业从封闭的组织转化为开放的生态圈。海尔集团尝试将企业更加网络化，引导员工与合作方的博弈关系转变成合作共赢，将生态链的各方并联起来，为市场创造共同价值。

海尔小微所处的生态系统是：

——平台

当前海尔只有平台和小微，平台一方面为小微组织提供开放的资源支持，另一方面，通过开放地吸引资源，快速地聚散资源，使海尔平台生态更丰富，从而吸引更多的小微到平台创业、快速变现价值，相关方利益最大化。平台上只有三类人，一类是“平台主”，就是为小微组织提供创业资源支持，其价值体现在有多少成功的创业团队；第二类叫“小微主”，是经营小微、直接创造全流程用户最佳体验，直接创造用户价值；第三类是创客。

——创客

创客包括海尔员工和外部一流资源（在线员工）。平台主、小微主、创客是自组织，不构成任何上下级关系。

5. 项目制

不同职能部门的成员因为某一个项目而组成团队，项目经理则是项目团队的领导者，他们所肩负的责任就是领导他的团队准时、优质地完成全部工作，在不超出预算的情况下实现项目目标。项目的管理者不仅仅是项目执行者，他参与项目的需求确定、项目选择、计划直至收尾的全过程，并在时间、成本、质量、风险、合同、采购、人力资源等各个方面对项目进行全方位的管理，因此项目管理可以帮助企业处理需要跨领域解决的复杂问题，并实现更高的运营效率。

项目的管理者，在有限的资源约束下，运用系统的观点、方法和理论，对项目涉及的全部工作进行有效地管理，即从项目的投资决策开始到项目结束的全过程进行计划、组织、指挥、协调、控制和评价，以实现项目的目标。企业中的“项目”说白了就是企业中的各项有始有终的工作或事务。

其特点有：全过程集成管理；项目经理（部）对项目的最终投资效果负责，责任明确；有利于对各责任人进行综合考核；有利于组织的各种资源在项目上进行有机集成，打造精品、名品；项目作为成本中心对项目进行全过程集成管理有利于控制投资。

五、传统组织如何做好组织变革

在我的职业生涯中做过一段管理咨询工作，曾经也帮助不少企业分析和重新设计过组织结构，后来又专门在上市公司从事战略与运营管理。参与了公司的几次组织变更策划和推进工作。以下结合上述理论和成功企业的案例及自己的研究和实践，就如何做好组织变革谈谈自己的看法。

（一）充分分析组织所处的内外环境，准确描述组织面对的机遇和挑战

当下的企业面临着许多不确定性，挑战与机遇并存。任何一个组织，要想有序和可

持续发展，必须时时洞察内外环境变化，理解利益相关方要求的变化，并根据环境变化和利益相关方要求变化及时检讨战略目标和措施并及时修正或调整战略措施。

组织所处的环境是指可能导致组织行为对其产品、服务和投资及相关方的利益产生影响的内在和外在因素和条件的组合。组织分析内外环境，有利于清楚自己的优势和劣势，识别风险和机会，建立或变革符合组织自身特点和实际的高效敏捷的组织结构。

构成组织环境的社会是一个由各个要素有机联系、功能高度分化的系统，组织要在环境中存在和活动，就必须适应环境特定的功能要求。组织的环境具有综合性、复杂性和不确定性的特点。

组织的环境分为外部环境和内部环境。①外部环境包括：宏观环境和微观环境。宏观环境包括：政治环境、经济环境、技术环境、社会文化环境、自然环境以及相关方的影响；微观环境包括：市场需求、竞争环境、资源环境等。②内部环境是指管理的具体工作环境，包括：物理环境、心理环境、文化环境（价值、文化知识）、绩效相关的问题等。具体而言：

1. 组织通常面临的内部环境因素

（1）组织总体的市场表现，包括财务业绩变化。

（2）资源因素，包括基础设施、过程和运行环境、组织的知识。

（3）人力因素，如人员能力、组织文化、工会谈判和协议。

（4）运营因素，如生产、过程或交付能力、质量管理体系绩效、顾客评价。

（5）组织治理相关因素，如决策的规则和程序、组织构架和治理结构。

（6）员工需求的变化，员工的质量意识、安全意识、环保意识、社会责任意识、能力、责任心、工作效率都影响组织的品牌、质量和效益。

2. 组织通常面临的外部环境因素

（1）宏观经济因素，例如货币兑换汇率预测、国家经济走向、通货膨胀预测、信贷可得性、环境保护的新要求。

（2）社会因素，如本地失业率、安全感、教育水平、公共假日及工作时间。

（3）政治因素，如政治稳定性、公共投入、本地基础设施、国际贸易协议。

（4）技术因素，如新科技领域、材料和设备、专利有效期、职业道德准则。

（5）竞争力，包括组织的市场占有率、相似或可能替代产品及服务、市场领先者趋势、顾客增长趋势、市场稳定性。

（6）影响工作环境的因素，如法律法规要求，包括环境法规和行为准则。

（7）外部主要利益相关方要求的变化：组织的利益相关方包括顾客、供方、员工和股东。其中顾客、供方是主要外部利益相关方。顾客对产品和服务质量提出要求，是组织必须满足的重要利益相关方，互联网时代顾客的需求是在不断变化的，组织必须以顾客为关注焦点，改进组织结构，在最大限度内满足相关方要求；供方提供的原材料、半成品、零部件、外包过程和服务、生产和检测设备均影响组织向顾客提供满足要求的产品和服务，组织与供方为互利关系，互联网时代下组织要想方设法与供方共成长；股东作为投资者和资产所有者，其风险偏好、经营理念、价值观念都影响组织结构的设计。

3. 外部环境对组织发展的影响

（1）经济环境包括宏观经济环境和微观经济环境：理解宏观经济环境（禁止什么、允许什么、鼓励什么），能够确保组织的活动符合全社会利益并受到某些方面的保持和支持；微观经济环境直接决定企业目前及未来的市场规模。

（2）政治环境能够指导组织确定自己的经营方向、经营目标、经营方针、经营战略和策略。

（3）技术环境对组织的活动成果有重要影响，技术进步促进组织取得更高效率，推动组织产品更新换代。

（4）自然环境影响地区的经济发展条件和水平。

4. 分析组织所处的环境方法有：SWOT（优势、劣势、机会和威胁）法、PEST（政治、经济、社会、技术）分析法、行业环境分析、价值链分析、企业竞争态势分析

所谓SWOT分析，即基于内外部竞争环境和竞争条件下的态势分析，就是将与研究对象密切相关的各种主要内部优势、劣势和外部的机会和威胁等，通过调查列举出来，并依照矩阵形式排列，然后用系统分析的思想，把各种因素相互匹配起来加以分析，从中得出一系列相应的结论，而结论通常带有一定的决策性。运用这种方法，可以对研究对象所处的情景进行全面、系统、准确的研究，从而根据研究结果制定相应的发展战略、计划以及对策等。

S（strengths）是优势、W（weaknesses）是劣势，O（opportunities）是机会、T（threats）是威胁（风险）。按照企业竞争战略的完整概念，战略应是一个企业“能够做的”（即组织的强项和弱项）和“可能做的”（即环境的机会和威胁）之间的有机组合。

（1）优势，是组织的内部环境，具体包括：有利的竞争态势、充足的财政来源、良好的企业形象、技术力量、规模经济、产品质量、市场份额、成本优势、广告攻势等。

（2）劣势，也是组织的内部环境，具体包括：设备老化、管理混乱、缺少关键技术、研究开发落后、资金短缺、经营不善、产品积压、竞争力差等。

（3）机会，是组织的外部环境，具体包括：新产品、新市场、新需求、外国市场壁垒解除、竞争对手失误等。

（4）威胁，也是组织的外部环境，具体包括：新的竞争对手、替代产品增多、市场紧缩、行业政策变化、经济衰退、客户偏好改变、突发事件等。

所谓PRST分析法是指宏观环境的分析，包括对P（Political 政治）、E（Economic经济）、S（Social 社会）、T（Technological 技术）环境的分析。

通过组织环境分析后，组织可以进行战略调整并适应战略转型需要进行组织结构调整，建立适应市场需要、能够快速应对环境变化、工作敏捷高效、满足客户要求的灵活多样的组织结构。

（二）从战略层面做好顶层设计

任何事情都应当做好规划，做好顶层设计。组织结构和人力资源管理也不例外。组织在进行了充分的内外环境分析，确定了机遇和风险后并依此进行了战略调整后，就要从满足实现战略目标出发，优化调整组织结构，选择适合市场需要，能够有效应对不确定性的组织结构，并调整或重新分配资源，形成经营模式和组织管控机制。

实际工作中我们发现一些组织总在调整结构，但旧的问题没解决好，新的问题又出现，没过多长时间又作调整，结果人心不稳，严重影响了组织的发展。

组织结构调整不易过于频繁，一定要进行充分论证，先在顶层设计，再有各系统的方案。而不是召集各系统先自行提出方案后由组织的高层管理层来进行评价和调整，否则一定会出现缺乏整体策划和系统的全面考虑。一般情况下，只有出现以下情况，才需要进行组织结构调整或变革转型。

（1）外部环境发生重大变化，如国家产业政策重大调整、新的具有普遍意义的技术的全面应用（如 5G、AI、互联网）、宏观经济环境出现明显变化。

（2）组织的市场范围和客户群发生重大变化，如由主要销售或服务国内市场变为主打海外市场。

（3）顾客要求发生重大变化，如定置化生产和服务、顾客参与设计。

（4）组织内部效率低下、协同和沟通成本高、机构臃肿、市场反映速度慢；原有的组织构架严重影响组织业务发展。

（5）开发了新的产品领域和新的服务。

（6）组织的使命、愿景发生变化；组织经营模式、管制机制发生重大调整。

（7）上级集团组织或母公司有要求。

（三）培育全员参与并有效应对变革的企业文化

企业实施组织变革，需要全员的理解、配合和参与。有些企业在组织变革和转型中受到员工的抵触，造成在组织结构变革中人才流失，就是没有做好工作，也没有形成良好影响。企业应当培育积极创新、变拥抱革、主动思变、快速适应变化的企业文化。要通过宣传、宣讲、专门沟通、具体实践来实现。

要通过文化建设，培养员工的老板意识。让员工能够自己领导自己。习惯于相信自己，放心不下他人，经常粗鲁地干预别人的工作过程等，这是管理者的通病。这样员工就越来越束手无策，养成依赖和封闭的习惯，这不符合互联网时代对组织形态和人员的要求。

实现员工自主经营和自主管理，要关注以下四个方面：

1. 充分的信任

要创造一种经营管理者与员工、经营单元以及经营单元内部成员之间充分信任的环境；对员工的工作能力要充分信任；总之，一个组织只有充分信任，才能发展出多种灵活的组织。

2. 科学评价

在实施员工自主经营类组织模式变革时，组织要保持价值评价的科学性和严谨性，全面考察和衡量各类新组织的绩效，让所有自主经营的小微组织感受到公平、合理和公开，从而使他们的积极性得到最大发挥。

3. 确保独立运转

对于新成立的自主经营管理的单元，在提供平台应有的支持和服务外，不要干涉其经营管理活动，确保自主经营组织真正自主。

4. 有效沟通

在组织转型过程中，有效沟通要贯穿始终。通过会议、相应培训给自主管理的新组织的员工说明新的自主管理组织的经营管理模式，自主权利、平台提供的服务支持内容和原组织的关系等。

（四）试验——复盘——推广、一企多制、分步实施、建立平台、开放、帮扶等多措并举

组织变革、转型和组织结构调整是重大举措。需要有科学的方法。实践中我们认为有以下措施：

1. 试验——复盘——推广

对于集团化组织、多产品或服务线组织可以选择某一个或几个子公司或区域公司等待试点，或选择一个或两个产品线进行组织转型变革试点。经过一段时间后进行总结复盘，形成可复制的经验和方案，再在全公司推广。

2. 一企多制

在组织转型和变革中可以在一家公司尝试多种管理体系和组织运作模式，老产品和传统业务采用老办法，新业务新产品采用新模式。经过一段时间同步运作后，分析利弊，推广效率最好、绩效最好、适应市场最快、顾客最满意的组织结构形式。

3. 分步实施

组织变革和转型对于任何一家公司都是大事也同样面临风险。为了保险起见，公司可以分步实施组织转型和结构调整。

（1）建立平台。打造平台型组织是互联网时代下组织变革和转型的主要方式。组织可以建立创新和创业平台，用于提供服务和孵化新的组织和业态。在平台下以产品和服务为对象成立灵活多样化的组织，如小微企业、项目制等。

（2）对新的创新的机构给予支持和帮扶。组织要从人才、资金、技术方面对创新型机构给予支持。

（3）引入外部成功经验。组织可以引入外部咨询机构一并设计组织的管控模式和组织结构，可以直接引入先进的成功企业的组织结构形式，通过“走出去　请进来”的方式学习借鉴成功经验，实现组织结构的转型升级。

（五）案例——ABC 能源投资集团的组织结构调整

在我的咨询服务过程和工作经历中，了解过不少企业的组织结构调整成功与失败的案例。如 ABC 能源投资集团，从 2007 年起至今，经过了三次战略调整，组织结构也经历了公司、总公司——分公司、平台（前、中、后台下的专业中心、内部专业公司、创新小微公司、项目制）等多种形式。公司的组织结构经历了直线制、职能制的传统模式到平台 + 专业公司的转型。公司根据内外环境变化和调整战略，针对国家能源政策变化、客户需求变化、区域环境变化，从 2016 年开始每年都作组织结构调整，整体上看并不是很成功。由于缺少顶层设计能力，公司一会是做大做实分公司、公司部门管理扁平化；一会是弱化分公司，将总部做成很大；一会又是建立平台，将总部分为前、中、后台，内部职能反复调整，有的方案存在不少职能重叠。经过几年调整，不仅公司的核心竞争力没有增强，整体效率没有提高，而且还流失了大量人才。

分析失败的原因：一是组织过分追求所谓新组织形态，没有系统的顶层设计，结果新业务没有做成功，对传统业务也影响不小；二是高层管理层没有明确的思路，对组织的发展方向并不清晰，总是以市场在变化要适应市场要求为前提，在不成熟想法的情况下为解决一个问题而调整，结果老问题没解决，又出现更多新问题；三是负责组织结构设计的人员能力不够，并不是对组织业务有清楚了解的组织构架师；四是组织的绩效考核的奖励制度导向存在问题，各业务系统只对本业务负责，没有人对一个项目的全过程负责；五是组织结构设计没有统一的原则，每个领导从自身业务需要考虑内设部门。

六、新形态组织的运营管理范例

互联网时代下新形态的组织运营范例不少，以下简要介绍大家熟悉的几家成功的企业。

（一）华为创新

华为成立于 1987 年，为 ICT（信息 + 通讯技术）企业，目前在全球拥有 241 家子公司，业务覆盖 170 个国家，拥有专利 50377 件，在人工智能、未来数据中心、SG 技术、电波极速充电技术等方面全球领先。通过建立利益分享机制、聚天下英才、建立全球创新平台和对标业界最佳实践不断创新。在周留征先生所著的《华为创新》一书中，总结了华为成功的主要经验：

（1）创新过程：模仿、引进、合作、吸收、消化、自主研发。

（2）以客户为中心，建立以客户为导向的运作机制和管理体系。

（3）以知识为本，建立知识产权体系，让工程师成为技术商人。

（4）以奋斗者为本，实施最全面的“员工持股计划”。

（5）最舍得的技术研发投入，公司近年累计投资了数千亿美元用于新产品研发。

（6）率先建立“价值创造、价值评价和价值分配”体系。

（7）建立开放包容的企业文化，形成《华为基本法》。

（8）建立集体决策机制，实现轮值 CEO，建立多委员会构架。

（二）阿里巴巴智能商业

曾任阿里巴巴执行副总裁兼参谋长的曾鸣先生在《智能商业》一书中，对阿里巴巴的运作进行了描述。

1. 打造全新赋能型组织

（1）匹配创新者兴趣、动力和合适的挑战。

（2）打造环境和氛围，方便员工共同创造。

（3）通过组织设计，刺激人和人之间的有效互动。

2. 建立自组织协同网

（1）强大的创新中后台。

（2）透明。

（3）共创。

（4）自由连接、网状协同。

（5）在线实时的动态目标矩阵。

3. 实施三个创新：在线化、智能化、网络化

4. 实现点—线—面—体的定位和高效反馈闭环战略

（三）海尔转型

跨国制造商海尔正在努力变身为网络化平台型生态圈组织。海尔的目标是转型为创客孵化器，彻底告别旧的商业模式和传统管理方式。在海尔，人被视为拥有自由意志的人，员工在海尔的平台上与用户交互，找到自己能够创造价值的空间、共同创造价值并与组织共享双赢的结果。“每个人在海尔都可以成为自己的 CEO”。在郝亚洲著的《海尔转型笔记》中记录了海尔成功转型的经历。

海尔创立“人单合一”机制，即员工与用户绑在一起，没有上级指派任务，而是采用“创客小微”自行注册和自我竞选的方式。这一强劲的内部驱动力，来源于员工能够在海尔的平台上通过为用户创造价值而实现自我价值。

转型小微是在海尔生态圈里，通过模式转型、颠覆，独立核算、完全市场化机制的自组织。目的是从串联到同步并联，创造全流程最佳用户体验，例如，作为转型小微的热泵聚焦潜在细分用户资源，从原来的热水器小微分离，进一步面向家庭和企业提供产品解决方案。

（四）谷歌成长

1998 年，谢尔盖和拉里创建了谷歌公司，谢尔盖和拉里创造出一款伟大的搜索引擎并提供其他优质服务的计划其实非常简单：尽可能多地聘请有才华的软件工程师，给他们自由发挥的空间。通过沟通，让大家齐心协力向同一个大方向前进。

现在的谷歌，已然成长为一家拥有 500 亿美元资产、超过 4.5 万名员工、在 40 多个国家和地区都设有分部的公司。埃里克·施密特在《重新定义公司》一书中讲述了谷

歌的成长过程：

谷歌成功最大的原因之一，是在2003年那一天呈交给董事会的那份根本不能算是真正意义上的计划。那份计划完全没有涉及财务估测，也没有有关收益来源的讨论；没有用户、广告商以及合作伙伴要求的市场调研，也没有明确的市场细分；没有提及市场调研的概念，也没有讨论谷歌应首先吸引哪些广告商；没有谈到渠道战略，也没有探讨谷歌广告产品的销售方法；根本找不到组织结构图的影子，因而也就没有诸如销售、产品、工程人员应各司何职的规定；没有给出规定何时研发何种项目的路线图，没有预算，也没有可供企业管理者监控工作进程的目标和步骤。

谷歌的人才是一个截然不同的员工群体。这些人并不拘泥于特定的任务，也不受公司信息和计算能力的约束。他们不惧怕冒险，即便在冒险中失败，也不会受到惩罚或牵制。他们不被职位头衔或企业的组织结构羁绊手脚，甚至还有人鼓励他们将自己的构想付诸实现。

在企业成立之初就认真考虑并且确定你希望的企业文化。

剔除头脑中对企业应有组织结构的先入之见，并遵守以下几条关键原则。

（1）保持扁平。取缔整个管理层，管理者的桌上堆放的直接报告数不能超过7份。

（2）随着业务越来越复杂，公司决定进行重组，分设业务单元。新设的业务单元叫做“行星”，因为这些“行星”是围绕着太阳公司的主业计算机服务器销售而设的，每个单元都自负盈亏。

（3）重组的关键，一是要速战速决，二是要在重组敲定前就开始实施。

（4）针对不同的工作任务组建项目团队，且保持小团队工作，即“两个披萨原则”：团队人数不能多到两个披萨饼还吃不饱的状况。组织规模一般小于10人，6~7人最佳。

（5）以最有影响力的人物为中心。

（6）扁平化的组织结构不代表公司没有等级制度，没有组织框架，只是公司仅保留必要的基本部门和相关的职位，即使是创意精英也需要在正规的企业结构下工作。

（7）Google战略四大法宝：技术洞见、注重平台、专注力量、开放为王。

（8）谷歌公司专门设立招聘委员会对最终录用做出决定，委员会的决策以面试官委员会的面试信息包为依据，同样采用打分制，同时也有面试官参与到最终录取过程，保证录取质量。

（9）OKR体系全称为目标与关键成果，每个员工设定自己的工作任务和目标，并且个人的OKR在全公司流通，保证每个人可以了解他人的工作内容。

（10）核心业务、新产品、全新产品分别按照70%、20%、10%的比例分配资源。

七、新形态组织的企业文化建设成功范例

要保证新形态组织转型成功，企业文化非常重要。

（一）华为企业文化建设推动组织持续变革

在华为，人们认为："只有文化可以生生不息""变革：重塑文化""总结提炼出企业文化""文化传递来自于制度""落地：文化理念要传播出去"。华为的文化建设主要做了三件事情：建体系、立规矩、抓落地。

1. 建体系

一个企业的文化体系，通常由愿景、使命、核心价值观组成。华为发展至今，秉承不变的愿景是"丰富人们的沟通和生活"，承担的使命是"聚焦客户关注的挑战和压力，提供有竞争力的通信与信息解决方案和服务，持续为客户创造最大价值。"而其核心价值观，集中体现在四句话："以客户为中心，艰苦奋斗，自我批判，以奋斗者为本。"

2. 立规矩

任正非认为，企业文化的本质是制度性建设。因此，文化制度化，是企业文化建设的一个重要环节，也是企业文化得以持续发挥作用的根本保障。体现华为制度建设最重要的事件应该算是他们率先推行的《华为基本法》。1995 年开始筹备、1998 年颁布实施的"基本法"，分为宗旨、基本经营政策、基本组织政策、基本人力资源政策、基本控制政策等方方面面，总计六章、103 条企业内部规章，把企业的愿景、使命、价值观等，以制度的形成固定下来，被称为迄今为止中国现代企业中最完备、最规范的一部"企业宪章"。

3. 抓落地

什么样的文化是最优秀的文化？一般认为，能够传承的文化才是好的文化。如任正非说："旧人传给新人，这一代还能往下一代传。"在华为，文化落地的关键一招是员工培训。新员工入职后，华为要对他们进行一定期限的集中培训，全部到深圳总部进行。培训的内容侧重于华为有关政策制度和企业文化两个方面。在对老员工的培训中，重点强调了"让英雄成为将军"的理念。华为也有意识地将文化灌注到海外公司。

（二）阿里巴巴企业文化建设使创新的每一个新组织都成功做大

从十几年前那个被人们称之为"不靠谱""闻所未闻"甚至"骗子"的阿里巴巴，到如今超 4000 亿美元市值的互联网巨头，马云在不断的质疑声中完成了一个个曾经说过的"大话"，通过创新实践积累了宝贵的财富。阿里的"一年香、三年醇、五年陈的人文化""全员文化布道官""组织设计、文化落地"值得其他企业学习借鉴。

1. 阿里巴巴的企业文化说明

（1）品牌标示。

1）阿里巴巴创始人马云觉得世界各地的人士也认识有关"阿里巴巴"的故事，而且大部分语言也存在类似的读音，因而将公司命名为阿里巴巴。

2）电子商务是一门全球化的生意，所以我们也需要一个全球人士也熟悉的名字。

3）阿里巴巴意谓"芝麻开门"，喻意我们的平台为小企业开启财富之门。

（2）使命。

让天下没有难做的生意。

（3）愿景。

1）分享数据的第一平台。

2）幸福指数最高的企业。

3）“活 102 年”。

（4）价值观。

1）客户第一：客户是衣食父母。

2）团队合作：共享共担，平凡人做平凡事。

3）拥抱变化：迎接变化，勇于创新。

4）诚信：诚实正直，言行坦荡。

5）激情：乐观向上，永不言弃。

6）敬业：专业执着，精益求精。

（5）阿里巴巴的新旧六脉神剑（见图 2-3）。

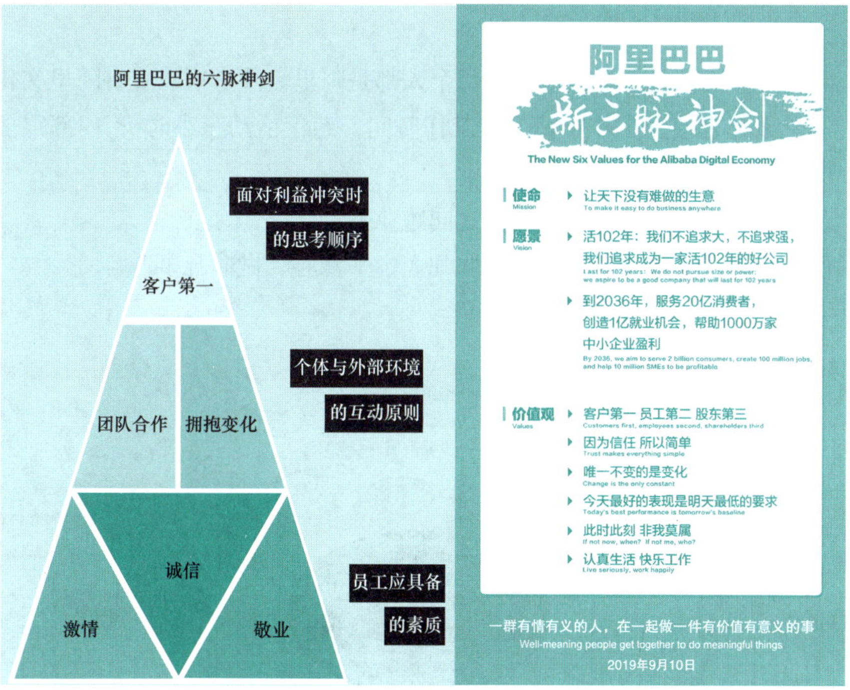

图 2-3 阿里巴巴的新旧六脉神剑图解

（6）文化的底层基因。

阿里巴巴文化的 3 个底层基因是梦想、老师和真实，具体含义是：

1）梦想：在这家公司无处不在，并可以得到强有力的支撑和帮助。甚至可以说梦想已经成了这家公司的最底层的基因，参与的任何活动无论是大型的还是小型的，无一例外都会有梦想的因素，梦想的基因在这家公司就从来没有缺失过。

2）老师：是发自内心的希望学生超越自己的，是希望学生能出人头地，是有着一种利他精神的。发自内心的希望。

3）真实：大嘴巴，什么都说，给到员工一种始终如一的坚持精神。

2. 文化落地的核心

阿里巴巴从以下方面抓文化落地：

（1）切换“从客户看我们”的视角：让团队感觉到价值与成就这两个词，工程过程中客户认可变成了工作的奖赏。

（2）强化“从未来看现在”的能量：强调企业的愿景，包括：愿景内容是什么，愿景的规划蓝图和方向等。

（3）激发“个体的创造性”张力：阿里在底层给员工的赋能，就是不断的让他们清晰自己的目标，知道自己的方向，激发自己的梦想。让员工知道如何做最好的自己，怎样管理好自己的时间、工作和生活，协助他们寻找和思考这些问题的答案，从而培养出更好的自己。

3. 文化布道官

（1）阿里每个人都是文化布道官，每个人都是阿里名片，可以宣讲阿里文化。

（2）每个人都有慈善工作指标（非工作时间，慈善活动三小时）；内部很多员工自建团队，协同开展慈善活动，自发组织。

（3）政委融入业务体系，同吃同住，同跑业务。

（4）倡导“平凡人做非凡事”到“非凡人、平常心、做非凡事”。

图 2–4 描述了阿里巴巴的文化生态圈。

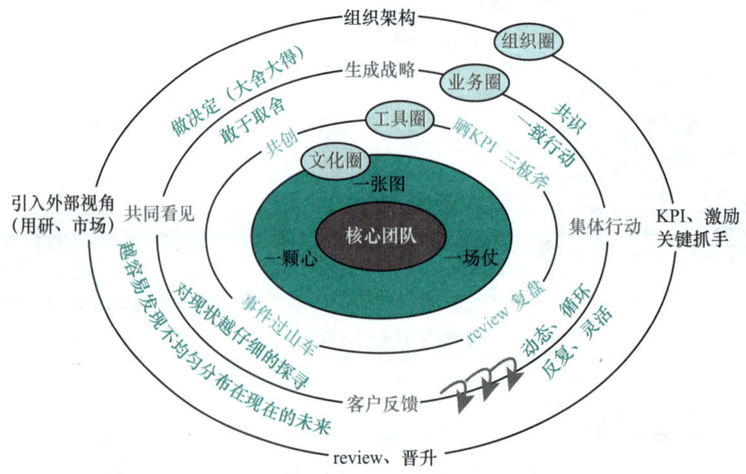

图 2–4 阿里巴巴的文化生态圈

本章深度阅读参考文献索引

1. 陈春花、赵海然．共生　未来企业组织进化路径．北京：中信出版集团，2018.

2.【美】埃里克·施密特．重新定义公司．靳婷婷，陈序，何晔译．北京：中信出版社，2015.

3.【美】拉斯洛·博克．重新定义团队．宋伟译．北京：中信出版社，2015.

4.【美】布赖恩·罗伯逊．重新定义管理．潘千译．北京：中信出版社，2015.

5. 周留征．华为创新．北京：机械工业出版社，2017.

6. 曾鸣．智能商业．北京：中信出版集团，2018.

7. 郝亚洲．海尔转型笔记．北京：中国人民大学出版社，2018.

8. 郎立君．管理基础教程．北京：企业管理出版社，1999.

9.【日】稻盛和夫．阿米巴经营模式．刘建英译．北京：东方出版社，2010.

10.【美】罗伯特·卡普兰（Robert S. Kaplan），【美】戴维·诺顿著（David P. Norton）．战略中心型组织　平衡计分卡的致胜方略．上海博意门咨询有限公司译．北京：中国人民大学出版社，2018.

第三章 选好用好干部

企业确定了战略后就要配备好资源。人力资源是最重要的资源。干部又是人力资源的核心。在几十年工作经历中，我也曾当过人力资源部部长，做过企业的人力资源总监，还曾经对多家企业做过相关专题咨询，对数百家企业进行过人力资源管理审核和评价。近十年在回归实体经济工作后，在从事企业管理过程中，更是亲身经历了干部管理的重要性，我曾经说，一个“好干部”可以将一个企业带向成功，给企业从业的几百人、数千人甚至上万人带来幸福和安宁，一个“坏干部”也可能败坏一个企业，把几百人、数千人甚至上万人推向深渊，走向贫困。本章的内容是我在阅读了多本书中有关干部管理的内容后，结合读后感和个人近十年工作的经验，从干部的重要性谈起，总结分析了企业干部管理中存在的问题，提出了如何选好干部和如何用好干部的思路。

一、干部在组织中的重要作用

任何组织都需要有领导者。组织的性质和发展阶段决定了其治理结构和对干部的要求。就像战场上一样，好的指挥官决定了战争一半的成败几率。选好用好干部，是企业一项非常重要的工作。

企业的干部包括领导者和管理者。管理者和领导者是有区别的。

领导者就是务虚者，主要负责策划变革，制订战略，把握方向，目的就是推动改革和发展，举重若轻，比如公司的董事长。管理者就是务实者，执行领导者的战略部署，完成领导者的战略任务，举轻若重，比如组织的总经理。“管理者改变员工的行为。而领导者则在你未意识到时改变了你的思维方式。”管理者和领导者都有领导力的要求。领导者必须以身作则，在正确的时间，因正确的目的而做出恰当的领导行为和管理行为。

在现实生活中，很多人都会认为，领导 = 管理，似乎管理者就是领导者，领导过程就是管理过程，然而实际上这两者之间的差别很大。管理者和领导者是两个不同的概念，两者既有联系，又有区别。“管理是管理事务，领导是领导人心。”领导者看透变化的趋势，指出团队组织应该前进的方向，并描绘出美好的愿景，能够激发相关人员的积极性，带领团队朝着描绘的美好愿景前进。管理者制定目标，按照既定目标对团队组织进行管理，带领团队组织实现目标。

一位经理人要有两个身份、基于两种认知、实施两个循环、通过两种行动、体现两种实践。这里说的两个身份，一个身份是管理者，另一个身份是领导者。前者注重效率，后者注重效果。管理者把事情做正确，领导者做正确之事。管理者发挥作用的基础是职位权力（强制、惩罚、奖赏），领导者发挥作用的基础是个人权力（对下级的关照关爱、个人专长、智慧、人格魅力）。两种认知：一种是领导认知——外圆内方，领导者的主导行为是激励追随者意愿、培养追随者能力，领导者的变革逻辑是先有感受再推动变革；另一种是管理认知——外方内方，管理者的主导行为是强化职责、执行制度，管理者的变革逻辑是先有理性分析再发动变革。两个循环：一个是管理循环，即计划—实施—检查—改善，就是指 PDCA，闭环管理；另一个是领导循环，即愿景—动员—展开—学习，是指通过组织的愿景来感召人、激励人、鼓舞人，使人们能够自动自发，并通过自主学习来推动工作进程。改善 + 学习，才是高质量完成任务的根本保障。两种行为：一种是管理行为，包括关注计划与预算，组织及配置人员，控制过程并解决问题；另一种领导行为，包括确定方向，整合利益相关者，激励和鼓舞下级。管理行为重在建立秩序，领导行为重在产生变革。两种实践：管理实践和领导实践。一是管理实践，往往产生对立关系。管理行为组织化，是指在处理问题时，要依照企业标准而非个人好恶来做决策，避免下级把矛头对准上级，认为是上级个人有意难为他。二是领导实践，往往产生追随关系。领导行为个性化，是指对下级的关心、爱护可以有自己的风格。管理行为都是相似的，而领导行为各有千秋。清晰界定管理与领导，进而平衡好管理与领导的关系，经理人的工作就会张弛有度、游刃有余。

管理要素包括沟通、辅导、激励、授权、执行、丑话当先；领导要素包括以身作则、愿景驱动、挑战现状、使众人行。有人说：领导是靠影响力，管理则是靠权力，非常强调怎么去影响别人，而不是靠权力来管理人。

管理是一套流程，可以让复杂的人员系统和技术系统顺利运行；领导则是另外一套流程，可以让组织名列前茅，或者使其适应不断变化的环境。

企业的经理人既要做好管理者，也要当好领导者。要左手抓管理，右手当领导。表 3–1 对管理者和领导者的不同作了比较。

表 3–1　管理者和领导者的区别

管理者	领导者	管理者	领导者
正确地做事	做正确的事	在系统内把工作做好	把系统工作做好
关注现在和短期发展	关注将来和长期发展	登梯速度	梯子是否放对了墙

续表

管理者	领导者	管理者	领导者
底线（监督控制）	上线（愿景牵引）	寻找秩序	喜欢变革
避免风险	喜欢风险	更多地借助职位权利	更多地运用个人权利
更多地诉诸理智而非情感	既诉诸理智又诉诸非情感		

（一）战略目标确定之后干部就是决定因素

毛泽东同志曾说："政治路线决定之后，干部就是决定因素"。火车跑得快，全靠车头带，企业一旦确定了战略目标，如何能够有效地将战略落地并高效地实现目标关键在于企业的干部。干部的综合素质、能力水平决定了目标的实现程度。

（二）所有成功的组织一定有一个成功的领导

纵观国内外持续成功的企业，必定有一个成功的领导。

华为成为民族骄傲的国际一流大企业堪称当代商业史上的传奇，是创始人任正非和公司一起走向成功的典范。1987 年，年满 43 岁的任正非和 5 个同伴集资 2.1 万元成立华为公司，利用两台万用表加一台示波器，在深圳的一个"烂棚棚"里起家创业。公司坚定不移 30 年只对准通信领域这个"城墙口"冲锋；30 年后的今天，华为公司由默默无闻的小作坊成长为通信领域的全球领导者，任正非也从一名中年创业者成为全球知名企业家。田涛和大卫·德克莱默在《立刚科技观察》中总结了华为和任正非成功的 7 大经验，如图 3–1 所示。

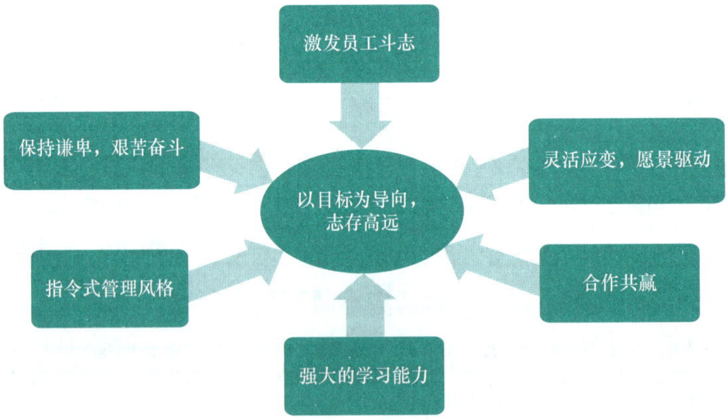

图 3–1　任正非成功的经验启示

阿里巴巴也可以说是目前中国最成功的企业之一了。刚开始时，阿里巴巴也只是为企业做宣传的一个网站，尽管凭借着互联网的优势获得了不错的营收，但是马云认为这并不是互联网的未来，于是在 2003 年的时候建立了淘宝网，开启了阿里巴巴的辉煌。阿里今天的成功实际上只是过去战略布局的成功。马云总结阿里巴巴的成功归功于三方面：一是有坚定的信念，二是不断地学习，三是决定了的事情就要坚持下去。

阿里巴巴的成功也包含了马云自身的原因。马云是一个不畏改变的人，善于抓住机会，拥有敏锐的商业嗅觉，1994 年第一次听说了互联网，第二年便开始建立中国黄页网站，也就是说马云在看到互联网后，迅速嗅到了其中的商业价值，这一点在他后来的创业生涯中起了很大的作用。马云是一个优秀的管理者，马云强调用“东方智慧，西方运作”的思想来管理公司，注重团队精神，一直在强调在阿里巴巴，永远坚持“顾客第一，员工第二，股东第三”的原则。马云是一个有危机意识的人，并且可以在危机中寻找机会，在每一次大的经济危机面前，马云都是在其中找到了新的机遇。马云是有责任感的企业家，马云并不认为是自己的原因造就了今天的成功，没有在成功、名誉、金钱中迷失方向。

（三）强将手下无弱兵

俗话说：兵熊熊一个，将熊熊一窝。好的领导带出一群狼，他所分管的部门和单位成为企业干部的摇篮，跟他在一起工作，能够迅速得到成长。没有能力的领导，只能培养一群羊，往往缺乏斗志，士气低落，对组织的贡献也不大。所以干部的好坏不只是自己表现如何，而且影响着一个团队，影响着团队中成员的成长和进步。

二、干部管理中的问题

我 35 岁时成为一家央企的高级管理人员，后来在做管理咨询和认证时与几百家企业的高级管理人员进行过沟通交流，并曾对许多组织进行治理和组织管控咨询，对数百家企业进行过管理体系审核和卓越绩效评优，对获得国家质量奖的青岛港务局、南通醋酸纤维、金风科技等知名企业的主要领导进行过访谈，深受这些优秀企业领导干部管理认识的启发，再后来我到了一家上市集团公司的下属企业做高级管理者。我观察、研究了不少团队及其主要管理者，通过对成功的企业和不太成功或没有持续成功的企业对比，我认为在企业的干部管理中主要存在以下问题：

（一）缺乏干部培养计划

一些企业缺乏系统的干部培养计划，既没有从整个组织层面考虑长远发展的整体干部人才培养选拔发展计划，也没有针对某一岗位或某一后备干部的个体培养发展计划。他们用人相对随便，任命或更换干部也很容易。任用的一些干部并没有经过有计划的在业务、管理、决策相关岗位任职锻炼，也缺乏经验和业绩，有的是某个领导关照、有的是通过不正当手段、有的是根本没有合适的人选，有的是过于追求专业化或年轻化，有的是办公室政治，更有甚者可能通过钱权交易或权色交易。企业没有真正的符合实际和企业发展要求的干部标准和人才战略规划，结果无论是人品还是能力都不尽如人意，给组织发展带来负面影响和错失良机。

（二）干部更换过快

有的企业干部没有任期、更没有换届机制和离任审计，干部的在岗业绩考核也不健全，上级公司或最高管理者想任用就任用，不想任用或关系不好了或者感到不听话就免职。干部更换过于频繁，就不会有长远打算，就会导致追求短期目标，更有甚者就是抓紧在任期捞一把。还有的是没有定力，频繁地进行组织机构调整，进而引起不断的干部调整。

（三）高层管理者空降过多

有的企业崇尚“外来和尚好念经”，喜欢从各行各业的优秀企业挖来高级管理人员，空降公司担任重要职位，有的甚至从国外直接引进干部。由于背景调查不足，不少干部上任后水土不服，有的根本不像所宣称的有能力，没有什么过人的本领；有的道德品质败坏或法律意识淡漠，利用组织急需人才之机和上级的信任，利用岗位之便大肆敛财；甚至注册与公司相同业务的个人公司，利用工作之便谋取私利；有的迅速从原来的同事和朋友中调集充实自己的班底，形成小团体；更有甚者帮助来人造假个人经历，骗取公司的岗位。也有的完全与组织现有的文化不融，甚至格格不入；还有的只会吹牛，没有真正能力，讲故事过多。有的将过去不成功甚至失败的经验复制到新来的公司，结果给企业造成巨大损失，甚至影响了企业的发展。

（四）不信任下级

有的企业的上级干部疑心过重，不信任下级，只喜欢听话的人和拍马屁的人，不喜欢真正有能力的人，特别是比自己能力强的人。喜欢经常和自己吃喝的人，不喜欢不会搞关系的人，信任自己圈子的人和自己曾经任职的部门和单位的人。单位里小团体多，圈子多，工作在小范围私下决策的多，放在门面公开决策的少。公司上下级不信任感氛围很强。下级工作时不仅要考虑把工作做好，而且还要看领导脸色，考虑如何让领导高兴，导致没有真实本事的人把不少精力放在搞关系上。那些有能力、人品好、独当一面的干部根本得不到正常使用或应有待遇。

（五）任人唯亲、唯关系、唯听话、唯钱财

在一些企业里，没有正确的用人标准，谁能做高级管理者主要是看领导是否喜欢。在干部任用上用亲信、用同学战友、用亲友家人；用有上级关系的人，用客户或供方领导的子弟或关系人；用过去自己的勤务员、办事员甚至司机；还有的用情人；有的只用听话和好使唤的人，有没有能力不重要；有的背地里用送财送色的人。

（六）缺少监督、考核、审计和追责

有的企业对干部没有过程监督管理，没有阶段性业绩考核。有的企业崇尚洋味，用引入的 1~2 种外来工具或测评表就算对干部考核了；没有充分听取基层人员对干部的评价；有的企业绩效考核形同虚设，没有完成目标责任书也没有惩罚，违反了相关规定也不处理；发生了安全事故也不对领导追责；有的没有离任审计，有的即使审计出现大量问题甚至不少违法问题或给组织造成重大损失也没有追责。有的公司只有对安全、质

量、环保事故有追责，对其他任何经营事件从不追责。有的公司特别仁慈，不管出现多大问题也只是解除劳动合同。这样的企业不会给人才建设和干部管理带来任何好处。

（七）没有正确的干部观

出现以上情况，多数是主要领导和决策层没有一致的干部观。在一些企业，只要完成经营指标，管理好不好、队伍建设好不好、是否违法或给公司带来风险都不重要。干部完成了经营或经济指标就大奖，就给予荣誉。而不是全面综合评价一个干部的政绩。

我们党和国家选拔干部强调德才兼备，考察干部德、能、勤、绩、廉。企业选择干部也要品德优先并同时关注能力，没有情怀的干部，即使再有能力，也不会成为企业欢迎的人。我按照在管理中运用最多的四象限法把干部分为有德有才、有德无才、无德有才、无德无才四种如图 3–2 所示。有德有才的充分用；无德无才的不能用，有德无才的培养用，有才无德的限制用。

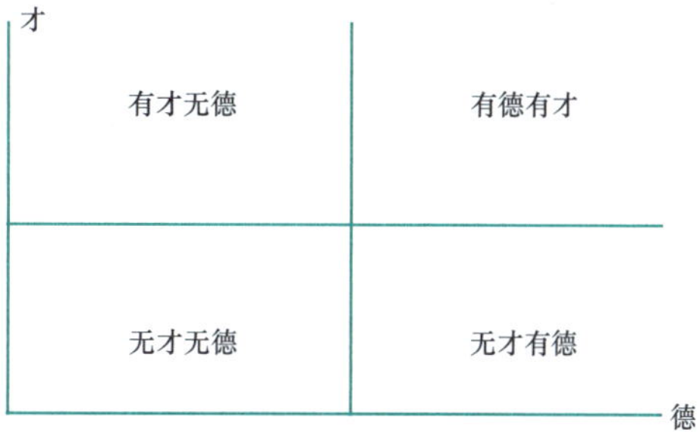

图 3–2　四类干部

三、如何选好干部

古人云：“千里马常有而伯乐不常在”，选人如相马。曾国藩可谓国学大师，他在《冰鉴》中有这样一段话告诉我们如何识人：“功名看器宇，事业看精神，正邪看眼色，穷通看指甲，寿夭看脚踵，如要看条理，只在语言中。”教给我们选择人才“五看”的秘诀。孔子在《论语》中言：“古人云‘不因其人而废其言；不因其言而废其人’；视其所以，观其所由，察其所安，人焉瘦哉？人焉瘦哉？”这是告诉我们：世上的人，每个人都有自己的优势，我们应该学习别人的长处。看明白一个人正在做的事，看清楚他过去的所作所为，看仔细他的心安于什么情况，这个人还能如何隐藏呢？世界上有很多人，但人的类型有限；世界上有很多情况，但情况的类型有限。选拔干部就是要让合适的人应对合适的情况。比做什么事更重要的是找对做事的人。因为用人不当的代价很高。人不对，什么都是错的。我认为企业在选拔干部时，要做到：

（一）要有明确一致的干部选拔标准

组织找干部和自己买东西一样，要有选择评价标准。任何组织要想建立一支高效且负责任的干部队伍，一定要有选择干部的标准。

1. 相关著作中对干部要求的描述

美国著名投资专家瑞·达利欧在其所著的《原则》一书中把领导者说成“塑造者”并提出了以下标准：

（1）不会让任何东西或任何人妨碍自己追求大胆的目标。

（2）对事情有十分坚定的规划。

（3）坚韧，有强烈的实现梦想的决心。

（4）以宽广的视野关注未来。

（5）善于向优秀的人学习。

（6）能同时看到大图景和小细节。

（7）集创造性、系统性、现实性于一身。

（8）既坚决又开明。

（9）对事物充满热情。

（10）想给世界带来巨大和有益的影响。

作者认为组织的最高管理者的重要决策是选好工作的责任人；要让合适的人在合适的岗位；要选择那些能够客观认识自己的人，要关注候选人员过往的经历；选择志趣相投但又是诤友的人。

华为公司在其《华为基本法》中提出干部八条，明确一个领导的重要素质是方向、节奏，他的水平就是合适的灰度；灰度理论是对高级人员的职业要求，要求干部做到“尚中贵和、不偏不倚、持中守正”。华为在选择干部时，看的是干劲。在华为核心价值观是选择干部的基础，品德和作风是选择干部的底线；绩效是干部选拔的必要条件和分水岭。华为公司总是优先从成功的团队选拔干部，从主攻战场和一线及艰苦地区选拔干部，优先从公司长远发展的关键事件中考察和选拔干部。

张丽俊在《管理最大的浪费，就是在不合适的人身上花时间》（公众号——创业酵母）一文中指出高管招聘要看三点：一是胸怀格局，二是战略眼光，三是超越伯乐。招聘管理层需要具备三点：根正苗红、业务管理体系、管理团队能力。

2. 我总结的好干部标准

我认为一个企业选用干部应当考虑：

（1）人品正直，有正确的是非观、道德观和法律意识，能够认识自己的局限性。

（2）认同组织的文化，高效、务实、勤勉、愿意接受新挑战。

（3）有相应岗位应当具备的专业知识和通知的管理知识。

（4）有及时发现问题、准确分析问题、迅速解决问题的能力。

（5）有相应行业或岗位的工作经历。

（6）能够充分调动团队的积极性。

（7）有责任心、主动担当。

（8）有良好的沟通协调能力。

（二）坚持有计划地长期从内部培养干部

人的成长需要有培养过程，参考宗教和一些君主制国家培养领袖的做法，一个想要可持续发展和长治久安的企业要坚持有计划地、长期从内部培养干部。公司战略规划中要有人力资源规划特别是干部培养计划，对于不同岗位要有继任者计划，对每一位经过筛选的年轻干部要有专项培养计划，要通过外部学习、内部培训、不同岗位工作历练、专题方案制定、重点攻关、项目管理、特定事项处理、轮岗和轮值、导师制等方式，按照计划的培养目标分阶段实施，要让他们经风雨见世面、在基层摸爬滚打、在挫折中吸取经验、在国际市场竞争中成长、熟悉公司整体业务链条、培养群众基础，提升协同能力和应急能力、提升责任意识和使命担当品格。

（三）建立后备干部梯队

干部的成长是一步步的。企业的管理岗位也分为基层、中层和高层。要建立干部发展库，从管培生（一些企业直接从应届毕业生中选择的作为未来组织的干部定向培养的人）开始，形成人才培养发展梯队，使每一级干部都有后备培养计划，也使有一定抱负和能力的人看到希望。要建立个人职业发展通道，给员工设定职业生涯发展计划，通过岗位认证、人才盘点、民主测评、组织考察、岗位竞聘等选拔储备形成公司的干部人才梯队计划。

（四）空降高级管理人员时一定要做好充分的背景调查

有这么一家公司，由于集团整体决策进行数字化转型，要求每个子公司配备一名数字化副总经理，公司经过猎头公司寻找到 1 名“合适人选”，且经过公司和集团高管及人力资源部门面试录用，当年这名招聘的副总花掉公司近一亿元资金开发软件和建立信息系统，不但没有做成多少公司的信息化和数字化转型项目，而且还利用职务之便，做了不少对不住公司的事情。这样的案例对企业的教训是深刻的。

如果组织急需人才，在公司内部又没有合适的人选，也可以从外部招聘人才。但在引入干部特别是高级管理人员时要深入做好背景调查，避免像有些组织高薪聘请来的人居然是被上一家企业除名或被末位淘汰或其所在组织不再与其续签劳动合同的人。千万不能只看简历（有时简历都不是真实的），或通过面试听对方单方面表述就信以为实。要通过结构化面试、尽职调查、个人信用或企业工商信息查询等全面准确了解真实信息后再作是否聘用的决定。

（五）新来的拟任高管也要先做一段时间下一级岗位的工作

为了检验新人的能力或考察其人品及与公司文化的匹配度，可以让拟招聘的高级管理人员先在公司的中层任职 3~6 个月后，再安排到聘用的岗位试用。这样能够真正看清一个可能被委以重任的人员的真实情况。一旦正式聘用后就要用人不疑、疑人不用。

（六）试用期必须有，特别是要安排至少 3 个月的基层（现场）工作

不论是什么岗位和级别，也不论是通过什么渠道和方式引进的人才，都必须一视同仁地有试用期，且试用期一定要有具体工作目标和考察计划、要有导师指导和定期

评价考核。试用期满，要对个人进行全面评优，如写工作总结、进行转身考评、写工作计划或与岗位有关的论文、组织调查、个人谈话等，进行全面评价后才确定是否转正。

（七）民主考核才能获得真实的信息

有一家大型知名企业，过去人力资源管理比较求新而不务实。2019 年新任首席人才官听了一位资深管理人士的建议后，组织了有针对性的干部民主调查，通过调查，获得了下属子公司的主要管理者的真实信息，结合集团高管层换届对干部进行了调整。无论什么性质的企业，在考察一个干部时，应当对同级、下级和上级进行一次全面的民主测评，这样才能全面真实的了解信息。仅通过一个述职、某种专业测评工具并也不能完全、真实、准确地获得高级管理干部的信息，通过下级的敬业度调查更不能全面获得分管领导干部的能力、人品、绩效、关系方面的全面信息。

四、如何用好干部

古人用人之道有许多值得我们今天学习。

曾国藩带兵之道是“勤、恕、廉、明”四个字，他在《家书》中写到将才四大端：“知人善用、善觇敌情、临阵胆识、营务整齐”。这里所列的带兵之道四字是曾国藩在与表弟彭毓桔谈话时说的，他并且作了记载，这四字意义很明显，领导的以身作则非常重要，勤勉辛劳，宽厚仁爱，清正廉明，明察秋毫，这不仅是带兵打仗的人应具有的资质，而且是每一个领导者应具有的资质。曾国藩在咸丰七年十月二十七日晚上写了封信给曾国荃，畅论治军的要诀，就归纳了以上将才四大端，这四大端讲的是行军打仗知人用人、熟悉敌情从而知己知彼、在临阵时的胆识和具体发挥、日常营务管理四个方面。可以看得出来，曾国藩绝不仅仅是一介书生，他的兵法也是非常厉害的，其用人之道值得我们借鉴。

苏东坡在《论养士》中用“智、辩、勇、力”将人分为四种。“养士”这个名称，出自战国时代，因为当时书籍不如现在普及，也没有考试制度，一般的平民如果有了知识和能力，需要依靠权贵人家谋求出路，于是，就到权贵人家里做宾客。“宾客”是古代的叫法，唐代到清代叫“幕府”，以后又叫“随员”。像曾国藩，许多有本领的人都在他的幕府里——如现代的研究室、参谋团、秘书室等作幕僚。六国的“养士”就是这种情况。那么“养士”养些什么人呢？苏轼把它分为“智、辩、勇、力”四种人，其实也可分为两种人：用脑力的人与用体力的人。

有些头脑非常灵敏能干的人，叫他劳力往往不行；而有些人叫他用脑子，却好比要他的命，但劳力就很好；又有些人力气好得很，打起架来有劲头，一旦叫他干体力劳动，干了两、三件小事就干不下去了；又像许多人有智，这个智是聪明才智，正道；而有许多人有辩术，专门用手段，不走正道走异端，出鬼主意是第一流的，不要忘了，他也是一个人才，就看怎么用他！这就是会不会用人。智与辩，粗看起来一样，聪明的人做事一定有方法，但正反两面的方法不能相违。勇与力看起来似乎也一样，但勇敢的人不一定有力气；而个子高大威武有力的人，前方打仗怕死不敢去，这就是有力没有勇。苏东坡说智、辩、勇、力四种人，往往需要人家养他，不能自立。不过，依附人家，攀龙附凤也可以立大功，成大业，叫他一个人干，则往往不能成大事。这告诉我们用人要因人而异，用人所长，而且要搭班子要配合。

孔子在《论语》中讲了用人的原则是“射不主皮，为力不同科，古之道也”，意思是比赛射箭，不在于穿透靶子，因为各人的力气大小不同。自古以来就是这样。

周朝有六艺教育，六艺中有“射”之艺，行射之礼在：“子无所争。必也射乎！揖让而升，下而饮。其争也君子。”雪公提到：“礼射观人品行，注重养德，古时不主张射穿其皮，但能射中目的即可，甚至稍偏，亦无不可。何也。因为各人之力大小不同等也。此为古时所行之道。时至春秋之末，咸主射穿其皮，则尚力不尚德矣，所以孔子叙古之道而叹之。”可见，孔子是一个极重视礼仪教化的人，但春秋末年礼坏乐崩，即使各种礼射，射者也不重礼，使射礼失去其教化功能。故孔子积极提倡“射不主皮”的“古之道”。主皮之射就是崇尚君子无所争，君子尚礼不尚力。

孔子的这句话从内容来看是在讲射箭，其实是讲做人。练习射箭，射不主皮，是指射箭是否以射中靶心为主，不在于穿透靶子。你射中靶心就是技艺高超的神射手。由于射箭的力各人有所不同，所以不必苛求射手必须射穿把心。做人也一样，由于环境不同、机遇不同、职务不同，能力不同，每人对社会的贡献肯定是不一样的，因此不要求君子必须要为社会做出多大的贡献，只要你秉着一颗恭敬心、仁德心，你就是君子。在今天，这可用于对干部的要求，要用人所长，要对不同岗位的人提出不同的要求。笔者结合 35 年工作经历以及曾经作为大型企业的人力资源总监的经验，提出以下“用人之策”供读者参考，这些建议我曾经与一位国际知名的大企业的董事长进行过深度交流，得到了这位德高望重的领导的高度认可。

（一）适当授权

对一家企业而言，理想的管理模式应当是“集权有道、分权有序、授权有章、用权有度”。授权是干部管理的一个重要方面。我们经常讲“用人不疑，疑人不用”。一旦我们任用了干部，就要按照权责对待的原则，给干部授权。授权就是把权力委托给他人或机构代为执行。通过赋予不同层级的干部一定的自主权，唤起他们对工作的投入感、责任感、创造性，让他们自己寻找解决问题的方式和方法，并对自己的决定和行为负责，主动地、真切地、创造地做好分管的工作。授权是组织运作的关键，它是以人为对象，将完成某项工作所必须的权力授给部属人员，即主管将处理用人、用钱、做事、交涉、协调等决策权移转给部属。只授予权力，不可托付完成该项工作的必要责任，这是授权的绝对原则性。组织中的不同层级有不同的职权，权限则会在不同的层级间流动，因而产生授权的问题。授权是管理人的重要任务之一。有效的授权是一项重要的管理技巧。

若授权得当，所有参与者均可以受惠。授权要明确相应岗位人员的经营、管理、财务、人事相应决策权利，并通过适当的文件进行公示。我工作过的金风科技，就是通过正式的文件，将公司的各项决策工作，按流程明确不同岗位人员的权限，如多大的投资项目由谁发起、谁评审、谁审核、谁批准规定地非常清楚。

美国卡普兰、诺顿在所著《战略中心型组织　平衡计分卡的制胜方略》谈到领导作用时，给领导者提出了5项职责，其中第3项就是讲分权——将组织的权力和责任分解到最低层面，利用共同愿景的力量支协同各个单元的行动方案。

为了做好授权，企业要从以下四个方面采取行动：

（1）组织内部进行适当的分权（power），不能让所有决策工作都由公司最高管理者决定。

（2）组织信息（information）共享，不能形成小系统封闭自我运行。

（3）组织内的知识（knowledge）共享，相关的方法学要让其他管理者也知晓。

（4）组织成员共享组织的利润和报酬（rewards），管理成果让大家共享。

这四个方面必须都实现，授权的作用才能发挥。我们可以用“授权公式”来表示四者之间的关系：授权效果 = 分权 × 信息共享 × 知识共享 × 报酬共享。

授权实施一定阶段后还可以根据情况进行调整。有时授权还要考虑被授权者的能力和素质，一旦发现问题还要及时调整。有这样一家企业，为了加速公司数字化转型，在公司授权文件中规定300万元以下的信息化数字化项目由公司负责数字化的副总决策，仅知会公司财务总监，300万元以上的投资才由公司数字化决策委员会决策。没想到这名数字化副总把公司的信任当成自己捞取好处的方便，所有项目无论大小均肢解成300万元以内的项目，全由自己审批。项目没有立项评审、没有具体的策划方案，过程中没有实施评审、验证和确认，成果也没有鉴定和验收，所有相关工作信息仅在公司信息中心内部流转。一年下来公司花了近一亿元资金的数字化项目并没有多少是成功的，且经过公司审计，发现不少违法违规问题。公司设有数字化决策委员会，但一年没有召开一次会议，公司的主要领导也过于相信这位领导，平时也很少过问，相关信息没有共享，相关工作缺乏有效监督，直到年底总结时才发现这一问题。

（二）用人所长

每一个人都有自己的长处，也有自己的短板。使用干部不能总盯着其短板，一定要用人所长，让干部的优势发挥最大的作用。有的人是技术专才，善于创新开发，但不太会做人的工作，这样的干部我们要让其负责技术研发类工作，而给其配备一名善于沟通协调，能够调动整个团队推进创新的副手；有的人是市场开拓的先锋，能够始终围绕用户的要求提供解决方案，年年是公司销售标杆，但不懂技术，这样的干部要让他分管营销，并给其配备一名懂技术的副手；有的人善于策划，能够及时捕获超前的信息并提出战略对策，但具体实战是其短板，这样的人应当负责战略规划；有的人虽然会理财，把公司的“家”看得很紧，但不会从业务的角度考虑财务问题，汇报工作只是简单的汇总呈现，也不会通过财务把关发现业务上的问题，这样的人就不适合担任公司的财务负责人。

（三）关键时候要有上级担当

授权了但不能授责，上一级还要对已经授权的事项负责任。当被授权者出现失误甚至发生错误，给企业造成损失时，上一级授权者不能一推了之，要勇于担当，主要为被授权者承担一定的责任。这样被授权者才能大胆工作。现实工作中，有些企业的主要领导一旦出现问题，不能从自身找原因，主动承担责任，总是将责任推到下属，找下级的原因。在这样的领导下工作，往往下属总是小心翼翼，事事向上级请示汇报，组织的效率不会太高，领导与下属之间也就缺乏信任感。

（四）在创新创业上允许一定程度的失败

创新是当今企业的主旋律，组织的各级干部都是创新的引领者。既然是创新，就有可能失败。企业在使用干部上，不能因为失败就全盘否定一个干部。只要能够从失败中总结经验教训，避免在同一地方再次摔倒，就是可以继续使用的干部。在具体的创新创业实践中，组织要给干部提供支持，建立必要平台，配备资源，解决过程中的难题。

（五）综合考核与激励，犯了错误必须追责任

组织要建立全面的干部考核机制，要从道德、能力、业绩、关系等多层面评价干部，要建立干部考核评价规则，要通过多种方式全面综合评价干部。对于做的好的干部，要及时鼓励，委以重任；对于因主观原因，失职渎职，必须对给组织造成经济和商誉损失的干部追责。

有一家公司，也开展干部考核，但评价标准年年变化，评价方式年年变化，今年找这家人力资源公司咨询，明年向另一家成功企业学习。有时是述职，有时是 360 度测评，由于形式化明显，基本上是为了完成人力资源的任务，并不能准确评价干部和调动干部积极性。后来引入北森人才评价系统 + 得勤的人才盘点 + 央企的民主测评，才对干部有了一个合理的评价方法，也得到了干部的认可。

在央企和地方国企，现在追责机制比较完善，犯了错误肯定追责，违法违纪必定追究。在民企，只要老板发现并确认是犯了错误，一定会开除。但在一些混合所有制或一些上市公司，企业的最高管理者相对温和慈悲，对犯了错误甚至给企业造成重大损失的干部也只是让其自动离职。这对干部本身和对企业都不好。这不是在帮助干部，而是害了干部，不能使他们认识错误和改正错误，可能今后会犯更大的错误。此外，这更会在公司造成“犯了错误也无所谓”的影响，纵容其他干部也违纪违规，只要不被发现，先捞一把再说，大不了走人。

（六）互相沟通，而不是上级命令或下级汇报

沟通的目的，其实是让所有人的认知和目标实现统一；沟通是一种能力，它并不是天然的，而是可以被刻意训练、被学习、被精进的能力。

傅盛在《投资股权论坛》中发表了一篇标题为《如何用沟通解决 80% 的工作问题？一个 CEO 的几条沟通建议》的文章。作者说明了沟通困难的三个基本事实，总结出了七个沟通的基本原则，对如何进行向下、同级、向上沟通给出了自己的建议。

作为干部，重点要做好向下和向上沟通。作者总结了向上向下沟通要注意的事项。

1. 向下沟通注意事项

（1）给予底层信任：充分理解下级的成长诉求。

（2）传达战略理解：传递公司高层战略和意图。

（3）真正达成共识：把对方当成参与者，而不是简单的执行者；不是简单的下命令，而是充分描述项目框架和具体目标，形成讨论。

（4）指出问题时，不作定性描述，只描述具体事情。

2. 如何和上级沟通，作者提醒我们注意以下方面

（1）老板说的要充分理解，因为可能让你学到更多。

（2）不要用简单的战术问题去和老板的战略意图作对抗。

（3）放弃封建主义的君臣思想，认为小人才献媚，清者自清。

（4）说服老板不容易，但很值得，要多花时间。

在一些企业里，缺乏有效的沟通。领导喜欢听汇报，下级喜欢大事小事都请示，需要承担责任的事就上会讨论，大家一起决策一起担责。上级听不进去相关建议，对下级总是以命令的口气进行沟通。这样不会有好的干部工作氛围。听说有这样一家企业，上级公司从外地某大型企业空降了一位分管领导，新来的领导将原来工作单位的一些做法复制到这家企业，在过程中仅从单一目标出发思考组织机构改革，将原来做实做大区域公司的思路更改为中心制和专业公司的做法，为了推动某项业务发展，将原来相互制约的职能全部给了一个业务部门负责，几年运作下来，出现了一系列重大问题，不仅没有解决原来关注的目标问题，还由于缺乏应有的监督，业务出现了更多的问题。当初在决策相应机构改革时，这位领导并不听班子其他人的不同意见，坚持个人意见导致了不好的结果。

还有我的一位在企业任总监的好友曾经经历过这样一件事。有一次公司领导给他发了条手机短信“将环保水保的影响给 ×× 写一个建议”，由于手机短信用得少，且当天他在修改一份非常重要的项目复盘报告，直到下午 1 点他才看到短信，由于短信中没有时间要求，他想先完成手头的报告修改后再写这个建议。下午 3 点 55 分，他又看到总经理发的第二条短信：“老王，今天下班前一定要发给我”。这时他才开始动笔写。当他下午 6 点写完发给总经理时，总经理打来电话说，不是要这样的内容，而是要站在行业角度给 ××× 写一篇用在 ×× 会议上发言的材料。这时已经到晚上下班的时间，他答应领导第二天上午 10 点交稿。当晚他在家和经理通话确定了三条建议内容并写好后，总经理又发来微信还要增加集团有关方面的内容。这份建议直到第二天中午 12 点才完成。这是一个非常失败的沟通案例。从他的上级总经理而言，一是领导布置这么重要的

工作，使用了已经最不常用的短信通知；二是短信通知没有说明内容要求和提交时间要求。我的好友在这件事上也存在沟通问题，一是收到短信后凭借自己的理解写了对公司有关环保水保的建议，以为是董事长要了解公司相关工作并帮助解决问题，没有打电话确认一下内容要求和时间要求；二是自己主观认为董事长作为 ×× 委员，可能会有专门人员和秘书帮他写这样的稿件，不会找到他来写；三是没有主动征求总经理对此事的意见，就自己写了。这样导致本来只需要花 2 小时就能完成的工作，他写了三个不同的版本，几乎花了 1 天时间，领导可能还不满意。

以上案例说明，组织在使用干部时，沟通是相当重要的。能够担当的干部不一定事事都汇报、件件都让大家一起决策。

（七）分清公与私

在一些民营企业，干部在处理问题上有时很难分清公与私。在干部任用上有时也这样。有时办公事和办私事都只依赖自己关系好的所谓信得过的人。这对组织是不利的。公私一定要分明，即使你是投资者或股东，经营者和董事的职责是有区别的。

（八）不能把情感和情绪带到工作上

情绪管理对干部是十分重要的，会管理情绪的人是有自控力的人。在组织里也是男女搭配，干活不累。成员中都是同一性别的管理团队不如男女混合的管理团队更有效率。但是要有一定的男女比例控制。所有干部包括负责干部或人力资源管理的领导，即使是组织的最高领导者，也一定不能将情感和情绪带到工作中。高级管理人员的亲属不能安排在自己手下任职。这样没法正常工作，也不便于公正考核评价。任何时候上级干部都不能在下属干部面前情绪化，女干部在生理周期或更年期更要管理好自己的情绪。

（九）好干部也是夸奖出来的

有一些领导金口难开，很少对工作进行肯定，很少表扬干部，总是在找问题挑毛病。实际上上级领导和下级干部的关系，也要像家长和孩子的关系一样，要懂得夸奖，好的干部也一定是夸奖出来的，人都喜欢听好话。同时要注意，当你要批评或找部下问责时，一定要有基本知识和对责任先了解清楚。比如一定不能对负责职业健康安全的领导问责信息安全管理出现的问题，因为职业健康安全与信息安全完全是不同领域的问题，也不能将使用流程出现的错误对制定流程的干部问责。

本章深度阅读参考文献索引

1. 郎立君 . 管理基础教程 . 北京：企业管理出版社，1999.
2. 【美】瑞 · 达利欧（Ray Dalio）. 原则 . 刘波译 . 北京：中信出版集团，2018.
3. 周留征 . 华为创新 . 北京：机械工业出版社，2017.
4. 李原编 . 墨菲定律 . 北京：北京联合出版公司、中国华侨出版社，2014.

5. 张丽俊．管理最大的浪费就是在不合适的人身上花时间．公众号——创业酵母，2019-7-24.

6. 傅盛．如何用沟通解决80%的工作问题？一个CEO的几条沟通建议．公众号——投资股权论坛，2019-7-15.

7.【美】罗伯特·卡普兰（Robert S. Kaplan），【美】戴维·诺顿（David P. Norton）．战略中心型组织 平衡计分卡的制胜方略．上海博意门咨询有限公司译．北京：中国人民大学出版社，2018.

8. 方永飞．回归经营．广东：南方出版传媒广东经济出版社，2016.

第四章 建立和有效运行组织的管理体系

当代社会已经由工业社会转身信息社会，经济体系已经由工业经济转向以信息和知识为基础的服务经济。当代企业面临的环境特点是市场全球化、竞争趋势化、企业国际化，企业运作的特点是运营虚拟化、战略短线化，企业管理的趋势是管理过程化、组织扁平化、职能综合化。创新变革已经成为世界经济发展的永恒动力。

在今天这样一个激荡万千的商业环境中，机会稍纵即逝，威胁无处不在，时刻考验着组织适应变化的能力和在变化中寻求突破的弹性和韧性。管理大师彼得·德鲁克说："在动荡不安的时代，管理的首要课题是确定组织存活的能力。确保组织结构的强度和韧性以适应冲击、适应变局与善于机会的能力。"打造 21 世纪可持续发展的卓越企业，管理必须回归到其最基本的常识，即追求管理的有效性和效率，确保实现组织的预期收益成为评判管理价值与成效的唯一标准。

为了推进全球各类组织实现管理的有效性和效率，ISO（国际标准化组织）于 1987 年发布了全球首个质量管理体系标准。此后根据世界经济技术发展及全球最佳质量管理实践，先后于 1994 年、2000 年、2008 年和 2015 年对标准进行了修订，使这一标准始终成为全球应用最广泛的管理方法，也成为引领其他管理体系标准的指南针。在此标准成功的基础上，ISO 此后又陆续发布了多项其他管理体系标准，并持续更新迭代。

1987 版和 1994 版的 ISO 9001 标准，站在审核员的视角，专注组织的工作程序是否符合标准要求。回首那个时期，实现产品的一致性是企业管理的核心。企业获得 ISO 9001 质量管理体系认证证书就意味着领先。

2000 版和 2008 版 ISO 9001 标准，开始从审核员视角向标准使用者角度改变，最重要的是"过程方法"的提出。标准要求组织利用过程方法把"体系"这个概念落地，实现组织管控的全面性，以量取胜是这个时期的重要特征。标准提倡的关注客户满意、关注过程效率，成就了众多时代巨人的最佳实践，标准展现出强大生命力。

随着以移动互联为代表的新经济浪潮荡涤着商业环境，原有秩序不断崩塌，实证不断崛起，组织的经营模式不断创新演变，个体价值与组织关系也发生着巨变。曾经的最佳实践，反面成为组织的发展障碍和瓶颈。“基于标准的实践”不得不转向“基于实践的标准”。2015 版 ISO 9001 标准顺应时代的发展，从视角、原则、结构和内容等各方面关注组织的预期收益，强调通过激发人的潜能，强化组织行为，提升组织绩效。充分体现了“从基于风险的思维”到“绩效驱动”；从“将变化作为常态管理”到“预期结果”；从“回归管理常识”到“尊重人性”；从“最轻量的管控”到“团队协同作战”；成为了企业可自定义的标准。

随着 2015 年 ISO 9001 标准的成功转型，其他管理体系标准也按照 ISO 规定的“高阶结构”和统一的理念和模式进行了全面修订。全球 130 多万张认证证书的获得者，面对新的机遇和挑战，将重新审视组织管理体系的有效性和效率。

我于 1987 年接触 ISO 质量管理体系标准，当时在一家央企工作，依据 1987 版 ISO 9001 标准编写了公司《质量保证手册》；1994 年新版 ISO 9001 标准发布后，我开始组织建立公司质量管理体系，编制公司《质量管理手册》和相关程序文件，1995 年公司获得中国方圆标志认证委员会颁发的第 1 张管理体系认证证书。1996 年，公司结合国家标准化二级企业评价的要求，进一步完善了管理文件，形成了公司的管理标准、工作标准和技术标准，建立了公司管理和业务流程，同年公司获得国家标准化二级企业，个人获得“全国化工标准化先进工作者”，我完成的《质量管理体系与企业标准化的一体化管理模式》成果获得“中国企业现代化管理成果二等奖”。2000 年我开始从事企业管理咨询、管理体系咨询培训、管理体系与产品认证工作，先后供职于中国方圆标志认证委员会、中国质量协会质量保证中心、环境保护部环境认证中心。当年 ISO 发布 2000 版质量管理体系 ISO 9000 族标准，我作为中国质量协会的专家到全国十多个省市进行标准宣传贯彻，听众累计上万人，掀起了“质量管理有效性万里行”热潮。从业 10 多年里，我对几百家企业进行了培训、管理咨询或管理体系认证审核。中国航天科工集团三院、中国长城科技集团公司、中国建材集团公司、中材集团公司、中国兵器工业总公司、北京城建集团公司、北京建工集团公司、北京城乡建设集团公司、青岛港务局、四川长虹电器集团公司、景德镇飞机制造公司、上海大众汽车、东风汽车公司、神龙汽车公司、北京奔驰汽车有限公司、宝钢集团、南通醋酸纤维有限责任公司、南通四建公司、南通建工集团、青岛建工集团、青岛四方车辆厂、西宁特钢集团公司、廊坊市人民政府、青城山都江堰风景名胜管理局、庐山风景名胜管理局、大连机车厂、山西潞安矿务局、鲁西化工集团公司、北京金隅集团公司、武汉钢铁集团公司、中铁四局集团有限公司、中国铁路通信信号集团公司、青岛高新技术开发区、廊坊经济技术开发区、合肥高新技术开发区、杭州高新技术开发区、上海张江高新技术开发区、中国民航大学、太原理工大学、内蒙古科技厅等近 1000 家单位留下了我的身影，在研究和实践中，我参编、主编、独著、合著管理类专著、科普、手册、培训教材类图书 50 多部，参与多项国家标准的制订和专家审定，完成多项企业管理科研课题研究，作为培训教师，给上万名注册审核员培训。到 2012 年底，为了进一步将管理理论应用于实践，我加盟了一家新能源上市公司，负责公司的战略、运营、体系、标准化、流程、效能监察、风控、精益管理、质量管理、安全监察、环保水保监督、社会责任和品牌建设工作。此间又发表篇数十篇文章和组织编写或独立完成近 10 部专著的写作和公开出版，2019 年获得省部级科技成果二等奖一项，组织编制团体标准 1 项。经过多年的研究和管理实践，我对管理体系在组织的作用及企业管理有了深刻的认识，也积累了丰富的管理实践经验。我认为管理体系是组织有效和高效运作的平台，是企业提升管理走向卓越的基础。工作实践中我也发现不少企业和企业的高层在这方面有误区，本章在简要介绍管理体系的基础上，将重点和读者探讨最通用的三大管理体系在建立和运行中的问题与对策，以帮助各类组织提高管理体系运行的有效性和效率。

一、认识管理体系

为了后面全面分析三大管理体系的问题与对策，有必要对读者中的企业高级管理人员和不从事相关工作的读者进行一下相关知识的普及。

（一）管理体系定义及其主要管理体系

按照 ISO 9000：2015 标准中给出的定义，管理体系（management system）是指“建立方针和目标并实现这些目标的体系”。“体系”即系统，是指一组相互作用的“要素”；管理体系就是建立方针和目标并实现该目标所需的相互联系或相互作用的一组“要素”。一个组织的管理体系可包括若干个不同的管理体系，如质量管理体系（ISO 9001）、环境管理体系（ISO 14001）、职业健康和安全管理体系（ISO 45001）、信息安全管理体系（ISO 27001）、汽车供应行业的质量管理体系（TS 16949）、电信行业的质量管理体系（TL 9000）、食品安全管理体系（ISO 22000）、资产管理体系（ISO 55001）、能源管理体系（ISO 50001）、供应链安全管理体系（ISO 28000）、社会责任管理体系（ISO 26000）等，是企业组织制度和企业管理制度的总称。组织的管理体系通常包括组织结构、策划活动、职责、惯例、程序、过程和资源。按照《ISO 9001 标准结构内容和设计规范》，每一个管理体系标准均由十章构成，包括了范围、规范性引用文件、术语和定义、组织环境、领导作用、策划、支持、运行、绩效评价、和改进。

组织可根据自己业务和管理的需要，建立一个和多个管理体系，并可将不同的管理体系进行整合。

以下就常见管理体系作了简要说明。

（二）质量管理体系

质量管理体系（QMS）就是建立质量方针并实现质量目标的体系。质量管理体系标准经历了 1987、1994、2000、2008 和 2015 共 5 个版本。目前组织建立和实施质量管理体系认证依据的标准是 ISO 9001：2015（GB/T 19001—2016）《质量管理体系要求》。标准要求组织面对日益加剧的复杂性、动态的环境变化和增长需求，基于战略的高度，识别和分析组织所处的环境、理解顾客和相关方的需求，明确产品和服务实现的过程，识别和策划风险控制措施，在此基础上制定组织的质量方针，明确组织的质量目标及实现措施计划，按照基于风险思维的 PDCA 过程模式，强化领导作用、明确职责和能力要求，配备必要资源、强化过程管控、强化外部提供的产品和服务控制，关注变更管理，建立自我发现、自我完善、自我改进机制，确保组织提供的产品和服务满足顾客和法律法规要求，以实现质量管理的预期结果。

质量管理体系关注的是顾客。质量管理体系是最基本的管理体系，所有组织都可建立质量管理体系。

（三）环境管理体系

环境管理体系（EMS）就是建立环境方针并实现环境目标的体系。环境管理体系标准经历了 1996、2004、和 2015 共 3 个版本。目前组织建立和实施环境管理体系认证依据的标准是 ISO 14001：2015（GB/T 24001—2016）《环境管理体系　要求及使用指南》。标准要求组织在识别组织面临的内外环境和了解相关方要求的前提下，从产品和服务的全生命周期出发，体现领导作用，识别环境影响并评价环境影响和风险，制定环境管理方针和目标，提出实现目标的措施，制订控制环境风险的措施，配备相应资源，提升全员环境管理能力和意识，做好内外信息交流，作好应急准备和响应，建立自我发现、自我改进、自我完善的环境管理机制。

环境管理体系关注的是社会。在生产和服务中凡是有可能产生污染物的企业均可建立和运行环境管理体系。

（四）职业健康安全管理体系

职业健康安全管理体系（OHSMS）就是建立职业健康安全方针并实现职业健康安全目标的体系。职业健康安全管理体系标准经历了 OHSAS 18001：1999、OHSAS 18001：2007 和 ISO 45001 3 个版本，目前组织建立和实施职业健康安全管理体系认证依据的标准是 ISO 45001：2018《职业健康安全管理体系　要求及使用指南》。标准要求组织理解组织所处的环境，识别员工和其他相关方的需求和期望，体现领导作用、配备资源，识别危险源及职业健康安全风险，制订组织的职业健康安全方针和目标，制定实现目标的措施，制定控制职业健康安全风险的措施，做好协商和员工参与工作，采取措施消除危险源和降低职业健康安全风险，做好变更管理，强化对承包方和外包的采购管理，做好应急准备和响应，建立自我发现、自我改进、自我完善的环境管理机制。

职业健康安全管理体系关注的是组织的员工和相关方人员。在生产和服务过程中可能造成人员身体伤害或健康损害的组织都应当建立职业健康安全管理体系。

特别要单独说明一下，ISO 45001：2018 标准是一个全新的职业健康安全标准，我解读该标准，归纳出标准给出了以下新的职业健康安全管理理念：

（1）组织对其工作人员和可能被组织活动影响的相关方人员的职业健康安全负有责

任，而且这种责任还包括提升和保护他们的身体和精神健康。

（2）职业健康安全管理体系的预期结果是防止工作人员的人身伤害和健康损害，为工作人员提供安全健康的工作场所。

（3）建立符合标准的职业健康安全管理体系，能够使组织降低职业健康安全风险，提升职业健康安全绩效。

（4）实施职业健康安全管理体系是组织的战略和运营决策。组织要建立与其总体战略目标和方向相适应的清晰的职业健康安全方针。

（5）职业健康安全管理体系的成功取决于组织各个层次和职能的领导作用、承诺和参与。最高管理层发展、领导和促进组织中支持职业健康安全管理体系预期文化的结果。最高管理者对职业健康安全管理体系承担最终责任。

（6）组织应将职业健康安全管理体系整合到组织的业务过程中，并将职业健康安全体系与健康安全的其他因素相融合。

（7）职业健康安全管理体系的方法是基于策划、实施、检查、改进的 PDCA 循环。

（8）组织要确定与其宗旨相关的并影响职业健康安全管理体系实现其预期能力的外部和内部问题。

（9）组织要理解工作人员和其他相关方的需求和期望，并在确定方针、制定应对风险控制措施时考虑相关方的需求和期望。

（10）组织在发展、策划、实施、绩效评价和采取措施以改进职业健康安全管理体系时，组织应建立、实施和保持各层级和职能的工作人员以及员工代表的协商和参与过程。

（11）组织应建立、实施和保持采购过程，以控制产品和服务采购，确保其符合职业健康安全管理体系要求。

（12）组织应促进支持职业健康安全管理体系的文化建设。

（五）信息安全管理体系

信息安全管理体系（ISMS）是组织在整体或特定范围内建立信息安全方针和目标，以及完成这些目标所用方法的体系。它是直接管理活动的结果，表示成方针、原则、目标、方法、过程、核查表等要素的集合。1998 年前后从英国发展起来的信息安全领域中的一个新概念，是管理体系思想和方法在信息安全领域的应用。近年来，伴随着 ISMS 国际标准的制订、修订，ISMS 迅速被全球接受和认可，成为世界各国、各种类型、各种规模的组织解决信息安全问题的一个有效方法。ISMS 认证随之成为组织向社会及其相关方证明其信息安全水平和能力的一种有效途径。目前组织建立和实施信息安全管理体系依据的标准是 BS 7799-2：2002《信息安全管理体系——规范及使用指南》，ISO/IEC 17799：2000《信息技术——信息安全管理实施细则》。

IT 行业和互联网企业，以及组织和信息化、数字化程度高的组织为了自身的信息安全，应当建立信息安全管理体系。

（六）资产管理体系

资产管理的对象包括实物资产和无形资产。实物资产通常指组织拥有的设备、存货和不动产。无形资产如：租赁权、商标、数据资产、使用权、许可、知识产权、信誉或协议。

资产管理体系以实现组织资产价值最大化为目标，根据组织内外部环境的分析，确定组织的方针和战略资产管理计划，在风险识别的基础上确定资产管理目标，平衡资产全寿命周期的风险、成本、绩效进行资产管理决策，并制定资产管理计划，提供资源实施资产管理计划，并对资产管理计划的实施情况、目标的完成情况进行检查，通过内审和管理评审检查体系的符合性和有效性，并根据内外部情况的变化重新修订方针和战略资产管理计划，开始新一轮的循环，以达到为组织目标的实现创造更大的价值。

资产管理体系（AMMS）就是建立资产管理方针并实现资产管理目标的体系。

ISO（国际标准化组织）于 2014 年 1 月 15 日颁布了《资产管理体系》系列标准，由三份标准组成：ISO 55000《资产管理——综述、原理与术语》；ISO 55001《资产管理体系——要求》；ISO 55002《资产管理体系——ISO 55001 应用指南》。该系列标准主要针对固定资产。基于 PDCA 原则，ISO 55001 规定了资产管理的主要内容：组织所处的环境——组织对其所处环境的认识；对相关方需求和期望的认识；资产范围的界定；应用 ISO 5501 的总要求；领导——领导的作用与承诺；资产管理方针；组织架构及职责分工；策划——处理风险与机遇的措施；目标及实现目标的策划；支持性要求——资源提供；人员技能；人员意识；沟通；信息要求；文件化信息；运行——运行策划与控制；变动管理；外包管理；绩效评价——监视、测量、分析与评价；内审；管理评审；改进——不合格与纠正措施；预防措施；持续改进。

对于一些投资类企业和资产经营管理公司应当建立资产管理体系。

（七）供应链安全管理体系

供应链是指从原材料采购一直到通过运输将产品或服务提供给最终顾客的一组过程和资源构成的网络。供应链安全是保护供应链免受各种威胁的损害，以确保业务连续性，业务风险最小化，投资回报和商业机遇最大化。

供应链安全管理是通过实施一组合适的控制措施而达到的，包括策略、过程、规程、组织结构以及软件和硬件功能。在必要时需建立、实施、监视、评审和改进这些控制措施，以确保满足该组织的特定安全和业务目标。这个过程宜与其他业务管理过程联合进行。

供应链安全管理体系（SCSMS）是建立供应链安全管理方针并实现供应链安全管理目标的体系。

源于自然或人为灾害的全球供应链安全风险问题成为现今国际运营商的主要挑战之一。一些具有详实记录的事故，如地震、飓风、亚洲海啸、恐怖和犯罪活动等，突显了人们迫切需要一个系统化及具有协调性的解决方案。有见及此，国际标准化组织（ISO）

针对人类、货物、基础设施和设备（包括传送方法）安全事故，制订了一系列文件，以预防供应链中可能出现的破坏性影响。目前组织建立和实施供应链安全管理体系的标准是 ISO 28000：2007《供应链安全管理体系规范》，2006 年发布的 ISO/PAS 28001《供应链安全管理体系－供应链安全的最佳实践规范－评估和计划》及 ISO/PAS 28004：2006《供应链安全管理体系－ ISO/PAS 28000 实施指南》提供了实用的指导，以补充 ISO 28000 的规定要求，促使组织机构做出更好的风险管理决策。

ISO 28000 是应运输和物流行业对共同安全管理标准的需求而发展并提出的，其最终目标是改进供应链的全面安全。作为新的管理体系规范，它首次为操作或依赖供应链中某一环节的组织提供了框架。它能帮助行业各部门审核安全风险并实施控制和减轻风险的安排来管理供应链潜在的安全威胁和影响。它的管理方式与其他基本业务原则如质量、安全和客户满意度的管理方式相同。

它与政府和国际海关机构的安全提案兼容并补充其不足，这些提案包括：世界海关组织为供应链安全化和简易化设定的标准框架、欧共体加强供应链安全的规定——经授权的经济经营者（AEO）以及美国海关和边界保护提案——针对恐怖主义的海关贸易伙伴关系。

运输和物流行业可以建立供应链安全管理体系。

（八）社会责任管理体系

企业社会责任（corporate social responsibility，CSR）是指企业在创造利润、对股东和员工承担法律责任的同时，还要承担对消费者、社区和环境的责任，企业的社会责任要求企业必须超越把利润作为唯一目标的传统理念，强调要在生产过程中对人的价值的关注，强调对环境、消费者、社会的贡献。ISO 26000《社会责任指南》标准给出的定义是：组织的社会责任是组织对运营的社会和环境影响采取负责任的行为，即行为要符合社会利益和可持续发展的要求，以道德行为为基础，遵守法律和政府间契约，并全面融入企业的各项活动。

企业社会责任管理体系是指确保企业履行相应社会责任，实现良性发展的相关制度安排与组织建设，建立企业社会责任管理体系是一项涉及企业的远景与使命、企业文化和企业发展战略，事关企业长远发展的重大任务。

目前全球类似的社会责任标准有 400 多个。SA 8000：1997《企业社会责任标准》是总部设在纽约的社会责任国际（简称 SAI）发布的第一个社会责任标准。

2010 年 11 月 1 日，ISO 发布《社会责任指南》。目前我国企业建立和实施社会责任管理体系的标准是 GB/T 36000—2015《社会责任指南》，标准规定了社会责任的 7 个核心议题：组织治理、人权、劳工实践、环境、公开运行实践、消费者、社区参与和发展。

目前国际上还没有专门用于认证的社会责任管理体系标准，各国和其各行业有的已经制订有的正在制订其社会责任管理体系标准。所有组织都应当建立社会责任管理体系。

（九）能源管理体系

世界各地的企业都面临着能源价格上涨的问题。这来自于日益增加的竞争压力，迫使企业寻找新的方法来降低他们的总开销。此外，企业产生的温室气体排放也日益受到关注。鉴于这些事态的发展，企业必须找到方法来管理能源的使用，而同时向日益注重环保的公众传达自身管理能源做出的努力。能源管理体系标准为我们提供了能源管理的理念、工具和方法。

能源管理体系（EnMS）是建立能源管理方针并实现能源管理目标的体系。目前企业建立能源管理体系和实施认证的标准是 ISO 51001：2018（GB/T 23001：2012）《能源管理体系要求》，ISO 51001 能源管理体系是以“能源”为核心进行控制和管理，企业通过“活动、产品和服务”识别能源因素、确定具体的能源目标和指标，以达到提高降低能源消耗、提高能源效率的目的。标准要求组织识别内外环境的变化，理解相关方要求，识别能源因素和法律法规要求，制定能源管理方针、确定能源管理目标及实现措施，管理能源风险、做好能源信息交流、配备能源管理资源、对能源因素进行有效控制并做好应急准备和响应，建立能源管理自我发现、自我改进、自我完善的机制。

能源管理包括能源规划、节能目标管理、标杆管理、能源统计、能源计量等。

能源生产企业和能源使用大户应当建立能源管理体系。

（十）食品安全管理体系

食品安全是指食品在按照预期用途进行制备和（或）食用时不会伤害消费者的保证。食品安全管理体系（FSMS）是建立食品安全管理方针并实现食品安全管理目标的体系。2006 年 ISO 发布第一版食品安全管理体系标准 ISO 22000《食品安全管理体系　食品链中各类组织的要求》，2018 年 ISO 对标准进行了修订。标准互动沟通、系统管理和危害控制的要求，体现了以下思想：食品链中尽可能充分地应用预防原则，以最大幅度地降低食品风险；对从“农田到餐桌”链条的定位；建立应急机制以处理特殊的危害（如食品召回制度）；建立基于科学原理的食品控制战略；建立危害分析的优先制度和风险管理的有效措施；建立对经济损益和目标风险整体的统一行动；认识到食品安全管理是一种多环节且具有广泛责任的工作，并需要各种利益代言人的积极互动。

食品安全企业必须建立食品安全管理体系。

二、管理体系的基本思想和通用模式

（一）管理体系的基本思想

纵观主要的管理体系标准，主要体现了以下管理思想，这些管理思想是人类智慧的结晶，是全球管理实践的总结。所有组织的管理者应当深刻领会这些通用的管理思想：

（1）体现组织的战略意图。管理体系标准要求组织将管理体系建立作为一项战略任务，要求组织在确定管理方针上与战略保持一致。

（2）遵守法律法规。所有管理体系都包括了满足法律法规要求的规定，要求组织识别与其业务相适应的法律法规，并作为组织各项管理的依据之一，还要做好合规性评价。

（3）理解相关方的需求和期望。不同管理体系关注的相关方不一样，都要求组织理解相关方的需求和期望，将相关要求转化为对组织的要求，并通过体系运行来满足相关方要求，争取超越相关方期望。

（4）基于风险思维。2015 版新标准后，所有管理体系标准都增加了这一基本要求。要求组织在识别内外环境，分析优势、劣势、风险和机遇的基础上，识别和评价组织面临的各类风险，制订风险控制措施，并对措施实施的有效性进行评价。

（5）使用过程方法。从 2000 版质量管理体系标准开始，就强调过程方法。2015 版后所有标准均体现了过程方法的思想。要求组织明确过程的输入、过程的资源要求、过程的流程及控制要求、过程的输出，并对每一过程都要体现 P（计划）–D（实施）–C（检查）–A（改进）R 的循环。

（6）体现领导作用。和任何事情一样，没有领导的支持和参与一般是做不好的。所有管理体系标准均明确了管理者特别是最高管理者的职责。2015 年以后修订的管理体系标准专门单独设置了“领导作用”一个章节。结合不同管理体系对象，对组织的最高管理者提出了明确的要求。这些描述应该是我们高级管理人员基本的管理职责。

（7）要求全员参与。2015 年起修订的所有管理体系标准，通过信息交流、内部沟通、培训等充分体现了全员参与的思想，无论是哪个管理体系要想取得最好的绩效，离不开全员的参与。

（8）体现循证决策。基于事实和数据进行管理和决策是对管理的基本要求。管理体系标准要求组织循证决策，要收集管理满足要求的证据，要对数据进行分析，要依据事实和具体问题做出改进决策。在二十多年从事管理咨询、认证和培训的过程中，我经常给企业或学员讲到三句话，管理体系有效运行的基本要求就是“写你所说的；做你所写的；记你所写的，没有证据等于什么也没有发生”。

（9）关注变更管理。变更会带来质量要求的变化及影响质量满足要求的因素发生变化，变更会带来新的环境因素并产生新的环境影响；变更会带来危险源的变化和风险的变化，因此，组织务必强化对变更的管理。

（10）强调内外沟通。信息的透明和要求相关方及全员参与，必须做好组织的内外信息交流和沟通。多个管理体系标准均有专门条款做出明确要求。

（11）体现自我发现、自我改进、自我完善的机制。标准通过过程责任者的自查与纠正、内部审核、管理评审三重机制的规定，形成了组织内部从过程主体、专门机构到最高管理层对管理及管理体系实现自我发现、自我改进、自我完善的管理机制。

（12）强调目标管理。所有管理体系标准都要求组织建立目标，制定实现目标的措施，并要求管理体系始终围绕实现其预期结果而采取有效行动。

（二）管理体系的通用模式

体系都是从满足法律法规和相关方需求和期望出发，通过管理体系的 P–D–C–A 循环，实现满足相关方要求的过程模式。以质量管理体系为例，其管理模式如图 4–1 所示。

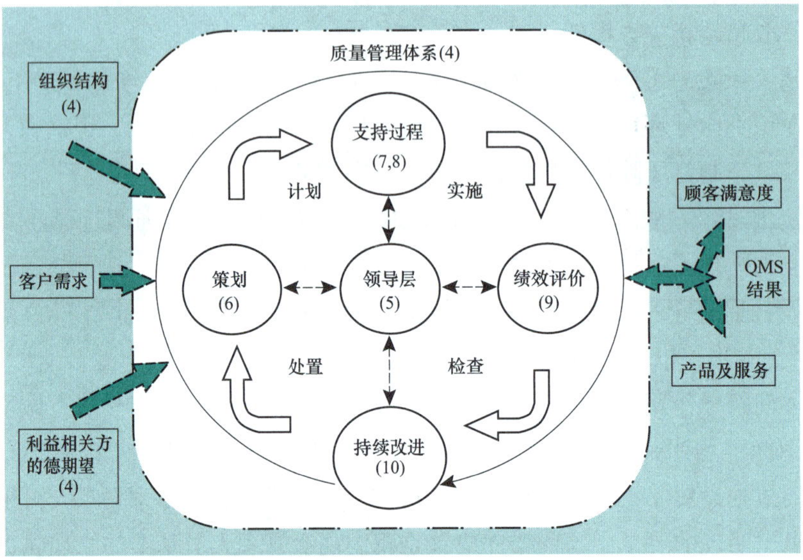

图 4–1　ISO 9001 标准的管理模式

《ISO 指南 2013》对管理体系提出了通用要求，一般的管理体系标准均包括：第一章 范围（scope）、第二章 规范性引用文件（normative references）、第三章 术语和定义（terms and definitions）、第四章 组织的环境（context of the organization）、第五章 领导作用（leadership）、第六章 策划（planning）、第七章 支持（support）、第八章 运行（operation）、第九章 绩效评价（performance evaluation）、第十章 改进（improvement）。

（三）管理体系对企业高层的要求

我在许多企业的培训中经常讲到，不懂管理体系的领导不会是一个非常称职的领导。管理体系是西方近百年管理实践的总结，我一直把 ISO 9001 标准称作管理学上的“圣经”。作为组织的管理者特别是高级管理者，有必要理解管理体系标准，更有必要熟悉并落实标准中对领导作用的要求。过去多年工作中，我感到，凡是组织的高级管理层能够履行管理体系规定的最高管理者职责的企业，大多是持续有序发展的优秀企业；凡是领导根本不关注体系，且对体系基本不了解的企业，即使企业的领导再忙，他的公司管理一定存在不少制约企业发展的重大问题。不少企业的高级管理者，在我服务过程中进行沟通后有了转变，企业也慢慢解决了问题。我遇到对管理体系标准最重视的企业如青岛港务局、南通醋酸纤维有限公司、北京城建集团，这些单位的局长或总经理都特别重视管理体系，在我进行管理体系审核时，他们与我交流一上午都不需要我提出问题，他们能够将公司的体系讲得非常到位，他们在我培训时能够带领公司全体高管从头至尾参加并在培后立即落实，所以这些企业都成为行业龙头和全国质量奖的获得者。各位组织的管理者有必要学习和理解标准中对最高管理者的要求，并在工作实践中落实这些要求，相信一定会带来意想不到的效果。

如 ISO 9001 标准对最高管理者提出了以下要求，这是对管理者最全面的要求，完全表述了一个管理者对组织管理方面的基本职责：

（1）对质量管理体系的有效性承担责任。

（2）确保质量方针和质量目标得到建立，并与组织的环境及战略方向一致。

（3）确保质量管理体系的要求融入组织业务过程。

（4）推动过程方法及基于风险思维的应用。

（5）确保获得质量管理体系所需的资源。

（6）传达有效的质量管理及符合质量管理体系要求的重要性。

（7）确保实现质量管理体系的预期结果。

（8）鼓励、指导和支持员工为质量管理体系的有效性做出贡献。

（9）推动改进。

（10）支持其他管理者履行相关领域的职责。

其他管理体系标准也规定了领导的职责。

（四）西方质量管理思想与东方古代先哲思想的一致性

我们研究管理体系，有必要溯源标准思想的发展。多年研究过程中我收集整理了国内一些学者的相关研究成果，以下主要是《论语》体现的思想与西方管理思想的比较，以便读者更深刻地理解管理体系的思想。

1. 西方人根据近百年的实践总结的质量管理体系思想其实与东方古代先哲思想一致

质量管理体系标准是近代西方管理思想的提炼，难以从中咀嚼出东方哲人睿智的言语。而几千年来华夏大地上的先哲们不乏管理的奇思妙想，所谓半部《论语》治天下。组织建立质量管理体系是在当前中国特有文化背景下，吸纳西方管理方法。尝试将质量管理体系标准与《论语》中的古代先哲思想对接，是项有趣也有益的心灵郊游，会发现璀璨的管理智慧景观。

从管理体系来看，首要之务乃正本清源，将组织的发展基点定位，立下大政方针，目标远景，理清头绪，从而制订具体的实施方略，因为“君子务本，本立而道生”。

要制订符合组织特色的方针目标，但不可过低，组织犹如古之大士，“士不可以不弘毅，任重而道远”。目标制定后，则要力求达之。

“古者言之不出，耻躬之不逮也。”古之贤人要么不言志，表态发誓后则一言既出，驷马难追，否则会因不能达到目标而感到羞耻。

“为政以德，譬如北辰，居其所而众星共之。”位居高位的领导，在其位，拥有众人羡慕的权力，更多的是责任义务，需要通过领导艺术、领导品德，以图沟通执行；唯有如此，才如长夜之北斗星般受众星之拥戴，众望所归。其身正，不令而行，其身不正，虽令不从。

“君君，臣臣，父父，子子。”担当君王重任者，需统领好国家，为天下百姓谋福祉；大臣发挥才能，尽职辅佐；为人父母上赡养老人，下抚育儿女；儿女身心健康成长成人。正如组织内要明确的职责权限，各在其位，各司其职，各尽其责，各受其益。

一个管理体系的成功，取决于善于用人。在用人方面，“始吾于人也，听其言而信其行；今吾与人也，听其言而观其行。”原本可以光凭其言语就可信任其行为举止，但当今，凭此远远不够，还必须观察其行动结果才放心。看来人心不古，非今日之虞，孔夫子也早有心得。

在对人员进行能力确认选用人才时，谨记“人而无信，不知其可也。”不讲信用的人，是万万不可重用的。

选用的方法，不妨“视其所以，观其所由，察其所安”。要借助此人行事的依据、行事的目的、行事的思路来全面衡量。真是个不错的方法。

哪种人是可用之人呢?“行己有耻，使于四方，不辱使命，可谓士矣。言必行、行必果，抑亦可以为次矣。”对自己的行为有正确的把握，明辨是非，并有广博学识，游历四方之后，方能圆满完成任务，业绩出色，是最佳人选，可以委以重任；退而求其次才是言行一致的人。孔夫子时代的择人标准特高，现在能言行一致者也并不多啊。

“不患人之不己知，患不知人也。”管理者不知人、不擅于用人是管理者之大忌，高层管理者、人员管理者都要有知人善任的本事。

当然，孔圣人乃华夏老师之鼻祖。中华文明通过儒家思想得以流传、繁衍至今，先人重视教育起了至关重要的作用。在组织内营造良好的工作环境，培育浓郁的学习气氛，培养员工使其“知之者不如好之者，好之者不如乐之者。”使其成为有能力胜任工作，敬业爱业，乐于奉献的员工。

“志于道，据于德，依于仁，游于艺。”管理者要立志于正本清源而确立的道，依凭道德、仁爱的指导，游刃于技艺方法来治理国土家园，正如同管理体系的方针目标、体系文件来指导运作管理体系。

“道千乘之国，敬事而信，节用而爱人，使民以时。”治理一个国家，要以诚信为本，敬奉事业，关爱众生，使老百姓丰衣足食，感受到生逢其时。犹如施行管理，要敬业爱业，对外以顾客为上，奉献最佳产品，对内营造良好的工作环境，使员工感受到身居其中为荣幸。

“执德不弘，信道不笃，焉能为有？焉能为亡？”对规章制度要先理解信服、而后广行之、笃行之，否则组织管理没有章法岂能生存，岂有不消亡之理?

如何执行实施法度呢?“恭而无礼则劳，慎而无礼则葸、勇而无礼则乱、直而无礼则绞。”恭敬而不合礼法则不免过于辛劳，谨慎而不合礼法则显胆怯、无能，勇猛而不合礼法则容易误事，耿直而不合礼法则流于莽撞。其中的“礼”，大有讲究，千万不要认为只指礼节、礼貌，还有仪式、法度、程序之意。譬如“升车，必正立，执绥”又譬如“席不正，不坐”，再如“君子不以绀饰”。正像是古代的做官、执礼、行事、着装的作业指导书。我们今天当代的公务员管理不亦可借鉴?

“举直错诸枉，则民服；举枉错诸直，则民不服。”要以正确的方法来做表率，将错误的事情疏导、引导至正确的道路上来，而不能用错误的方法来压制正直诚实，使属下心生不服。

对管理体系要进行监测和测量，对照标准、对照先进查找差距，譬如对管理体系、产品要进行内部审核、自我检验，需要“见贤思齐，见不贤而内自省也”。

改进学习的方法有：“三人行，必有我师焉，择其善者而从之，择其不善而改之。”

对存在的问题要能正视，有批评意见是好事，恰是改进机遇，正确对待并从中得以启迪和感悟，而后查找原因，着力整改，并有能力举一反三，否则不可救药。因为“不愤不启，不悱不发，举于隅不以三隅反，则不复也。”

游历于论语的思想智慧中，被 2500 年前先哲们言简意赅的睿智所折服。将质量管理体系标准与《论语》的治理天下的思想相链接，正所谓杀鸡焉用牛刀。然而仁者见仁，智者见智。再读《论语》，应能悟出有关管理的精妙深义，大至治理一个家国，小至管理一个组织，一个管理体系。

2. 中国特色的企业质量管理具有中庸的思想

中国具有五千年的悠久文化，中国人又具有中庸特点，这就给中国制造的质量管理添加了几分中国特色。进而在中国传统文化的熏陶下，形成了具有中国特色的质量管理。

中国古代以及近现代有多位大师对中庸有过解释与评论。其中，《论语·雍也》：“中庸之为德也，其至矣乎！”朱熹注：“中者，无过无不及之名也。庸，平常也。”而大师鲁迅《华盖集·通讯》：“遇见强者，不敢反抗，便以‘中庸’这些话来粉饰，聊以自慰。”此可以称之为“中庸文化”，而国之文化造就了人之“中庸文化”，同时，也早造就了企业之“中庸文化”。

中国的质量管理人在此种“中庸文化”的作用下，极具中庸的思想和行动。国企如是，民企如是，造成中国质量的如此境地。搞质量拼的是政治，搞质量赢的是人脉；搞质量需要在强者面前中庸，在弱者面前横行；质量经理有句名言就是“搞质量的要学会‘扎针’”，像护士一样扎针。护士在护士长或者医生面前是柔弱可爱的小护士，而在病人面前却是严厉可怕的小护士，是要不断向病人扎针的人。也许扎在前面胳膊，也许扎在后面屁股。而只有在病人的针疼中，病痛才会逐渐痊愈。

倘若派来医生，给病人做个大手术，也许病人一命呜呼在手术台上；倘若派来道士或方丈，给病人做个祈祷，也许病人在经文声中去见上帝；当然也不乏病人病入膏肓，必须进行大手术，但此时的手术前，也是要做好身体检查和打针调理的。

这“扎针”其实即是中庸之道，若硬与强者火拼，造成的结果莫过于两败俱伤。若与强者置之不理，则于职业道德所不能容忍。所以，唯有中庸之道才能让质量生存和发展。而“扎针”仿佛正好应了中医的调理之说，中医讲究用药不可过猛，不断进行调理以达到去除病根之效果。

扁鹊的大哥，治病于未现；扁鹊的二哥，治病于初始；而扁鹊治病于病发；而三兄弟中最有名气的就当属扁鹊。中国的质量人属于哪一个呢？而我们在企业中又要扮演哪一个呢？根据中庸之道，紧急治疗正在病发的病人，并通过病发的案例，进行CAPA（纠正措施和预防措施）管理，即建立病人档案、对其他未病发人进行干预措施、对所有人进行教育训练；同时使用SPC（统计过程控制）或者其他方法，治病于未现和初始，即对所有人进行定期身体检查，并形成文件制度化。

中庸之道也有其弊，过度的中庸造成的结果就是如鲁迅先生所讲，不敢反抗，唯唯诺诺，聊以自慰。最终，质量不质量。遇到问题，不敢于报告；遇到难题，不敢于冲破；遇到课题，不敢于攻克。对于不良的“三不”原则要坚持所理，而不是屈就于强者。

仲尼曰：“君子中庸，小人反中庸。君子之中庸也，君子而时中；小人之中庸也，小人而无忌惮也。”各位谦谦质量君子们，运用适度的中庸之道，必将成就具有中国特色的中国质量管理。

质量管理体系包括了自我发现、自我完善、自我改进的机制，出现问题需要反思，即找原因，定措施避免再发生。《论语》中提倡反思精神的一些问句值得我们领悟：

——曾子曰：“吾，日三省吾身：为人谋而不忠乎？与朋友交而不信乎？传不习乎？”（《论语·学而》第四）

——“见贤思齐焉，见不贤而内自省也。”（《论语·里仁》第十七）

——“已矣乎！吾未见能见其过而自讼者也。”（《论语·公冶长》第二十七）

——子曰：“默而识之，学而不厌，诲人不倦，何有于我哉？”（《论语·述而》第二）

——子曰：“德之不修，学之不讲，闻义不能徙，不善不能改，是吾忧也。”（《论语·述而》第三）

——子曰：“文，莫吾犹人也。躬行君子，则吾未之有得。”（《论语·述而》第三十三）

——子曰：“若圣与仁，则吾岂敢！抑为之不厌，诲人不倦，则可谓云尔已矣。”（《论语·述而》第三十四）

——子夏曰：“小人之过也必文。”（强调君子对自身的错误要有真诚的反省态度）（《论语·子张》第八）

——太宰问于子贡曰：“夫子圣者与？何其多能也？”子贡曰：“固天纵之将圣，又

多能也。”子闻之，曰：“太宰知我乎？吾少也贱，故多能鄙事。君子多乎哉？不多也。”（《论语・子罕》第六）

——子曰：“吾有知乎哉？无知也。有鄙夫问于我，空空如也，吾叩其两端而竭焉。”（《论语・子罕》第八）

——子曰：“君子道者三，我无能焉；仁者不忧，知者不惑，勇者不惧。”（《论语・宪问》第二十八）

3. 在解决产品质量问题时体现论语“切问而近思，博学而笃志”思想的案例

论语十二章中有这样的句子——子夏曰：“博学而笃志，切问而近思，仁在其中矣。”

黄鸣先生在《管理之道：刨根问底法》中讲述了这样一个在解决产品质量问题时体现这一思想的案例：

2002 年某太阳能热水器公司在干部调动时，将集团搞质量管理体系的一个管理干部调任主管生产，他对 ISO 9000 质量管理体系是专家，但对生产制造、工艺设备、技术等某些方面是外行。一天，质量部门反映：热水器支架喷塑工序附着力指标不合格（该工序指标是热水器主支架防护层防腐、防脱落的关键指标，将影响整机寿命。问题严重甚至会造成坍塌、摔落伤人事故），而厂领导对此束手无策。

黄鸣先生到车间后，找来这位制造部长问怎么回事？他答不上来，红着脸说自己是外行。黄先生知道应让他学会外行怎样领导内行，并从外行变内行。于是让他把该车间管技术、工艺设备、生产的几个干将都叫来，当着他的面，演了一出“外行”管内行的好戏，在喷涂生产线旁，黄先生开始发问。

问：听说喷塑附着力指标不合格？答：是的。

问：主要原因是什么？答：工件表面前处理不合格。

问：什么原因？答：前处理液温度太低。

问：为什么低？答：环境温度低。

问：为什么环境温度低？答：临近大门常开关。

问：为什么常开关？答：人员需要常走动。

问：能不能走其他的门？答：能。

问：怎么办？答：这门不再开了。

问：不开以后可以吗？答：不行。

问：为什么？答：这门还透风。

问：为什么？答：门框和门缝隙太大。

问：怎么办？答：封上。

问：怎么封闭？答：上胶条。

问：胶条封上就行了吗？答：不行。

问：为什么？答：门是铁的，传热快。

问：怎么办？答：用棉帘子才行。

问：这样行了吗？答：还不行，温度还是达不到工艺值。

问：为什么原来的环境够了，而现在不行？答：原来还要辅助电加热。

问：现在呢？答：坏了。

问：修了吗？答：修了，两个星期后厂家才能修好。

问：眼前怎么办？答：用临时电加热管。

问：用了吗？答：用了。

问：行吗？答：不行。

问：为什么？答：临时买的质量差，待几个小时就坏。

问：为什么坏的还买来？答：没有检测。

问：咱们能检测吗？答：能，来不及。

问：有原来检测过的吗？

答：有，咱们常规产品（太阳能热水器）上的辅助电加热管质量就很好，寿命长。

这时在场的人全都豁然开朗，有人说，怎么没想到呢？咱们现成的配件质量最好干嘛要舍近求远呢？不过单根的功率太小，不够。多加几根组合不就有了嘛！

问：还有什么问题吗？下一步，怎么办？答：干！

问：（黄先生亲切地拍了拍他们几个的肩膀并推了一把说）对呀！还愣着干啥？

他们几个不好意思地朝黄鸣先生咧着嘴傻笑着跑着忙活去了。几个小时后，一切搞定！没等黄鸣开口说什么，那个新主管开口了。

说：我服了。问：服什么？说：服你懂装不懂。

问：我要是真不懂呢？说：不懂的比懂的还厉害。

问：这就抓住了管理的真根儿了，实际上我们高高在上的永远不可能也不需要对下属的具体业务懂行和了解，但我们比下面这些内行懂得更多的话那就是管理之道，这管理之道的根本是什么呢？

说：是我们更重视质量，更知道公司要什么。

问：我们为什么这么重视质量？公司为什么要这些指标呢？说：为了消费者。

问：所以你的下属是细节专家，是内行，而你应该是什么专家，什么内行呢？

说：是公司大道专家，文化专家，公司标准和各项指标的专家，是消费者需求的专家，更是刨根问底“憋死牛”的专家。

问：你现在还因你不懂行不敢问不会问吗？说：不了。

问：不但不怕问还会问上瘾，成为追问专家，你问他们，他们会瞧不起你吗？

说：他们自顾不暇，忙于想招，哪里还顾上这个。

问：不但顾不上反而会不知你的深浅，这新来的头可不好糊弄，从今往后老老实实该干嘛干嘛吧。不单如此他们还向你学了这绝招如法炮制，整他们的下属，这工作不就一顺百顺，一通百通了吗？

不少老板或主管最怕管自己不熟悉的行业，遇到部门技术人员或具有专家（专业）身份的人，恨不得能躲多远就躲多远，尤其是刚刚调换新岗位的主管，刚上任时不注意调查研究，有心理障碍，不能不耻下问，时间长了更不敢问——怕别人说他外行，什么都不懂。结果让下属，尤其是懂行的下属抓住弱点，胡蒙一气，工作上不去还不敢管，也管不了，做了不管事的刘阿斗，蒙事的老板（主管）业绩能好得了吗？

有人要问，开始雾里看花看不出门道，后来云山雾海不好意思问，新来的或外行主管如何才能较快地抓住牛鼻子，掌控局面呢？上述案例给出了答案，可谓集“切问近思，博学而笃志”之大成，“切问”切入引发人（包括被问者）近思，使人笃行以成事而后“博学”亦在其中。

三、管理体系的作用及认证

（一）管理体系的作用

建立和运行管理体系是中国企业普遍的做法，对企业的生存和可持续发展至少体现出了以下作用：

（1）提升了全民的质量意识、环保意识、安全健康意识，提升了整个国家的质量管理、环境管理和职业健康安全管理水平。

（2）明确了企业的目标、管理职责、工作流程和各项专业管理要求；规范了企业管理，提升了企业管理的有效性和效率。

（3）用世界公认的管理语言与国际交流，减少了贸易壁垒，促进了国际贸易的开发。

（4）增强了企业的风险意识，提升了企业风险应对水平。

（5）增强了企业的法律意识，提升了企业合规性水平。

（6）增加了企业市场意识，使企业更敏捷地面向顾客和其他相关方的需求，提升了企业市场竞争能力。

（7）帮助企业形成了自我发现、自我完善、自我改进的机制。

（8）帮助企业丰富了企业文化，增强了组织凝聚力。

（二）管理体系的认证

管理体系认证是经过国家认可的第三方机构，依据相应管理体系标准，对组织管理体系进行的一种合格评定。管理体系认证机构不以营利为目的，管理体系认证过程是在组织自愿申请下，由国家相关机构注册的审核员按照认证机构的安排实施文件审核和现场评审，在现场和文件审核问题进行有效整改后，由认证机构的技术委员会做出是否认证注册的认证决定。每三年为一个周期，每年要接受监督审核，三年进行再认证，认证活动遵守的标准是 ISO 标准《管理体系审核指南》及国家认可机构颁布的认可规则。

中国的管理体系认证已经走入形式化，认证机构和认证人员不能提供企业需要的高水平服务，审核人员不懂企业的业务，其管理知识也没有得到及时提升，目前管理体系认证的最大问题是审核员的能力与受审核组织对认证审核更高需求之间不平衡的矛盾。我在从业 10 多年过程中，完成了原国家质量技术监督总局《管理体系认证有效性分析与改进对策》课题，发表多篇文章，阐述了提升认证有效性的措施。

四、组织在建设和运行质量管理体系中的问题分析与改进对策

要想提升管理体系的有效性，主要是要解决管理体系建立和实施过程中的主要问题。所有管理体系的问题存在的共性问题和个性问题。我从事认证工作近 20 年，对近千家企业进行过管理审核诊断，在不同的标准版本阶段我都总结和分析过相关问题，2000 年在中国质量协会工作时就主编了《管理体系建立与实施中的问题与对策》。从本节起主要对当今三大管理体系存在的主要问题进行分析，并给出解决方案。只要这些问题解决好了，管理体系自然就有效了。

（一）对组织所处的环境分析不到位

由于组织的质量管理体系会受到组织所处的环境的影响，只有其质量管理体系适应组织所处的环境，才能为组织的可持续发展发挥作用。2015 年 ISO 9001 标准要求组织“确定与其宗旨和战略方向相关并影响其实现质量管理体系预期各种外部和内部因素，并监视和评价这些内部和外部因素的信息。”

组织的环境是指对组织建立和实现目标的方法有影响的内部和外部因素及其组合。构成组织环境的社会是一个由多个要素有机联系、功能高度分化的系统，组织要在环境中存在和活动，就必须适应环境特定的功能要求，组织面临的环境具有综合性、复杂性和不确定性的特点。组织面临的外部环境包括政治环境、经济环境、技术环境、社会文化环境；组织面对的内部环境是指管理的具体工作环境，包括物理环境、心理环境、文化环境和过程运行环境。

组织在建立管理体系前，要进行必要的环境分析，运用 SWOT（优势、劣势、机会、威胁）分析法、PEST（政治、经济、社会、技术）分析法、作业环境分析法、价值链分析法、企业竞争态势分析法进行环境分析，通过分析确定企业面临的风险和机遇，并制定对策。

由于标准并没有要求组织对这一过程具体形成文件，以前我在审核时发现不少企业没有做这项工作，或者口头说做过但没有证据表明做过。因此建立的管理体系明显没有考虑组织所处的内外环境及其变化。

建议组织可结合战略修订过程中的市场洞察环节，全面分析组织所处的内外环境的变化，确定组织面临的风险和机遇，形成组织面临环境分析报告，并修改组织的质量战略，在此基础上修订和完善组织的管理体系。

（二）缺乏系统理解和落实“风险管理”的要求

2015版ISO 9001标准充分体现了风险思维，要求组织将基于风险的思维融入质量管理体系的建立、实施、维护和持续改进中。标准要求组织识别风险并策划风险控制措施；要求组织推进过程方法及基于风险思维的应用；要求组织确定并应对可能对产品和服务的符合性以及增强顾客满意能力带来影响的风险和机遇；要求组织在策划质量管理体系时要确定需要应对的风险和机遇；要求组织监视应对风险和机遇采取措施的有效性；要求管理评审要评价应对风险和机遇措施的有效性。

企业面临的风险有组织风险、战略风险、合规风险、运营风险（包括管理体系风险、顾客满意风险、供应链风险、收入确认风险、信息安全风险、物流风险、质量风险、环保风险、安全风险、自然灾害风险）等。

从管理体系角度看，企业风险包括战略风险、支持过程风险、组织风险。

（1）战略风险，包括战略环境风险、战略资源风险、战略定位风险、战略执行风险。

（2）支持过程风险，包括人力资源风险（如政策风险、招聘录用风险、劳动风险、薪酬风险、培训风险、绩效考核风险，表现为用人不当、人的作用没有有效发挥、核心人员流失给组织造成的损失）、固定资产风险（固定资产采购、运维、清查盘点、更新改造、退出处置方面带来的风险）、运行环境风险（外部相关方风险，生产现场作业环境控制风险，顾客和相关方要求变化的风险，组织内部人员、设施、设备、管理模式变化带来的风险）、销售风险（产品不适应市场和顾客需求、市场定位不准、营销环境变化、品牌商标被侵权、新产品入市时机选择不对）、采购风险（供应商选择风险、采购计划风险、进货检验风险、采购过程审核风险、支付风险）、设计风险（客户需求信息不充分、目标客户确定不准确、客户调研不及时和不全面、对客户需求信息筛选不准确）、生产、检验和交付风险（生产过程出现质量、安全、环保事故，因人员、设备、样品、标准带来的产品检验风险），由于交付方式、运输方式、售后服务不当带来的交付及交付后活动的风险。

（3）组织风险控制的流程包括：分析和优化组织的风险和机遇、关注风险并策划风险控制措施、实施策划措施、检查措施的有效性并评价效果。

组织风险控制的措施包括：规避风险、为寻找机遇而承担风险、消除风险源、改变风险发生的可能性及结果、分担风险、转嫁风险、通过明智决策后延缓风险发生的时机。

由于标准并没有对开展此项工作依据的文件及输出结果做出统一要求，在审核实践中发现，不少企业没有充分开展此项工作，缺乏系统性和全面性，也提供不出风险识别、评价结果和已经针对风险和机遇制定的措施。有的企业只有总经理个人对组织风险和所采取的措施有些粗浅认识，谈不上对风险管理实施了监视和评审。

本书在第6章介绍了风险管理的理论、工具和方法。建议组织从综合风险管理出发，明确全面风险管理的职责、流程、输入输出要求，建立组织风险管理机制（文件和流程），建立风险库（形成风险清单）、动态实施风险管理。

（三）对相关方的需求和期望分析不全面

2015 版 ISO 9001 标准强调了关注相关方的需求和期望的重要性，要求组织“确定与质量管理体系有关的相关方，理解这些相关方的要求，监视和评审这些相关方的信息”。

相关方是指可能影响决策或活动，或被决策和活动所影响，或他自己感觉到被决策和活动所影响的个人或组织，如顾客、所有者、供方、员工、合作伙伴、银行、工会、政府监督机构。不同的相关方的需求和期望是不同的，不同管理体系的相关方需求和期望也不一样。管理体系就是为了满足相关方的需求和超越相关方的期望。

审核实践发现，有一些企业没有主动理解相关方的要求，有的甚至都没有充分识别相关方，更没有动态评审相关方的信息，也没有将相关方的需求和期望转化成组织的要求。这导致组织的质量目标不准确，质量管理体系的预期结果不全面，建立和运行质量管理体系时对相关方关注不够。

建议组织在建立质量管理体系之初，就要通过调查访谈识别自己的相关方并了解分析他们的需求，并可以建立一份清单，将此作为质量管理体系建立的基础。在质量管理体系建立和运行中关注相关方的需求和期望，并动态管理相关方的需求。

（四）片面理解“形成文件的信息”

2015 版 ISO 9001 标准 4 大大简化了对文件的具体要求，标准在“形成文件的信息”中要求组织根据其规模、活动、过程复杂相互作用、产品和服务、人员能力确定确保质量管理体系有效性所需的文件。标准中多处使用“保持形成文件的信息”是要有文件；使用“保留形成文件的信息”是要有记录。有的组织在标准转换过程中将过去编制得很好的程序文件抛弃，标准没有要管理手册就将过去很有用的手册作废了，原来很有用的程序文件也不要了，这是片面理解标准。

建议组织结合自身的实际来确定文件的数量和层次，按过程方法编写文件，而不要按标准条款编写文件，以免将过程予以割裂开来。在按过程方法编写文件时可将活动中的资源要求、信息沟通、过程的控制要求、不同阶段的监视和测量要求、对该过程有关的数据分析、对该过程中发生的不符合控制、对该过程的持续改进做出规定，这样文件的操作性就增强了。

如《内审控制程序》中要规定内审的意图和目的，内审的资源要求，相关人员的职责，有关内审过程不同阶段的沟通要求，如何对内审的策划、实施、检查、处置过程进行控制，如何对该过程实施监视和测量（如在策划阶段管理者代表对审核方案审批时对审核范围的全面性、审核内容的完整性、审核时间安排的合理性、审核员是否审核自己的工作进行的审查就是对内审策划阶段的监视，在内审实施阶段作为观察员对内审员的内审活动进行旁查，在小组交流中及时对发现的问题提出改进要求是对内审实施的监视等），内审输出的结果如何进行数据分析，如何对内审活动的不符合进行纠正和对内审过程进行持续改进在一个程序文件中作出规定。

至于《质量手册》还是可以有的。手册只要充分分析了组织所处的内外环境，识别了组织的机遇和风险，明确了相关方及其需求和期望，规定了质量管理体系的范围，明确了资源配置及职能分工要求，描述了过程之间的相互作用，提供了程序文件的清单和索引途径，识别了组织的风险并明确了控制措施，明确了组织的三级监控机制即可，这样手册会变得简单。描述过程及其相互作用可用流程图加上必要的文字说明，过程识别到便于制定过程质量目标就可以，产品单一、过程简单、人员能力高的组织可以将手册和程序合一。很多组织手册弄得很复杂，与程序文件重复太多，没有必要。

（五）"质量方针"口号化

一些组织在制定方针时往往口号化，不符合标准要求方针，要"与组织的宗旨和环境相适应，并支持战略方向；为质量目标制订提供框架；包括满足适用要求和持续改进的承诺"的要求。

建议组织结合质量文化建设，统筹考虑组织的愿景、使命、核心价值观、战略和质量方针，要体现组织的行业特点和自己企业特色，要与战略对接，要描述质量方向。不要只追求文字朗朗上口，而要强调内涵和深度，要作为质量体系的灵魂。

（六）"质量目标"及实现措施制订不合理

2015 版 ISO 9001 标准要求组织的质量目标与质量方针保持一致，与产品和服务合格及增强顾客满意有关，考虑适用的要求（顾客要求和法律法规要求）、可测量。

从标准要求可以看出，质量管理体系就是围绕质量方针和目标来展开的。质量目标包括产品质量目标、过程质量目标、顾客满意质量目标。

对于一个组织的质量目标而言，它只是组织整个目标体系的一个组成部分。就质量目标本身来说，产品质量目标、过程质量目标、顾客满意质量目标构成了一个有机的整体，它应具有系统性、充分性和协调性的特点。所谓系统性是指质量目标要在不同的职能和层次建立，自上而下展开，自下而上保证；所谓充分性是指目标要全面，该有的目标不能少，而且要同时考虑"稳定"和"增强"两个方面的目标；所谓协调性是指目标之间要相互协调，不能顾此失彼。

对单个目标而言，应具有合理性、适宜性和可测量性的特点。所谓合理性是指目标有必要设立，有助于改进组织的质量管理；所谓适宜性是指目标与组织的实际情况相适应，既可追求又能通过努力能达到；所谓可测量性是指目标能通过一定的方法和准则进行评价。

近二十年的贯标认证表明，之所以不少组织感到管理体系运行的效果不明显，主要是其质量目标制定的不合理：有的目标不可测量，如产品质量达到国际领先、国内一流水平；有的目标不合理，如合同执行率、服务回访率等；有的目标低于组织过去的平均水平没有可追求性；有的没有在相关职能和层次建立目标；有的走极端，在各个部门展开了多个目标值为100%的目标；多数组织不能紧紧围绕目标来策划、实施、测量和改进质量管理体系。其主要原因是组织对顾客的需求识别不充分，没有或者没有完全识别过程的特性以及对现状分析不够。

建议组织在制订质量目标时，应注意以下问题：

（1）目标必须反映控制的意图，反映顾客、组织、员工、社会、所有者的需求和要求。

（2）制定目标要与组织的管理基础相适应，制订目标前要做好现状分析，遵循“循序渐进”的原则，能定量的尽可能定量，暂时不能定量的目标可先定性，再渐进量化；整体目标要符合系统性、充分性和协调性的要求，单一目标要符合合理性、适宜性和可测量性的要求。

（3）应当对过程的结果制定目标，不要与影响因素并列在一起。

（4）目标应包括产品、过程和顾客满意三个方面的目标。

（5）某个过程的结果涉及多个特性，制订目标时要考虑不同的特性对结果的影响程度不同，可以赋予不同的权重，某过程由多个子过程组成，要依据其重要程度和经济性考虑；确定对哪个子过程制订目标。

（七）对“外部提供的过程、产品和服务”的理解和实施不到位

2015版ISO 9001标准强化了对外部提供的产品和服务的控制，标准明确了哪些是外部提供的产品和服务、过程；要求组织确保外部提供的过程、产品和服务满足要求；要求组织以确保外部提供的过程、产品和服务不会对组织稳定地向顾客交付合格产品和服务的能力产生影响为标准来确定控制的类型和程度；标准对外部供方的信息管理提出了明确要求。

组织对不同供方和采购品的控制类型和程度是不一样的，评价和选择供方的方法也不一样。控制要求取决于采购品对组织产品的实现和对最终产品的影响，评价和选择方法取决于供方按组织的要求提供产品的能力。

标准在“外部供方的信息”中规定四个“批准”要求，即对产品、方法、过程和设备的批准；人员能力和资格要求，即人员资格要求。要求对外部供方的绩效进行控制和监视。

（1）产品的批准要求：指对采购产品出厂放行方面向供方提出的应由组织（或组织的顾客）进行批准的要求。有时也指供方因生产急需，来不及验证而紧急放行使用组织特定的原材料或组、部件时，应征得组织的同意。

（2）对方法的批准要求：指供方提交产品过程的途径或方法。在供方提交特定产品过程的程序中，还应由组织参与控制和确认，这些提交的过程可包括样品／试生产／批生产的放行、产品出厂放行和让步接收放行。

（3）对过程的批准要求：对供方生产或服务提供过程的工艺或过程能力方面的批准要求。这些过程通常指那些对组织特定的采购产品质量形成有重大影响的某些关键过程

或特殊过程。

（4）对设备的批准要求：对供方的生产和服务提供过程使用的某种设备的批准要求，即组织为了确保某种采购品的质量，对供方某些关键特殊过程的某种关键设备的配备或其能力提出的认定要求。

（5）对人员的资格要求：指供方生产和服务提供过程的人员资格鉴定要求，一般指关键、特殊过程的某类操作人员。

实际审核发现，由于对标准理解不到位，导致有的组织没有针对不同采购品对最终产品的不同影响程度制定选择评价和再评价的准则，采取不同的控制方法。另外，采购品的验证也没有考虑对供方的选择和控制程度。

建议组织根据不同采购产品和分包服务对最终产品质量的影响程度，分别制定选择、评价和再评价供方的准则，规定不同采购产品的验收准则；在确定供方的选择、评价和重新评价准则时除考虑质量要求外，还要考虑评价成本，供货及时性、供货能力、资金周转、供方及其产品带来的风险；明确不同采购的信息要求，在采购合同中对有关避免和预防风险的要求做出规定，并根据不同采购对产品质量的影响程度，确定本组织如何满足标准对“批准”的要求；在产品验收准则中对抽样方法、检查方法、检验频次做出规定时，要考虑供方的选择、评价的控制程度及不同产品对组织最终产品质量的影响程度，处理好评价成本和验证成本的关系。

（八）没有正确的“确认过程”

2015 版 ISO 9001 标准 8.5.1f）条是对生产和服务提供过程中的特殊过程（包括仅在产品和服务交付之后问题不显现的过程）的确认要求，目的是通过确认来证实这些过程实现所策划结果的能力，它追求的结果是确保特殊过程得到确认，并在安排的受控条件下进行。标准要求确定“评审过程、批准过程所规定的准则”、对使用的设备进行认可、对人员的资格进行鉴定、使用特定的方法程序、明确记录要求，还要求再确认。

不少组织只在文件中规定了需要确认的过程有哪些，而对如何确认这些过程没有规定，特别是没有制定评审过程、批准过程所规定的准则；也没有对使用特定的方法、程序做出明确的规定。实际运行中也没有对有关过程的参数进行记录，更谈不上进行“再确认”；审核时只能提供有关岗位人员的上岗证件及设备的确认记录。

建议组织应按标准规定的条件，识别哪些过程需要确认，再制订评审和批准这些过程的准则，在准则中对该过程相应设施、人员和程序要求做出规定，并在控制过程中真正按这些要求去实施。当设备、人员、程序、方法等影响因素之一发生变化时，还要按评审和批准准则的要求进行重新确认。

（九）对“变更”控制不到位

2015 版 ISO 9001 标准强化了对变更的要求，标准 6.3 要求对变更管理进行策划、7.5.3e 要求对文件修改进行版本控制；8.1 条款要求对策划的变更进行控制；8.2.4 要求对产品和服务要求的更改进行控制；8.3.6 要求对设计更改进行控制；8.5.6 要求对生产和服务提供的更改进行控制。

在变更管理时要关注外部动态的变化，要掌握好变更的时机。

审核发现一些企业没有关注新标准的要求，对变更管理缺少策划和有效控制，有的企业由于变更管理失控，出现了较大的质量问题。

建议组织深刻理解新标准的变化，领会标准对变更管理的新要求，对可能发生的策划变更、文件变更、顾客要求变更、设计变更、外部提供过程和产品服务变更、生产过程变更、交付变更都进行系统策划和受控管理，避免因变更失控引起不必要的问题。

（十）对“监视和测量”理解和实施不到位

2015 版 ISO 9001 标准 9.1.1 中对监视测量过程的要求指的是质量管理体系的全部过程，目的是要证实过程实现策划结果的能力，评价质量管理体系的绩效和有效性。其方法有过程能力审核，适当时进行的测量、围绕过程能力的工作检查、针对过程能力的过程有效性评价、以及其他监视方式。监测的具体内容为过程所涉及的“人机料法环”五个方面，它是由过程的主管部门和操作人员进行的，组织在确定了过程及其关系后，要识别过程的特性，根据过程的特性制定过程目标，过程的监视和测量主要围绕过程目标的实现情况进行测量。

监视和测量本身也是一个过程，也需要进行策划，应结合组织的具体情况来确定哪些过程只要监视、哪些过程只要测量，哪些过程既要监视也要测量。

监视和测量没有必要单独形成文件，可在不同过程的控制文件中加以规定。

审核发现有的组织将此款要求理解为对生产过程中产生的中间品的过程检验和试验；有的根本没有规定也不知如何进行过程的监测；有的以内部审核代替监视和测量；有的组织将监视和测量的要求与被监视的过程相脱离，编制出单独的无法操作的程序文件。多数组织的此过程为主要薄弱环节。

建议组织在识别各过程及相互关系时，同时确定对该过程所涉及的活动规定监测点，在相关过程的控制文件中直接规定对该过程的监视和测量方法、频次、准则，并结合过程运行同时对其结果实施监视和测量。

（十一）对“分析和评价”做得不好

2015 版 ISO 9001 标准 9.1.3“分析和评价”是一个过程，不是一种方法。其活动包括确定、分析和评价三个方面；要求分析和评价的内容包括 7 个方面（产品和服务的符合性、顾客满意的程度、质量体系的绩效和有效性、策划是否得到有效实施、针对风险和机遇所采取措施的有效性、外部供方的绩效、质量管理体系的改进）。目的是要评价体系的适宜性和有效性并找出需要改进的方面。它的输入来自第 9.1.1 条和第 9.1.2 条，输出是为第 9.2 节和第 9.3 节提供信息。

审核发现不少组织只对内部监视和测量结果特别是顾客满意信息进行了分析，而没有对体系绩效、供方绩效进行分析，也没有对风险和机遇措施的有效性进行分析；有的根本没做数据分析，没有用此来评价质量目标的实现情况；有的为做统计而统计，没有将结果与组织的改进活动相结合。

建议组织在识别过程和确定过程关系时，同时明确该过程有哪些数据输出，其中哪些是为达到过程的目的需要进行分析的数据，分析的输出结果又是什么，然后在相关过程的控制文件中直接规定数据分析的要求（职责、方法、频次、输入和输出要求、如何利用数据）；在各过程的运行中做好相应的分析评价工作，并将结果用于评价过程和体系的有效性，对发现的问题或趋势及时采取纠正或预防措施。

（十二）“管理评审”走过场

2015 版 ISO 9001 对管理评审的内容提出了新要求，包括要评审与质量管理体系有关的内外环境的变化、评审顾客和利益相关方的反馈、评审外部供方的绩效、评审组织应对风险和机遇措施的有效性。

过去一些组织管理评审走过场，有的一年开一个会就算进行了管理评审；有的根本不进行管理评审；有的总经理委托管质量的领导进行，现在不少企业管理评审没有包括标准要求的这些内容，管理评审报告年年重复修改一下了事。

实际上管理评审是组织的高级管理层了解公司管理现状，发现问题和解决问题的好机会。建议组织的高管履行最高管理者的职责，通过文件评审、例会等适当的形式，结合组织的特点，要求高管参加，定期开展必要的管理评审，评价组织管理体系现状，做出改进决定。

五、组织在建立和运行环境管理体系中的问题分析与改进对策

有一些与质量管理体系共性的问题在上一节已经作了分析，本节只讲环境管理体系的个性问题。

（一）“环境因素”识别不全面、评价不准确

1. 环境因素识别不全

识别环境因素要考虑组织的产品、活动（过程）和服务中组织可控制的和可施加影响能与环境发生相互作用的所有要素。

识别环境因素要考虑产品全生命周期的因素，要考虑变更带来的环境因素的变化；要考虑异常状况和可合理预期的紧急情况。

审核过程中发现：有的组织只考虑了生产活动中的环境因素，而未考虑辅助生产活动中的因素；有的只考虑了自己能控制的因素而未考虑相关方的因素；有的只考虑了正常情况下的因素而未考虑异常情况下的因素；有的只考虑现在状况下的环境因素，没有考虑因计划或新的开发以及新的或修改的活动、产品和服务相关的环境因素；有的只考虑了过程、产品和服务现阶段的情况，没有从全生命周期出发，识别产品在使用和报废后的环境因素。

例如：某厂生产和生活位于同一场区，生活污水与生产污水通过同一管网排放，而

环境因素中没有识别办公楼、食堂的污水排放；没有识别办公活动中的水、电等的消耗和纸张的消耗；没有识别用于取暖的烧煤锅炉房烟尘的排放等环境因素。

2. 重要环境因素评价不准确

评价重要环境因素既要考虑已经客观存在、对环境具有重大影响的因素，又要考虑将来可能出现，可能具有重大环境影响的因素。确定是否为重要环境因素时要从法律法规的要求、环境影响的范围和严重程度、发生的频次和持续的时间、对环境破坏的可恢复性、改变环境影响的技术难度和所需费用、相关方的关注程度等方面考虑。

审核中发现：有的组织环境因素识别与重要环境因素的确定脱节，只简单提供一份列有废水排放、粉尘排放、噪声排放、水电消耗等重要因素的清单。这些拍脑袋都能列出，用不着评价，不是通过定性或定量评价得出的结果。

例如：某建筑企业识别出143项环境因素，而提供的重要环境清单就废水排放、粉尘排放、噪声排放、水电消耗四项。没有指明相应的活动、造成的环境影响，没有将建筑施工中的固体废弃物作为重要环境因素。

3. 控制措施策划不当

对重要环境因素的控制措施应考虑法律法规要求、组织的运行经验、控制能力、可能的财力投入。对改进性目标要采取管理方案控制，对维持性目标要通过运行控制实现，对潜在的事故和紧急情况要制订应急预案。控制措施的策划是体系运行的龙头，组织应根据不同的因素采取不同的控制措施。

审核过程中发现：有的组织将培训、日常检查也作为策划的对重要环境因素和控制措施；有的组织对所有重大风险都采取管理方案控制。

建议组织事先做好各层次人员的培训，明确环境因素识别的范围和方法，组织专门人员，从全生命周期出发，识别过程、产品和服务各阶段的环境因素；制订用于重要环境因素评价的准则，合理确定哪些是重要环境因素；根据不同环境所处的时态和状态，策划具体的控制措施方案。

（二）“环境目标”的确定不适宜、实施措施可操作性不强

1. 环境目标设置不合理

目标是组织在环境健康绩效方面要达到的目的。制订目标要考虑相关的合规义务、方针的要求、重要环境因素、组织面临的风险和机遇。目标应具有合理性、充分性、适宜性、可追求性、可测量性和经济性。

指标是目标的具体展开和细化。可直接来自目标，也可是为实现目标所需规定并满足的具体的表现要求。

组织可从减少污染物排放，控制产品设计、新项目开发中的环境影响、节约资源和土地确定环境目标；可以将水、气、声、渣排放的具体指标和水、电、气、煤、油、木材等消耗量作为环境指标。

审核中发现：有的组织目标确定不合理；有的组织目标没有追求性；有的组织目标

没有量化；有的组织目标没有确定具体的指标。

例如：某建筑公司的环境目标为最大限度减少油品、化学品对大地和水源污染，并最大限度地节约水电、能源及纸张，保护森林资源。

2. 实现目标的措施可操作性不强

过去的标准要求组织制订并实施管理方案。管理方案是为了实现目标而制订的，但不是所有的目标都要制订管理方案，也不是所有的重要环境因素和重大风险因素都要用管理方案控制。只有那些改进性的目标，通过运行控制无法实现的目标，才需要制订管理方案。如目前排放尚未达标、通过正常控制不能解决、违反法律法规规定的污染源的治理，必须从根本上消除的不可承受的风险，通过正常运行控制和佩带防护设施无法降低风险等级的不可承受的风险等都要制订管理方案。要通过管理方案控制的目标往往需要资金或硬件投入。

“管理方案”不是通常意义上的管理策划书，而是针对具体的目标和其对应的重大因素制订的专项方案。一个管理方案针对一个目标或一个 / 几个指标，但可能对应几个重要环境因素或重大风险因素。管理方案也不同于风险控制计划中的策划。

管理方案内容应包括：目标 / 指标、对应的重要环境因素、实施方案的相关部门的职责、具体的措施和方法、完成的时间。不是对有关文件的引用或日常控制的管理办法，实施时间是一个从方案第一步开始到最后一步完成的时间段。

管理方案制订实施前、实施中要评审，如果发现不能达到预期的结果，就要调整方案；实施完成后也要评审，如果达到了目的就转到正常的运行控制，管理方案文件本身就成为历史文件了。

2015 版 ISO 14001 标准不再明确要求组织制订管理方案，但要求组织策划实现目标的措施，要确定“需要做什么、需要什么资源、由谁负责、何时完成、如何评价”。这些要求也相关于过去管理方案中包含的要素。

审核中发现：有的组织对所有重要环境因素都制订管理方案，而方案的内容是日常的管理办法，如执行程序文件、遵守操作规程、实施培训、加强检查之类的措施；有的组织的管理方案中的目标与组织确定的环境目标不对应；有的组织没有明确职责只给出了完成部门；有的组织的管理方案的完成时间是从项目开始到结束，每年都是这几个方案；有的组织的方案中没有明确需要做什么事情才能实现目标；有的企业没有明确如何评价目标实现情况。

建议组织针对所有目标，结合相关法律法规要求，结合组织的现状，持续制订并实施“管理方案”，但方案一定要满足新标准要求，明确每一目标实现要做什么、需要配备什么资源，明确责任部门和责任人，明确完成时间，同时一定要有目标完成的评价方法。

（三）信息交流不到位

环境管理体系特别注重信息交流。ISO 14001：2015 要求组织策划信息交流过程；明确信息交流的内容、交流的时机、交流的对象、交流的方式；要求组织在内部各职能和层次开展信息交流；确保交流能够促进组织的人员对持续改进做出贡献；要求组织按规定的信息交流过程的合规性义务的要求开展外部信息交流。

审核发现的有企业没有策划信息交流过程；有的内部交流没有目的性和针对性，只是一些公告和培训；有的外部交流就是填写一些报表，或在上级环境监督部门发现问题后企业针对整改提交的一些材料，缺乏主动的对外环境信息交流，更没有向周边社区主动公示污染物排放标准及排放情况。

建议企业按标准要求建立信息交流过程，明确内外环境信息交流的内容、时机、对象和方法，及时、主动、真实、客观地做好信息交流。

（四）没有从全生命周期出发考虑控制措施

2015 版 ISO 14001 标准要求组织在运行策划和控制时，从生命周期观点出发，制订控制措施，以确保在产品和服务的设计阶段对其生命周期的每一阶段提出环境要求。这是非常重要的变化，要求我们不仅考虑产品和服务的制造阶段的环境因素及控制要求，而且要考虑产品的原材料获取或服务使用工具材料的获取、设计、产品运输和交付、产品使用和寿命终结或服务终止后的环境因素及其控制措施。通常的控制措施包括消除、替代、管理措施，可以采取一种方法或者多种方法结合。

审核发现这一问题比较普遍，多数企业都没有考虑产品生命周期中组织直接控制活动以外的环境因素并对其策划和实施控制措施。

建议组织在产品设计开发时依据生命周期理论，识别、分析其所使用的原材料的开采加工、产品绿色设计、产品运输和交付过程、产品在使用中、产品报废后的环境因素，依据重要环境因素确定准则评价出重要环境因素，进行控制措施策划，充分体现绿色制造的特征，选择对环境影响小或环境友好的原材料和清洁能源；实施绿色制造、在设计时最大限度地考虑产品使用过程中的环境影响包括能源消耗；对产品报废时作出安排，确保产品报废时部分零部件或原材料可循环再利用或自然降解或无害化处理。

（五）外包过程的环境管理不受控

ISO 14001：2015 标准要求组织对外包过程实施控制和施加影响，要求组织确定产品和服务采购的环境要求，与外部供方沟通环境要求。

一个过程是不是外包，主要考虑是否在环境管理体系范围内，对于组织的运行是否是必须的，对实现组织环境管理体系预期结果是否是必须的，组织是否承担符合要求的责任。只要这些是肯定的，组织就要对其环境影响实施控制。

但对外包过程进行环境影响管理，也不是由组织全面包办代替，组织在考虑了外部供方的环境管理能力、组织确定控制充分性的能力、对过程控制采取共享的程度、通过采用一般的采购过程可实施的控制能力、可获得的改进机会后，再确定采取什么方式以及达到何种控制程度。

审核实践中发现，一些企业实施了新标准认证转换后，还是缺乏对外包过程的环境管理采取有效的控制措施；有的文件规定比较泛，可操作性不强；有的在外包合同或采购合同中作了一些转嫁责任的条款，自己其实没有实质性实施影响；有的则是自己支使外包现场进行一些检查等等。

建议企业一要充分识别需要控制环境管理的外包过程；二是要根据具体情况确定控制措施；三是要评价外包过程环境控制的效果。

（六）监视测量不充分

2015 版 ISO 14001 标准要求组织确定环境监测的内容，标准只规定了监测的方法要求、对使用的监测设备要求、对监测结果的使用要求。环境管理体系监视和测量的对象应该是体现环境绩效的、与重要环境因素有关的运行和活动的关键特性，包括环境表现结果、运行控制情况、实现目标措施的执行情况及目标指标的实现情况、风险控制措施的实施效果所进行的例行监测。

审核中发现：有的组织不知道对哪些方面进行测量，监测的不是相关特性，提供不出相应的运行绩效证据；有的组织用传统的检查代替了标准要求的监视和测量，如建筑行业用安全和文明施工检查代替了相关体系的绩效测量，而其内容是不全面的；有的组织的监测频次和方法规定不具体。

建议组织针对确定的不同重要环境因素及其控制目标分别开展绩效测量和评价。结果类测量可委托第三方进行，日常检查措施效果类由企业自主确定方法。

（七）合规性管理不到位

法律法规在环境和职业安全健康管理体系中都具有重要的作用。识别因素、制订方针、确定目标、确定运行标准、评价守法情况都涉及法律法规。组织不仅要建立获取法律法规的渠道，对其适用性进行评审，及时更新；而且要熟悉法律法规的内容，将其要求转化为组织的要求，作为评价体系运行有效性的重要依据。组织还要对其合规性进行评价并承担合规性责任。

审核过程中发现：有的组织只编制了法律法规清单，却没有收集相关文本，根本不了解相关要求；有的收集不全，适用的法规没有收集，或收集了过期的法规和标准；有的没有评审其适用性，不适用的法规也收集到清单中；有的组织的合规性评价形式化，每年都是那份文件，没有描述相关法律对本组织相应环境因素的具体要求，没有说明组织所采取的控制方法，也没有说明组织对法律法规的符合性结果。

建议组织针对重要环境因素类别识别和获取相关合规性文件，同时针对重要环境因素进行合规性评价，而不是笼统地进行合规性评价或者按法律法规和标准一条一条地评价组织的合规性。

六、组织在建立职业健康安全管理体系方面的问题分析与改进对策

有一些与质量管理体系共性的问题在上一节已经作了分析，本节只讲职业健康安全管理体系的个性问题。

（一）对相关方的管理不到位

ISO 45001：2018标准：要求组织一要确定除本组织的工作人员外的其他与职业健康安全管理体系有关的其他相关方有哪些，如顾客、股东、供方和承包方、社会等等；二要确定这些相关方有哪些与职业健康安全有关的需求和期望；三要确定这些需求和期望中哪些可以作为组织职业健康安全管理体系的要求（包括法律法规要求和其他要求）。

但实际工作中不少组织更多地只关注了本组织员工对职业健康安全的管理要求，没有识别其他相关方特别是承包方人员对职业健康安全管理的要求。更没有确定哪些相关方的要求是可以作为法定的。

建议组织将确定的结果也可以形成一张由“相关方、需求、影响、要求”4个维度组成的清单，在相关方方面要重点考虑组织的员工和在组织控制下的其他相关方人员的职业健康安全要求，特别要充分认识相关的法律法规要求，组织的所有者从履行社会责任角度出发提出的需求和期望。尽管标准没有要求，但如果这样做到了，当组织建立整个体系时在考虑相关方的需求和期望时能够发挥很好的作用。

（二）危险源识别与风险评价做得不好

ISO 45001：2018标准要求组织在进行危险源辨识时要考虑8个因素，这与OHSAS 18001的要求相比增加了不少内容：

（1）工作组织（如劳动安排）、领导作用和文化的内容，特别强调了要考虑的社会因素（工作质量、工作时间、受害、骚扰和欺凌），这是新增加的内容。

（2）例行和非例行活动，增加了产品和服务全生命周期因素。

（3）过去发生的内外部职业健康安全事件及原因。

（4）3种人员：进入组织作业现场的人员、作业现场附近可能受组织活动影响的人员、在组织以外工作现场工作的组织的人员。

（5）3种特殊情况：影响安全健康的工作区域、过程、装置、设备、操作规程、工作组织设计及与人员适应性；组织控制的活动对工作场所组织边界以外的附近造成的影响；组织边界以外附近其他组织或人员活动对组织人员的影响。

（6）计划内和计划外的变更。

（7）有关危险源的知识和信息的变更。

（8）潜有的紧急情况。

在转换认证中，一些企业基本上还是提供原来的危险源清单和不可接受风险清单，并没按新标准要求重新梳理。有的组织采取作业条件危险评价法（LEC法），但L、E、C三个参数的取值随意性很大，不是经过科学测定后的取值，也没有结合经验判断，导致确定的重大风险不准确。

例如：某建筑企业识别出了216项危险源，只将高空坠落、机械伤害、火灾、爆炸、化学危险品泄漏确定为不可接受的风险。而该企业使用的化学危险品很少。交流中了解到组织对风险评价时用多因子评价法中的LEC三个参数是由安全科长主观确定，且公司担心不可接受的风险确定多了怕要投入更多费用。还如：某钢铁厂内正在进行改建工程施工，生产与施工同时进行，却没有识别建筑施工过程中的危险源。再如：某建筑施工企业只识别了项目部的危险源，却未识别公司本部的危险源，且只考虑了安全方面的因素，而未考虑健康方面的因素。

评价不可接受的风险要考虑法律法规的要求、发生事故的可能性大小、人在危险环境中暴露的频繁程度、发生事故后可能造成的伤害大小、组织的运行经验、风险控制的能力等。凡违反法律法规要求、不可承受的风险、同行业出现过事故而本组织尚未采取有效措施控制、本组织反复出现过事故所采取的预防措施效果不明显的因素均应定为不可接受的风险。

（三）对“采购”“承包方”“外包”的管理不到位

职业健康安全管理体系中对采购的要求是要控制与采购有关的危险源相关的风险，包括产品和服务的采购过程，因此从主体而言包括设备供方、服务承包方及其工作人员、过程或职能的外包方。从某种意义可以认为，这一新标准延伸了职业健康安全管理的对象，更加体现了组织的社会责任。

ISO 45001：2018 标准中“8.1.4 采购”包括 3 个子条款，即“8.1.4.1 总则”“8.1.4.2 承包商”和“8.1.4.3 外包”。要求组织建立、实施和保持“采购过程”，以确保其符合职业健康安全管理体系要求。过程可以是一个也可以是多个，可根据组织具体的采购对象多少以及管理的需要确定。

ISO 45001 要求组织建立过程，以便对 3 种情形下的危险源和风险进行管理：承包商的活动对组织人员的影响；组织的活动对承包商人员的影响；不同承包商间的相关活动对对方的影响。要求组织确定承包方选择和评价的准则，确保承包方及其工作人员满足组织的职业健康安全管理体系要求。

外包过程是在组织职业健康安全管理体系内，由组织委托组织外其他相关方承担的职能和活动，标准要求组织根据外包职能和过程的具体情况，确定对外包过程职业健康安全管理的控制措施和程度，并确保外包符合组织职业健康安全管理体系要求和法律法规要求，并实现组织的职业健康安全管理体系的预期结果。

运行控制的策划和实施要考虑对相关方的控制和影响。

审核中发现：不少组织对外包过程和承包方的职业健康安全管理不到位，没有结合具体情况明确规定控制要求。建议组织围绕以下方面展开工作，以满足“采购过程”的总体要求。

1. 在识别组织所处环境时要理解供方、承包方、外包方的需要和期望

设备材料供方、服务承包方、过程和职能外包方都是组织的重要相关方，因此 ISO 45001 标准 4.2 条要求组织要识别这类相关方的需求和期望，并将其作为确定体系范围、策划应对风险和机遇的措施要考虑的因素。组织可以建立这三类相关方的需求和期望清单，并关注其变化。

2. 向供方、承包方、外包方传递组织的职业健康方针

ISO 45001 标准 5.2 条要求组织的职业健康安全方针可为供方、承包方、外包方获取，可以在合同、组织的宣传册中体现组织的方针内容。

3. 应对风险和机遇时考虑与“采购”有关的问题

ISO 45001 标准 6.1.1 条要求组织在策划职业健康安全管理体系时考虑相关方的要求，这里的相关方自然包括与采购有关的三类相关方。因此组织在策划职业健康安全管理体系、策划风险和机遇控制措施时都要考虑与采购有关的三类相关方的要求。

4. 识别与“采购”有关的危险源并评价风险

ISO 45001 标准 6.1.2.1 条要求在开展危险源辨识时要考虑设备、材料、物资以及组织产品全生命周期过程，这些设备、材料、物资或过程涉及采购过程的三类相关方的活动，所以组织在进行危险源辨识时要考虑与采购过程相关的主体及其活动或过程，并建立相关的危险源和风险评价清单。

5. 与供方、承包方、外包方沟通信息

ISO 45001 标准 7.4.1 要求和承包商进行沟通；组织可以在采购招标、合同签订、承包商进场前和过程中、委托外包时与相关的供方、承包方、外包方就组织的职业健康安全方针、危险源、风险及其控制措施、相关过程控制要求通过交流、协议或合同约定、安全交底、安全状况反馈进行信息沟通，且沟通前要事先进行策划，明确沟通时机、内容、方式、对象。

6. 根据外包过程的控制类型和程度做好外包过程的控制

组织可根据外包涉及的职业健康安全风险等级和相关方的控制能力，规定不同的控制要求，可以只提出要求并进行准入评价，也可以对外包过程进行现场的安全健康监督。

7. 确保商品和服务的采购符合职业健康安全管理体系要求

组织可结合采购制度或程序的制定，明确采购各环节的职业健康安全管理要求，可以制定商品、服务两类采购对供方或承包方的安全准入标准、评价准则、过程控制要求。包括对供方和承包方管理体系的要求，也包括对供方提供的设备、产品相关的要求，如要求供方提供的设备运转时噪声符合一定限定指标要求、要求供方提供设备安全使用和操作要求等。

8. 建立并保持确保承包方及其员工符合职业健康安全管理体系要求

通过现场检查、人员培训考试各种奖罚措施确保承包方及其人员遵守组织职业健康安全管理体系要求。如在承包方人员进入组织的作业现场时对动火作业提出了要求，承包方及其人员就必须遵守，组织在明确告知的前提下还要有人配合承包方办理相关动火作业手续并对动火作业过程进行现场监督。

9. 做好与“采购”过程有关的职业健康安全绩效评价

组织要通过绩效评价，如内审，对采购过程进行绩效评价，对发现的与采购有关的不符合情况要实施纠正措施。

10. 将质量、环境和职业健康安全管理体系中的“采购”过程进行整合

由于三个体系均涉及采购过程，只是控制要素不一样，组织可以编制整合的采购管理制度，同时明确采购时对质量、安全健康和环保的要求，一并进行监督管理。

（四）协商和交流走过场

2018 版 ISO 45001 标准要求组织建立工作人员协商参与过程；提出了 3 个方面的要求，明确对非管理人员协商的 9 个方面、参与的 7 个方面的内容，并提出组织可以确定工作人员代表作为协商参与的机制。要求组织为参与提供条件（机制、时间、培训、资源）、提供工作人员获取职业健康安全信息的渠道、确定并采取措施消除影响工作人员参与的障碍和屏障。协商的内容与 OHSAS 18001 相比增加了确定适用的外包、采购和承包商机制。参与的内容增加了确定协商和参与机制、确定沟通的事项和方法、确定控制措施及其有效的实施和运用。原 OHSAS 18001 中用的是工作人员，本标准中特别强调是非管理人员，也就是指直接从事生产作业活动的人员，但也没有排除可能会受工作活动影响的管理人员（如管理人员到生产车间现场检查时的情形）。

由于职业健康安全管理体系的主要管理对象是员工的健康安全，因此组织在制订方针、确定目标、识别危险源和评价风险、实施风险控制措施时一定要让员工参与，在实施前要与员工沟通和协商。而不能仅通过公示、培训就认为完成了协商和交流。

（五）对“变更”相关的安全管理不到位

ISO 45001 标准新增的要求，要求组织建立过程，控制计划内的临时和永久的变更，预期变更包括 5 种情形：与新产品、过程和服务有关的工作场所、周围环境、工作组织、工作条件、设备和人员相关的因素；与现有产品、过程和服务有关的工作场所、周围环境、工作组织、工作条件、设备和人员相关的变更；法律法规和其他要求的变更；相关知识和信息的变更；知识和技术发展。还要求组织评审非预期变更并采取措施减少不利影响。

与其他管理体系的变更管理一样，一些组织在实施各类变更时，没有考虑对职业健康安全的影响以至出现重大事故。比如某发电企业，为了增加发电量销售，增加了对某数据中心的供电业务，由于对这一变更没有纳入正常安全管理，从设施更改、人员操作均没有识别和评价相关风险，也没有规定相关安全措施，发现停电时，在没有排除风险的前提下，工作人员操作合闸，结果造成 3 人严重烧伤的事故。

建议组织在进行任何可能导致人身伤害和健康损害的变更时，如原材料变更、工艺变更、作业环境变更、作业时间变更等时都要先分析变更产生的危险源，并评估风险，制定有效措施后，在确保安全的条件下实施变更。

（六）对“应急准备和响应”管理有缺陷

应急预案与响应是针对潜在可能会发生的事故和紧急情况的控制措施，是运行控制的特例。组织应针对每一个潜在事故和紧急情况（将来时态、紧急状态）都制订应急计划或预案。应急计划或预案的内容应包括：相应的组织及相关人员的职责、内部

沟通和联系方式、应急设施及布置图、与外部相关单位的沟通和联系方式、现场的保护及受伤人员和财产的抢救方式、人员的疏散、应急设备的启动等，预案应具有可操作性。

审核中发现：有的组织没有针对每一类潜在事故和紧急情况制订具体的预案，只是有一个程序文件；有的组织制订的应急预案内容不全，没有具体的应急措施，没有针对不同事故造成人员伤害的不同制订不同的抢救措施；有的组织没有相应的应急组织，没有规定必要的应急资源。

建议组织依照我国法律法规要求，编制总体应急预案、专项应急预案和现场处置方案，并及时做好预案演练和评审，依照预案配备应急设施和人员，发现异常和紧急情况及时启动应急预案。

七、管理体系有效运行的成功案例

（一）企业基本情况及管理体系建立和认证情况

北京天润新能是风电设备制造龙头企业金风科技的全资子公司，是一家以风电投资为主，集开发、建设、融资、发电、资产管理、数字化、技术服务为一体的新能源共享服务平台。公司管理着几百亿资产、几百万千瓦装机规模，每年向全国提供 100 多亿度清洁能源。全球同行业排名 17 名，中国排名第 9，在民营企业处于领先地位。公司的产品涉及技术服务、软件开发、工程项目建设、发电、资产管理服务、低碳相关的管理和投资咨询。公司设有 4 个分公司、多个平台公司和近 200 个子公司。业务遍及全国。

公司 2012 年启动质量、职业安全健康、环境管理体系建设，2013 年通过方圆标志认证集团的认证，2018 年通过再认证，2017 年与 BSI 合作，对管理体系进行了优化，2018 年通过新版标准转换认证。几个认证周期下来，受到方圆标志认证集团的好评，认为管理体系融入了公司的业务、效果显著，是获证组织中体系运行的典范。

天润新能建立管理体系是内部驱动，目前不需要用证书投标或对外宣传，只是为了依据国际先进标准提升公司的管理水平。

（二）多年管理体系建立和运行的实践与体会

我有幸于 2013 年初加盟天润新能这家优秀的企业，作为公司主管质量、安全、环保、社会责任、体系运行、标准化、战略、计划运营、精益、风险管理和内部控制、效能监察的总监，我负责策划和建立了公司的管理体系，且持续推动管理体系有效运行。这些年，把自己多年从事认证和标准化工作积累的知识和经验用于了具体公司的各项管理，帮助公司在高速成长过程中也保持了高水平的管理提升，公司也从一家投资企业快速发展成一家新业态的能源互联网企业，我在工作中也学到了许多互联网下智慧商业相关的许多管理、领导、技术新知识。作为一名资深的审核员和培训教师，几年回归企业的实践使我深深感到：国际标准确实先进，只要我们结合实际，在准确理解标准的前提下踏实落地标准要求，切实解决好两层皮问题，将标准要求融入公司的业务流程，一定能取得非常好的效果。

1. 在熟悉标准的基础上结合实际策划管理体系

当初我到公司时，天润新能在上一年（2012 年）花了 20 万元请了一家咨询公司，做了一套全天下企业都能用且都没和的体系文件。我在对公司的业务进行了全面了解后，对咨询公司的文件进行了评审，经过评审，我认为文件不能用，必须推倒重来。我策划了公司的管理体系文件构架，提出了公司管理体系文件目录（当时公司还没有一套完整有效的管理制度），对全体主管以上的员工进行了标准和文件编写培训，开始编制公司的体系文件（也就是公司第一套覆盖所有职能的全面的管理制度）。我自己亲自编写《管理手册》和主要通用程序文件，且提出了公司的质量、安全、环保方针，梳理并建立了公司的管理目标体系，明确了各部门的管理和业务职责，明确定义了客户、产品、相关方、过程、环境因素和职业健康安全风险，让人们开始使用 P-D-C-A 的思路编制计划和管理方案。历时 3 个月，在全员努力和公司领导的重视下，2013 年 7 月 1 日，天润新能公司历史第一部《管理手册》和包括 156 个文件全部管理流程发布。

此后根据公司实际和业务发展，每年公司都要组织对文件进行一次动态评审并不断迭代修订，确保文件始终符合法律法规、标准和公司实际要求。

2017 年，公司结合新标准换版，引入了风险控制、社会责任、卓越绩效标准，建立了包括质量、环境、职业健康安全、社会责任、风险控制的“五标一体化”管理体系，通过与 BSI 合作，进一步优化了公司管理体系文件，文件由 500 多个整合成 180 多个。重新修订了公司的管理方针，明确了公司质量管理、环境管理、职业健康安全管理理念。文件受到重要客户苹果公司和国际金融集团（IFC）的赞誉。文件基于风险思维和过程方法，围绕顾客（相关方）——目标——过程——风险——资源——管控——价值展开。

我们的经验是千万不能由不懂公司业务的咨询师代写公司文件，咨询师只是给文件编写人员赋能，文件只有由懂业务、懂流程、懂管理、懂标准的员工写，才能适应公司需要。此外，必须在熟悉和准确理解标准的前提下写文件；目标、文件、流程、风险控制要贯通。

2. 将管理体系作为战略落地的平台

公司始终坚持战略导向，依据平衡计分卡打造战略中心型组织。每年 9 月启动新一轮三年滚动战略评审及修订，通过市场洞察了解组织的内外环境并分析优势和劣势，提出对策。不仅编制公司三年战略规划，而且编制各专业专项战略规划和各区域战略规划，包括质量、安全健康、环保和社会责任的战略规划；每年 3 月战略宣贯，7 月、11 月战略评审和回顾检讨，每年 1 月发布包括新的一年规划和新修订的三年战略。

公司的战略包含了质量安全环保要求，建立管理体系时要承接战略要求，将体系作为实现战略的平台。管理体系的总体指导思想与战略保持一致。管理体系中要求的识别内外环境、顾客及其他相关方要求、目标确定必须在战略中体现。每年年初结合战略公司组织编制《年度经营计划大纲》，将战略转化为当年的具体计划和行动指南。综合经营计划中包括了质量提升计划、体系文件修订计划、环保水保安全投入计划、风险控制计划、精益管理计划和专项的质量安全环保年度工作计划。这些计划有力地支撑了体系的要求，对各项目标都按标准要求明确了责任人、资源要求、行动措施、完成时间及考核评价标准，并进行了层层分解展开。对各类资源配置、团队能力提升都提出了具体方案，对各项重点任务、创新项目、研发项目、精益项目确立编写立项报告。公司要花近一周的时间多次对计划进行评审。计划一经确定，管理体系就是作为实现战略的平台来发挥作用。

3. 将管理体系融入公司的各项业务活动，并打造全优产业链

在策划管理体系时，公司按照生命周期的要求，从全产业链出发，将管理体系标准的要求融入公司所有业务活动，坚决不搞两张皮，我们对包括所有分包在内的全部业务活动都按标准要求做出规定，明确责任主体、目标、风险、流程、资源配置、控制过程、关键点，确保了各项业务的有效开展。公司将相关文件要求告知相关方，并对其进行现场交底和培训指导，通过培养战略供应商和战略合作方来提供全过程的质量和风险管理水平，确保全产业链一致的标准沟通语言。同时也较好地体现了互利供方关系管理的理念，培养了一支理解公司要求、满足公司标准的合作队伍。

4. 开展质量、安全、环保文化建设

公司坚持文化引领，强化文化在质量、安全、环境管理中的作用。这也是相关管理体系标准的最新要求。公司编制了《质量文化建设纲要》《安全文化建设纲要》，制定了文化建设评价标准，提出了公司通用的质量文化理念、安全文化理念、环保文化理念和固定的现场安全、质量、环保宣传标语。每年环保周、安全月、质量月、地球日、消防日、职业病防治周都要开展丰富多彩的文化宣传活动，并将质量安全文化纳入公司的“家文化”“树文化”；编制《全员低碳生活手册》，体现一个负责任的清洁能源企业的员工情怀。还将文化建设纳入组织的绩效考核，为企业全面推进管理体系建设和运行创造了良好的内部氛围。

5. 管理体系与标准化结合，全面推动质量工艺标准化、安全生产标准化、安全文明施工标准化、环保水保标准化

为了更好地保证质量管理体系、环境管理体系和职业健康安全管理体系标准要求运行落地，公司编制并出版了《风电工程系列标准化手册》，包括《风电工程质量工艺标准化手册》《风电工程安全文明施工标准化手册》《风电工程环保水保标准化手册》和《风电生产安全标准化手册》，这些手册图文并茂，通过对风电建设和发电各工序进行标准动作规范、明确质量要求和标准步骤、明确风险及控制措施、明确专门的留痕记录要求，使项目建设质量和发电运维质量安全明显提升。公司编制《标准化清单》，为相关

方提供一致的现场管理工具。公司还将标准化手册自主开发成二维码，方便现场随时查阅，受到同行的称赞，成果获得中国电力建设2019年度科技进步二等奖。

6. 全面推动精益管理，不断提升质量水平

为了进一步提升质量管理水平和工作质量，2017年公司引入精益管理。当年50多个成果通过降本、止损、增效形成1亿多元的经济效益，并形成40个标准化管理成果。2018年一方面继续开展精益管理，另一方面将好的成果在其他项目和风电场应用，同时编制了《精益风电场标准》，在集团专家指导下，又取得了较好的效果，全年精益管理产生的效益达到8000多万元。

7. 全面实施风险控制，强化组织的社会责任意识

基于三大标准对风险的要求，结合企业实际和集团股东要求，公司建立了风险管控体系，不仅编制了管理制度、明确了管理流程、建立了《风险矩阵》（风险库），还开展了动态风险评估，针对风险制订并实施控制措施，按季度进行风险控制绩效考评。

另一方面，为了全面履行企业的社会责任，公司基于ISO 26000的要求，按照IFC（国际金融集团）《环境社会可持续绩效标准》的要求，将社会责任管理体系与三标管理体系相融合，编制了相关管理制度，强化对项目现场指导，确保社会责任管理体系有效运行。2018年公司发布了全国首个专注风电的基于IFC标准的《天润新能可持续发展报告》，受到各界的广泛好评。

8. 开展达标投产，编制高于行标的企业标准，面推动工程建设质量水平提升

质量管理体系就是要确保向顾客持续提供符合要求的产品和服务。为了提高工程建设项目质量，在中国电力建设企业协会帮助下公司从2014年开始实施工程建设质量达标投产。公司在两年试点的基础上，将项目达标投产作为基本目标。2017年，公司在国内率先编制并通过现场验证发布了《全优绿色风电工程评价标准》，此标准高于行优标准水平、甚至高于国优标准，包括了质量、安全、环保、造价、技术先进性等多项量化评价指标。2018年公司启动“天润杯”优质工程评选工作。

9. 编制绿色标准体系表，编写《绿色风电场评价指标》，引领行业可持续发展

鉴于国家对环境保护和水土保持的新的高要求，为响应习近平总书记“绿水青山就是金山银山”的号召，公司率先在国内建立了绿色风电场标准体系，包括绿色风电设备制造、绿色供应链、绿色风电场、绿色新能源企业等标准。公司编制了《绿色风电场评价指标》，并和公司已经发布的《绿色风电场设计标准》《绿色风电场技术要求》共同构成了公司绿色风电标准体系。在绿色风电场评价标准中，基于全生命周期的观点，从节约（节水、节地、节材、节能）、环保、低碳、健康4个维度提出了量化评价标准，可用于认证评价，符合苹果等高端实施绿色供应链的客户对风力发电企业的绿色特征的要求，必将引领风电行业可持续发展。公司牵头编制的《风电场绿色评估指标》已作为中国可再生能源学会标准于2020年4月15日发布。

10. 持续的检查、复盘、评审

几年来，公司将内部审核和日常检查、动态考核和项目复盘相结合；将管理评审和月度、季度、半年经营分析和战略检讨会相结合，提高了内部审核和管理评审的有效性。

11. 管理体系带来组织的发展和品牌提升

通过这几年的努力，天润新能公司管理体系有效运行给公司带来了许多荣誉，增加了公司无形资产价值，提升了品牌影响力和市场美誉度。

从2014年至今，天润新能公司获得了2项“国家优质工程奖”、2项“全国安装之星奖”、6项“中国电力优质工程奖”和1项“山西省优质工程奖”，有1个现场获得“中国质量协会五星级现场称号”，有近20个风电场达到国家安全生产化二级水平，有4个风电场获得“集团标杆风电场称号”，3个项目被评为“地方水土保持标杆示范工程”，公司的社会责任报告获得中国电力企业联合会“优秀案例奖”，并应邀在中国经济联合会专门发布，2019年公司获中国可持续发展理事会评选的百佳企业，中国社会责任金牛奖等荣誉。

天润新能的风电场更加与当地环境相宜，不仅保护了环境，也增加了当地的亮丽风景。

有人说体系是鸡肋，我说只要用好了，体系是王牌。体系确实能够全面提升企业的综合能力和核心竞争力。

本章深度阅读参考文献索引

1. 中质协质量保证中心．管理体系建立与实施中的问题与对策．北京：中国标准出版社，2002.

2. 中质协质量保证中心．整合型管理体系的建立与实施．北京：中国标准出版社，2002.

3. 李在卿．管理体系有效性和增值审核．北京：中国标准出版社，2005.

4. 李在卿．管理体系绩效改进指南．北京：中国标准出版社，2006.

5. 李在卿．用过程方法理解标准和实施审核．北京：中国标准出版社，2008.

6. 李在卿，吴君．持续成功的管理．北京：中国质检出版社、中国标准出版社，2011.

7. 李在卿．管理体系审核指南．北京：中国质检出版社、中国标准出版社，2014.

8. 李在卿．质量　环境　职业健康安全管理体系　内审员最新培训教程．北京：中国标准出版社、中国质检出版社，2016.

9. 李平，李在卿．能源管理体系标准的理解实施与审核．北京：中国质检出版社、中国标准出版社，2016.

10. 王二乐，乔锐．打造组织运营敏捷力．北京：中国工信出版集团、电子工业出版社，2016.

11. 李在卿.《职业健康案例管理体系要求及使用指南》的应用指南．北京：中国质量标准出版传媒有限公司、中国标准出版社，2019.

12. 李在卿等．良好企业社会责任实践．北京：中国质量标准出版传媒有限公司、中国标准出版社，2019.

13. 黄鸣．企业管理：外行怎样领导内行？——管理之道：刨根问底法．业界良心，2016-6-8.

14. 佚名．质量管理标准与《论语》之链接．金质传媒，2007-5-24.

第五章 开好企业的会议

会议是现代企业沟通的一种重要方式。会议也是每一个高级管理者的重要活动，企业的高管可能有三分之一的时间是花在各种会议上的，会议开好了自己高兴，参加会议的人也高兴。自从 2012 年加入一家新能源投资企业后，作为高级管理者，我参与和组织了许多各种内部和外部会议。在此过程中，我经历了不少成功的会议，也感受了一些失败的会议。2017 年起，我担任这家公司负责战略运营的主管领导，组织和主持的会议更多了，对会议也有了更多的感受。我常常在思考如何策划、组织和召开一个高效的会议，尽可能让更多的参会者满意。本章根据我研读的相关专著及实践，总结了如何高效地开会：归纳了会议的种类、目的和“高效会议”的标准，分析总结了各类会议存在的问题，根据经验，全面说明了如何开好会议的全过程。

一、企业会议及目的

会议是现代企业沟通交流和决策的重要方式。企业的会议是就企业的各种问题，有关人员聚到一起为找出最佳解决方案而进行的广义的信息交流。会议有重要的价值，但很多人却讨厌会议。正如帕特里克·兰西奥尼（Patrick Lencioni）在《该死的会议》所说：“当你想萃取团队的集体智慧时，没有任何东西能够代替一场好的会议——一场有活力有激情的思想交锋。而残酷的真相是，糟糕的会议无一例外的导致糟糕的决策，而糟糕的决策又往往致使团队平庸。”在分管战略运营工作后，我主持了更多的会议，自己想起来，有成功的会议，也有糟糕的会议。为了今后开好会议，2019 年 1~6 月，我带着工作中出现的一些与会议有关的问题读了几本与会议、沟通和决策有关的书，对会议进行了全面反思，也总结了一些愿意分享的东西。要开好会议，不仅主持人很重要，而且与会者特别是出席会议的最高管理层人员更重要，我相信，只要我们大家一起做出一些改进，我们就会把原来痛苦而乏味的会议变得高效、有趣乃至振奋。

每个企业都会有各种会议，有例行会议，如每周的总经理办公会、每月的经营分析会、每季度/半年/年度的战略检讨会、半年/年工作总结会；有非例行会议，如经营专题会、质量专题会、安全专题会、投资分析会、财务分析会、人力资源专题会议等等。属于综合类的会议需要由组织运营管理部门组织，涉及公司全局、需要所有组织的高级管理层和职能部门及生产经营单位参加的运营会议主要有每周的总经理办公会、每月的经营分析会、每季度/半年/年度的战略检讨会、半年/年工作总结会和专题经营会。

企业召开会议一般有三个目的：传达经营方针、使业务顺利进行，确保组织的日常业务和管理与企业所追求目标的一致性，解决问题。不同的运营会议有不同的目的：

（一）周总经理办公会

主要是通报上周总体经营情况和重大事件；研究解决生产经营中遇到的问题，并进行决策；职能部门通报一些重大的管理举措。

（二）月度经营分析会

通报上月经营管理情况，报告主要KPI指标实现情况和重点任务进展情况；研究存在的问题、分析和评估风险；布置本月工作，确定目标和明确重要举措。

（三）季度、半年、年度战略研讨会

对照战略规划和当期战略目标，洞察分析内外环境的变化及对目标实现的影响；检讨当期战略执行情况；针对内外环境变化评估风险、确认或适时调整目标和战略措施。

（四）季度/半年/年工作总结会

有的企业没有季度、半年、年度战略检讨会，而是召开季度、半年、年度工作总结会，主要是总结阶段性工作、确认目标实现情况、评估经营风险、部署安排后一阶段工作。

（五）日常经营专题会

通常为落实总经理办公会的决议，解决特定问题，根据需要随时召开的日常经营会议。主要针对重大经营性问题，组织相关部门和单位进行分析研讨，确定解决方案，明确目标和责任，确定对策措施和完成时间。

二、好会议的标准

好会议也要有评价标准。评价一个会议是否开得好，可从以下方面考虑：

（一）有清晰的目标

会议主题明确，内容和议程清楚，需要解决的问题清楚，预期的输出结果清楚。

（二）准备充分

会议组织者和会议参加者均有充分准备；会议资源确保了会议有序正常进行。

（三）参与度高

实际参与人是会议要求的参加人，在会议进行过程中，参与人集中精力，充分表达意见。

（四）解决了问题，有明确的结论

会议按议程经过充分沟通解决了问题，形成有可执行的意见或结论。

（五）高效

无人员迟到早退，会议不拖延，在规定时间完成了计划的工作。

三、会议存在的主要问题

在企业总能听到有人抱怨会议多，会议没有解决问题，会议时间长，把管理人员和专家的大量时间花费在并不重要的事情上，会议内容不能落实。纵观企业的各种会议主要存在以下问题，可归纳如下：

（一）会议上不讨论、讨论后没结论、决定后不实施、不实施没责任

1. 会议上不讨论的表现

（1）议题本身并没有召集工作很忙的管理人员和专家的价值。

（2）由提案者强制性决定，并不进行必要的讨论。

（3）参加人很多，但大多数参加人并没有资格发言讨论中心议题，因而只是在那儿想些不相干的事情，或者闲谈、打盹、看手机、看电脑，做自己的事。

（4）有意见也不说；或急盼会议结束后只处理诸如回复邮件的所谓“实事”。

（5）一言堂：一是领导没给参会者表达的机会，二是参会者总是以听众姿态来开会。

（6）议题过多，或需要关注的问题过多，没时间充分讨论。

2. 讨论后不决定（没结论）的表现

（1）提出来很多建议和意见，但不作决定就结束会议。

（2）不知由谁下了结论，但听者却有不同的观点。

（3）问题本身复杂，尚没有成熟的方案，会下需要再花很多时间去解释和消除疑惑。

（4）参加会议的人员级别和权限定不了。

（5）不能形成相对一致的意见，分歧大，谁也不愿意负责。

（6）一些负责做出决策的人，总结不全面，也没很好地抓住重点，并没有对会议中一些重要的好的提议进行确认，只是与一般参会人员一样，发表一些对自己个人感兴趣的话题的意见（而不是决定）。

3. 决定后不实施的表现

（1）结论不明确，不能转化为行动。

（2）结论已出来，但由谁、采取何种行动不明确。

（3）会议已经决定要做某些事项，但没有人愿意具体实施。

（4）没有具体完成时间。

（5）没有后续跟踪监督机制。

4. 不实施没责任的表现

（1）公司的文化就是只说不做，说的多、做的少，讲故事的人多，干实事的人少。

（2）没有考核机制。

（3）实施过程中相互推诿。

（4）等过了几个月，或有继任者梳理工作、或领导想起来过问，问题还在原点。

（二）习惯性会议过多

本来应当由下级负责人决定的问题不作决定而提请上级决定；本来应当由职能领导个人就可决定的问题提请大家一起决定；上级有会议下级也要开同样的会议；有问题不能自行解决，而是要召开会议讨论；自己不担当让所有人共同负责；仅通过文件传达还不够，还是开会说一下好；因为是例会，没有多少议题也要按期开会；做了一点工作要通过会议向更多的人展示一下；通过会议形式空谈、讲“故事”。

（三）会议效率低下

不遵守会议计划的开始时间和结束时间，到点不开会、无限拖延会议时间；会议主持人对会议时间成本缺乏认识；会议开成漫谈的会议；会议过程中跑题但没有人纠正；会议参与人不能代表所负责或分管的单位意见，人员参与度低，会上做与会议无关的事；会议主持人不能有效控制会议节奏；参会人员沟通阻碍严重，过程中产生严重冲突，影响会议效率。

（四）自我预防为主的意识泛滥

人们潜意识中认为：召开会议讨论就能由全体参加人共同来对所讨论的事项负责，因此稍有一些关联的人就被召来参加，这样，会议就成了“责任逃避会议”和“为召开而召开的会议”，不但得不出结论，即使有结论也不可能具体实施。有上级参加的会议，讲成绩过多，惧怕冲突对问题轻描淡写，不想让上级知道真相。

（五）团队成员缺乏信任

高级管理层成员之间、高级管理人员和中层管理人员之间缺乏必要的信任，议论同一问题时仅从各自利益出发，或者与自己有关的问题就参与讨论发表意见，与自己无关的议题就不主动思考和发表观点；会上不说，会下乱说，搞小团体主义，形成结盟，对自己不利的问题就共同反对；只能听肯定的意见，不能听改进的意见；如果主持人或参会者在会上指出了不足，会下将结伴群起攻之，甚至是人身攻击。

很多人都知道会议存在这么多问题，而且都认为会议高效是必要的，但一个组织中又有多少人在为高效的会议而努力呢？会议的问题与其说是制度上的问题，还不如说是意识上的问题和运营上的问题，如果大家没有创意性好且有决定性的会议改进意识，不可能形成组织良好的会议文化。

四、如何开好会议

（一）会议策划

会议组织部门要提前做好会议策划，明确会议主题、会议议程、会议要讨论的议题、会议材料准备要求、参加会议人员和时间、会议预期输出成果，并与公司总经理事先沟通得到确认后正式通知。有些会议议题要提前征集、有时会议时间要与与会主要人员沟通，确保时间与其他安排不冲突。要明确会议材料模版及材料质量和提交时间要求，一定不能开无准备的会议。一个会议不能有太多的议题和目标，要突出重点。

为了提高会议质量，禁止召开一般通报性会议，要把会议引导到解决问题、做出决策或相互交流的方向上，使每次会议都有确实的效果。

郎立君教授所著的《管理基础教程》中会议的3·3·7运动的推进方向可以借鉴，见表5-1。

表5-1　会议3·3·7运动的推进方向

项目	推动内容	
3思维	不召开	1. 是必要的吗 2. 能不能独立决定 3. 有无更好的方法
	简化	1. 能不能减少参加人数 2. 能不能减少频率、时间、资料 3. 能不能更好地进行
	合并、下放	1. 能不能与其他会议合并召开 2. 能不能以授权的方式来解决 3. 能不能在别的会议上来讨论
3原则	1. 在没有会议的那一天召开（每周1次） 2. 1小时内结束会议（最长1.5小时） 3. 会议资料简单化（最好1页）	一天之中参加的会议不得超过两个
7方针	1. 准时到，准时开始，事先宣布结束时间 2. 宣布会议费用 3. 参加人数最小化 4. 会议目的明确化 5. 事先分发资料，研究议题 6. 全员发言，相互尊重意见 7. 省略会议记录	1. 会议时间成本和费用写在会议资料上 2. 会议开始时主持人宣布费用 3. 只有必要的人员出席 4. 会议组织部门在3天前发布会议资料 5. 参加者事先研究议题 6. 只记录决议及指示事项 7. 资料发给每个人 8. 录音并保存记录

帕特里克·兰西奥尼（Patrick Lencioni）在《该死的会议》一书的最后，给出了一个表格可供企业策划会议时借鉴，每周策略会指南如表5-2所示。

表 5-2　　每周策略会指南

每周策略会指南	日期：________
Ⅰ. 闪电赛笔记	Ⅱ. 关键指标检讨 目标 / 指标　　落后　正中目标　超前　未知 1. ________ 2. ________ 3. ________ 4. ________ 5. ________
Ⅲ. 策略议程项目 顺序　　话题 ____ ________ ____ ________ ____ ________ ____ ________ ____ ________	Ⅳ. 潜在的战略话题 话题 ________ ________ ________ ________ ________
Ⅴ. 决策 / 行动	Ⅵ. 按层级传递消息

（二）会议材料准备

凡是总结、战略检讨类运营会议，通常各职能部门和业务单位都要按规定的模版准备会议发言材料，要有明确需要会议解决的问题和大家协同的需求；有关战略检讨一定要对照同期战略规划和战略目标来检讨；有关月度、半年、年度经营分析和总结会议一定要对照目标责任书进行总结和安排；凡是需要讨论、审议并形成决议的会议，需要提案部门准备详细的会议材料，说明问题背景、建议方案、各方案的风险和机遇、明确决策点。会议材料应当先由其主管领导进行初步审核后再提交会议组织部门。

会议组织部门应当提前收集会议材料，并进行适当的审查后提前将会议材料发给相关的主要参会人员。

（三）会议主持与控制

一个会议是否能高效地成功召开，主持人非常重要，主持人不仅要按计划组织主持好会议，而且要控制好会议节奏、氛围、质量和时间。

1. 高效的会议主持人的基本态度

（1）会议开始前要确认 5W1H：

1）为什么要召开会议，有无其他替代方法？（Why）

2）议题与会议的目的是否相符？（What）

3）有无合适的会议场所？（Where）

4）会议时间合适吗？（When）

5）哪些人员应该出席会议？（Who）

6）怎样进行符合议题的讨论？（How）

（2）会议中要做到：

1）首先要明确说明会议准时开始、准时结束。

2）报告会议运营费用（或可能的时间成本）。

3）给与会者每个人均等的发言机会。

4）发言时间过长、有争论或脱离议题时要及时制止。

5）调整好时间，按预定的讨论顺序和问题顺序来进行。

6）在指定的时间内得出结论。

（3）会议结束后要做好：

1）记录并形成决议。

2）跟踪确认会议决定的内容是否得到执行。

3）发现问题后及时采取措施。

2. 把握好对话

美国著名投资家瑞·达利欧在《原则》一书中告诉我们：如果你主持会议，应该把握好对话：

（1）明确会议的主持人和会议服务对象。

（2）表述要清楚准确，以免造成困惑。

（3）根据目标和优先次序来确定采取什么样的沟通方式。

（4）主持讨论时要果断、开明。

（5）在不同层面的讨论对话中穿梭对照。

（6）谨防“跑题”。

（7）坚持对话的逻辑性。

（8）注意不要因集体决策而丧失个人责任。

（9）运用两分钟原则，避免发言人持续被别人打断。

（10）当心讲起话来不容置疑的“快嘴王”。

（11）让对话善始善终。

（12）运用沟通手段。

这些成功的大家总结的原则值得我们借鉴。

3. 参会人的正确态度

除了主持人外，会议参加人的态度也决定着会议的效率，一个高效的会议参与人要做到以下方面：

（1）会议开始前：

1）对会议议题进行充分的思考和研究。

2）会议开始前至少提前 5 分钟进入会场。

3）不能参加或代理参加时应当事先告知会议组织部门。

4）提前准备好所需要的资料和物品。

（2）会议进行中：

1）认真听别人发言，不在别人发言时私下议论。

2）发言要简单明了，有逻辑性和条理清晰。

3）发言内容不能脱离议题。

4）积极参与发言。

5）不做与氛围不相符的事情。

6）不只停留在理解上，不感情用事。

（3）会议结束后：

1）会议结论与自己意见不统一时，也应该按会议决定的事项执行。

2）分配到有决定事项应认真完成。

3）及时反馈决议落实，推进进展或结果。

郎立君教授在其《管理基础教程》中总结了不同功能会议的 3 个阶段的控制内容，可供参考，如表 5-3 所示。

表 5-3　不同功能会议的运营方法

会议类型及特征	会前准备阶段	会议召开阶段	会后跟踪阶段
传达性会议 1. 上下（彻底的方针） 2. 下上（现状报告） 3. 横横（部门间的交流）	1. 分析掌握传达内容 2. 传达内容的资料化	信息的真实传达，对信息传达质量的反映，确认是否理解了信息	1. OLLOE-UP 2. 信息补充
创意性会议 1. 限制参加人（年龄、地位在同一阶层） 2. 非相关的人应有丰富的想象力 3. 专家和博学者 4. 需要有集体活动经验	1. 问题的设定（定义） 2. 目标与现实之间的差距就是课题	1. 问题分析 2. 目标的设定（解决目标） 3. 问题的解决（决定解决方案和顺序）	综合评价（实施前的研究）
调整性会议 1. 方针的决定，强制调整 2. 以 50 : 50 进行妥协 3. 有效地进行调整	1. 对最终目标的研究 2. 双方对立点的明确化（数字）	1. 要达成目标的讨论 2. 以达成目标为基础，研究双方对立点是什么 3. 解决双方对立点的方案讨论 4. 解决方案的确认和双方要作内容的研究	1. 确认会议事项记录 2. 双方实施情况报告

续表

会议类型及特征	会前准备阶段	会议召开阶段	会后跟踪阶段
决议性会议 如果没有意见的不统一，就没必要进行表决	1. 有关判断议案的准备材料 2. 提前分发给出席者并委托研究 3. 在能解决的范围内提出各种方案	1. 议案的提出及专家说明 2. 提问的回答 3. 确认方案内容的资料并讨论	1. 评价决定结果 2. 向执行负责人提供有关实施上问题点的建议

帕特里克·兰西奥尼（Patrick Lencioni）在《该死的会议》中对组织中常见的 4 种会议的时间控制和方式给出了参考，如表 5-4 所示。

表 5-4 组织中常见的 4 种会议的时间控制和方式

会议类型	需要的时间	目的与形式	成功的关键
每日报到会	5min	共享每天的日程安排和活动	1. 别坐下 2. 限定在行政事务上 3. 即使有人无法出席也不要取消
每周策略会	45~90min	检讨每周的活动和指标，解决策略障碍和难题	1. 在最初的汇报之前不要设定议程 2. 推迟战略讨论
每月战略会（或特别战略会）	2~4h	在影响长期利益的关键议题上讨论、分析、头脑风暴和决策	1. 限定 1~2 个主题 2. 做好准备与调研 3. 积极参与良性的冲突
每季度外出总结会	1~2d	检讨战略、行业趋势、竞争格局、核心员工、团队建设	1. 离开办公室 2. 聚焦于工作，限制社交活动 3. 不要把日程排得太满，或施加太多负担

美国卡普兰、诺顿在所著《战略中心型组织　平衡计分卡的致胜方略》一书中对会议的控制给出了重要的建议，包括：

（1）只有重要的事情才召开会议。

（2）组织的一把手要参加会议、参与讨论，并表现出学习态度。

（3）季度的战略回顾半天就可以回顾 25 个指标，不用太长时间。

（4）参加会议的人员不按级别而是按在战略中的作用安排。

（5）只需要一位管理者对会议议程进行管理。

（6）每一次有效的会议要形成一份行动清单。

（7）会议报告越公开越好。

（四）主题发言

决策类会议的议题提出单位的发言要紧紧围绕需要解决的问题发言，让与会人员了解问题背景、需要解决的问题和决策点是什么？有哪些可以选择的方案？各方案的风险和机遇、优势和劣势是什么？

总结汇报类和回顾检讨类会议，发言人要有清晰的主线，尽量用数据说话，要突出重点，总结可推广的经验和坚持的亮点，客观全面说明问题并充分分析原因；要重点说明改进对策或下步措施。发言要控制时间。

（五）问题讨论

无论是对需要决策的问题发表个人意见，还是对其他部门和单位的工作提出意见和建议，与会人员一是要积极主动参与并发表意见，决不能事不关己、高高挂起；二是各主管领导或部门最好从自身业务角度提出意见和建议，而不是泛泛地发表意见，更不能对自己并不理解的专业性问题发表意见；三是发表意见和讨论问题要聚焦，不能从问题引出问题而引发扩展的讨论。

美国布赖恩·罗伯逊所著的《重新定义管理》中提出了对会议讨论环节的实施程序，可供我们借鉴：

（1）提出建议——提案人。

（2）提问环节——任何参加会议的人员。

（3）回应环节——除提案人以外的所有人。

（4）修改和阐述——提案人。

（5）反对环节——任何参加会议的人员。

（6）整合环节——反对人 / 提案人。

（六）思考方法

推荐采用6顶帽子的思考方法。《六顶思考帽》是英国学者爱德华·德·博诺（Edward de Bono）博士开发的一种思维训练模式，或者说是一个全面思考问题的模型。它提供了“平行思维”的工具，避免将时间浪费在互相争执上。强调的是“能够成为什么”，而非“本身是什么”，是寻求一条向前发展的路，而不是争论谁对谁错。运用德博诺的六顶思考帽，将会使混乱的思考变得更清晰，使团体中无意义的争论变成集思广益的创造，使每个人变得富有创造性。

六顶思考帽是一个操作简单、经过反复验证的思维工具，给人以热情、勇气和创造力，让每一次会议、每一次讨论、每一份报告、每一个决策都充满新意和生命力。这个工具能够帮助人们提出建设性的观点；聆听别人的观点；从不同角度思考同一个问题，从而创造高效能的解决方案。用“平行思维”取代批判式思维和垂直思维，能提高团队成员的集思广益能力，为统合绩效提供操作工具。

1. 不同思考帽的作用

六顶思考帽（见图5–1），是指使用六种不同颜色的帽子代表六种不同的思维模式。任何人都有能力使用以下六种基本思维模式：

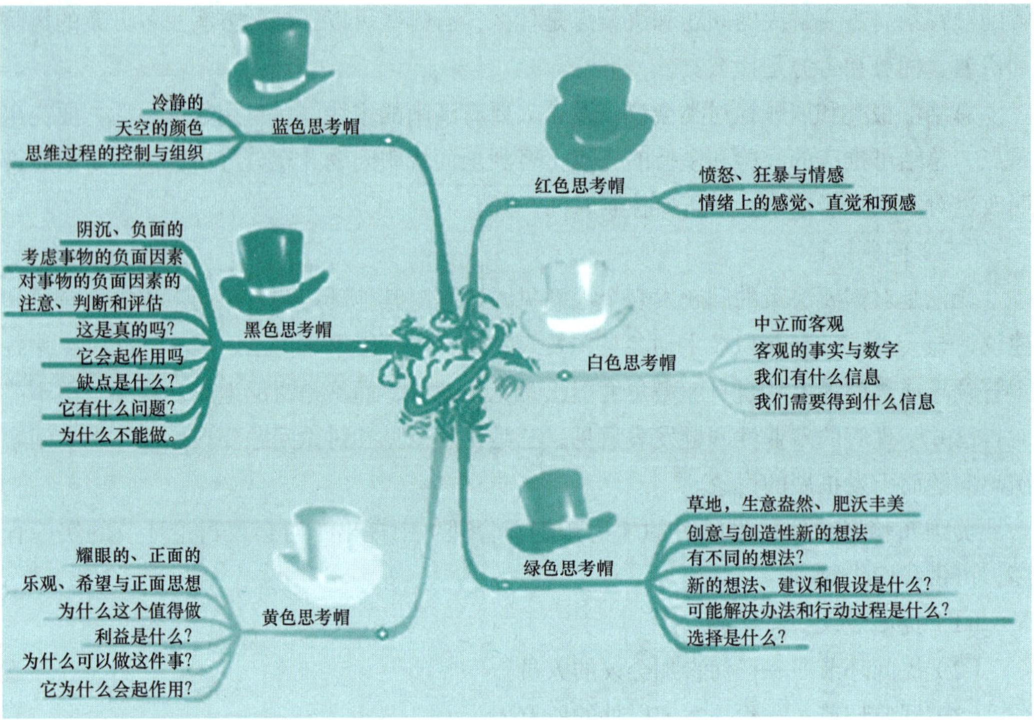

图 5–1 图解六顶思考帽

图片来源：博纳环球 – 六顶思考帽培训

（1）白色思考帽：白色是中立而客观的。戴上白色思考帽，人们思考的是关注客观的事实和数据。

（2）绿色思考帽：绿色代表茵茵芳草，象征勃勃生机。绿色思考帽寓意创造力和想象力。具有创造性思考、头脑风暴、求异思维等功能。

（3）黄色思考帽：黄色代表价值与肯定。戴上黄色思考帽，人们从正面考虑问题，表达乐观的、满怀希望的、建设性的观点。

（4）黑色思考帽：戴上黑色思考帽，人们可以运用否定、怀疑、质疑的看法，合乎逻辑的进行批判，尽情发表负面的意见，找出逻辑上的错误。

（5）红色思考帽：红色是情感的色彩。戴上红色思考帽，人们可以表现自己的情绪，人们还可以表达直觉、感受、预感等方面的看法。

（6）蓝色思考帽：蓝色思考帽负责控制和调节思维过程。负责控制各种思考帽的使用顺序，规划和管理整个思考过程，并负责做出结论。

2. 一个六顶思考帽在会议中的典型的应用步骤

（1）陈述问题（白帽）。

（2）提出解决问题的方案（绿帽）。

（3）评估该方案的优点（黄帽）。

（4）列举该方案的缺点（黑帽）。

（5）对该方案进行直觉判断（红帽）。

（6）总结陈述，做出决策（蓝帽）。

首先运用“白色思考帽”来思考、搜集各环节的信息，收取各个部门存在的问题，找到基础数据。戴上“绿色思考帽”，用创新的思维来考虑这些问题，不是一个人思考，而是各层次管理人员都用创新的思维去思考，大家提出各自解决问题的办法、好的建议、好的措施，也许这些方法不对、甚至无法实施。但是，运用创新的思考方式就是要跳出一般的思考模式。接着，分别戴上“黄色思考帽”和“黑色思考帽”，对所有的想法从“光明面”和“良性面”进行逐个分析，对每一种想法的危险性和隐患进行分析，找出最佳切合点。“黄色思考帽”和“黑色思考帽”这两种思考方法，就好像是孟子的性善论和性恶论，都能进行肯定或都能进行否决。到了这个时候，再戴上“红色思考帽”，从经验、直觉上，对已经过滤的问题进行分析、筛选，做出决定。在思考的过程中，还应随时运用“蓝色思考帽”，对思考的顺序进行调整和控制，甚至有时还要刹车。因为，观点可能是正确的，也可能会进入死胡同。所以，在整个思考过程中，应随时调换思考帽，进行不同角度的分析和讨论。

此外，迈克尔·罗伯托（Michael A.Roberto）在《哈佛决策课——如何在冲突和风险中做出决策》倡导领导者可以使用五类工具来鼓励多样性思维：

第一，使用“角色扮演法”让管理者把自己放在别人的位置上。

第二，运用思维刺激机制，鼓励人们设想未来和全面思考事情会随着时间推移发生什么样的变化。

第三，通过“非焦点小组”引出挑战性问题或者话题。

第四，让人们用一套多样化思维模型和框架结构来审查事情。

第五，采用“一点一对位”的方式。

（七）冲突处理

有时在会议中会产生冲突，会议主持人或与会最高管理者要有效处理冲突。保持适当的冲突、处理好冲突是开好会议的非常重要的能力。

1. 保持适当的冲突

美国帕特里克·兰西奥尼（Patrick Lencioni）在《团队协作的五大障碍》中，总结了团队协作中存在的“缺乏信任、惧怕冲突、欠缺投入、逃避责任、无视结果”五大障碍，作者分析了惧怕冲突的团队和拥抱冲突的团队的特点：

（1）惧怕冲突团队的特点：

1）团队会议非常枯燥。

2）使用不正常手段在别人背后进行人身攻击。

3）避免讨论容易引起争论的问题，而这些问题对团队的协作成功是非常重要的。

4）不能正确处理团队成员之间的意见和建议。

5）把时间和精力浪费在表面形式上。

（2）拥抱冲突的团队的特点是：

1）召开活跃有趣的会议。

2）汲取所有团队成员的意见。

3）快速地解决实际问题。

4）将形式主义控制在最小限度。

5）把大家持不同意见的问题拿出来讨论。

2. 克服惧怕冲突的方法

作者给出了如何克服惧怕冲突的方法。

（1）通过以下方式来鼓励和促进积极的争论。

——挖掘争议话题：拿出勇气和信心，把深藏不露的分歧摆在桌面上，大家一起解决问题。

——实时提醒：团队成员互相监督，不放弃有益的争论。

——运用TKI（托马斯·基尔曼冲突模式测试工具：是一种处理冲突的模型，它基于冲突双方的自信程度或合作程度。一方面，当他们的合作水平较低，他们的自信水平较低，那么冲突一方可能会避免冲突。另一方面，根据该模型，当他们的合作水平较低，但他们高度自信，然后他们变得有竞争力，在冲突中保持自己的立场。第一种是当冲突的一方高度合作且不那么武断时，他们会被视为乐于助人，而高度合作且非常武断的一方则会被视为合作者。个人可能最终会大量合作，而当对方对公司有更多有利的主张时，这种方式就会有效。第二种是回避。当个人避免冲突时，它可能对组织没有太大用处，尤其是当冲突是必需的时候。它将帮助个人更加自信地追求他们需要的东西。第三种是协作管理。在合作中，冲突双方将结成对，以便找到双方都满意的解决方案。然而，这种冲突管理方式需要在培训和费用方面进行大量投资。只有员工之间建立了适当的信任水平，员工才能够采用这种冲突管理风格。）使团队成员了解应对争议的不同方式，从而根据情况选择不同对策。

（2）团队领导应当冷静审视、顺其发展，不随便打断。领导者要以身作则，参与争论，而不能置身于争论之外。

3. 有效处理冲突

美国著名投资家对冲基金公司桥水创始人瑞·达利欧（Ray Dalio）在《原则》一书中对如何有效处理冲突、超越分歧也给出了经验，书中写到：

（1）相互达成协议时不能忽视原则：每个人都要遵守行为原则。

（2）不要让大家把发牢骚、提建议、公开辩论的权利与决策权相混淆：对决策本身以及对决策者提出意见时要有大局观。

（3）不要对重大分歧不闻不问：专业协商大事时，别被琐事烦扰；不要被分歧束缚住，可提交上级裁定或投票表决。

（4）一旦做出决定，任何人都必须服从，即使个人有不同意见。

4. 管理冲突的领导力策略

迈克尔·罗伯托（Michael A.Roberto）的《哈佛决策课——如何在冲突和风险中做出决策》给出了管理冲突的领导力策略，如表 5-5 所示。

表 5-5　管理冲突的领导力策略

前期	过程中	后期
制定规则：就人们在磋商中如何互动制定基本规则	**重新组织**：从完全不同的角度，重新引导人们的注意力，彻底改变实际情况	**反思**：评估过程，并为将来的应用总结经验
明确角色：明确每个人在讨论中应该扮演的角色	**重新描述**：以新颖的方式呈现观点和数据，来加强理解和激发新的讨论	**修复**：致力于修复在过程中并未完全公开的受损的关系和受伤的感情
建立尊重：建立相互尊重，尤其是在团队成员认知风格不同的时候	**重新考察**：在团队要陷入僵局的时候重新考察基本的事实和假设	**铭记**：确保人们记住甚至是歌颂他们处理困难争议的方法

（八）决议形成

决策类会议要对提请审议的问题形成决议，以便落实，要避免议而不决；总结和战略检讨类会议要对阶段性工作亮点进行高度总结，以便推广；对后续工作安排、主要目标和重点工作要达成一致，以便执行，避免重点不突出、目标不清晰，以及只有各部门或单位自己提出的措施，没有全局性总体战术。

1. 高效决策的基本原则

瑞·达利欧（Ray Dalio）在《原则》谈到“学习如何有效决策”时，给出了如下原则：

（1）要认识到影响决策的最大威胁是有害的情绪；决策是一个两步流程，即先了解后决定。要了解综合分析眼前的形势和变化中的形势，高度地综合考虑多个层次：

1）用“基线以上”和“基线以下”来确定谈话位于哪个层次。

2）谨记：决策需要在合理的层级做出，但也应在各层次之间保持一致。

（2）综合分析现实，理解如何行动的最好工具是逻辑、理性和常识。

（3）要根据预期价值计算结果做决策。

（4）要比较更多信息带来的价值和不做决定造成的成本，决定优先顺序。

（5）做决策时要从观点的可信度出发。采用创新择优，了解每个人观点的长处；关注可信度高、与你的观点不一致的人，尽量理解其推理过程。

（6）了解自己在决策过程中要扮演的角色，是老师、学生、还是同事；你应该是说教、提问还是辩论。

（7）要了解人们提出意见的过程和逻辑。

（8）处理分歧务必高效：

1）知道适时终止辩论，推动形成共识。

2）可信度加权可作为工具，但不能取代责任人的决策。

3）如果作决策的人没有时间检视每个人的想法，则要明智地选取具有可信度的观点。

4）若由你做出决策，要把可信度加权得出的结论和你自己的想法做比较。

（9）每个参与决策的人都有权利和义务去设法了解重要事情。

（10）要更关注决策机制是否公允，而非是否如你所愿。

2. 高质量的决策过程有助于增强达成积极结果的可能性

美国一流的领导力和决策研究专家、两次获得哈佛大学优秀教学奖的前哈佛商学院教授、美国布来恩特大学教授迈克尔·罗伯托（Michael A. Roberto）的《哈佛决策课——如何在冲突和风险中做出决策》值得所有做决策的人学习。书中提出了两个根本论点：

（1）领导者必须为增强创造性思维和发散性思维培育一种冲突，同时为推动及时、有效地执行决策营造共识。

（2）高效的领导者应该花时间用于“决定如何做出决策”。

作者分析了许多领导者制定和执行决策失败的根本原因是：当问题出现的时候，他们首先要找到“正确的”解决方案，而不是回过头来决心找到做决策所需要的“正确的”决策过程。

作者告诫我们：领导者在决策过程中需要克服以下东西：

1）领导风格：有一些特定的个人偏好和属性（恐吓和胁迫、制造对立面、以专制的方式做决策）。

2）认知偏见：低调处理那些与自己已有观点和信念相左的数据、过度自信。

3）刻板对待：习惯于根深蒂固的环境心智模式，因心理压力产生刻板的认知反应。

4）小组内 VS 小组外：拉拢与自己具有明显特征的人存在彼此不相干的观念。

5）习惯性自卫：弱化消极反馈的影响。

（九）会议纪要

为了方便大家落实且可追踪，会议要形成纪要。会议纪要要简明扼要、重点突出、忠实于会议决议。一般会议纪要应当包括以下内容：

（1）会议基本情况：会议主题、会议时间、参加会议人员、缺席人员、会议地点。

（2）会议概述：主要会议议程概述、领导讲话要点。

（3）会议决议及落实要求，具体可参考表 5-6 编制。

表 5-6　　会议决议格式

序号	议题	会议决议	完成输出结果	落实部门	要求完成时间	督办验证方式及责任人

会议纪要可根据会议记录、录音和会议材料整理。由会议组织部门负责人审核后由组织的最高管理者签发。

（十）会议后续落实

会议决议发布后，各相关部门和业务单位要按决议要求落实，并反馈结果，组织要有相应部门督促和验收考核决议落实情况。组织可建立会议管理系统或会议决策跟踪落实系统，用于对会议决议落实情况的可视化跟踪和提醒。

本章深度阅读参考文献索引

1.【美】帕特里克·兰西奥尼（Patrick Lencioni）. 该死的会议 . 陈佳伟译 . 北京：中信出版社，2013.

2. 郎立君 . 管理基础教程 . 北京：企业管理出版社，1999.

3.【英】爱德华·德·博诺（Edward de Bono）. 六顶思考帽 . 马睿译 . 北京：中信出版集团，2014.

4.【美】帕特里克·兰西奥尼（Patrick Lencioni）. 团队协作的五大障碍 . 华颖译 . 北京：中信出版社，2010.

5.【美】迈克尔·罗伯托（Michael A. Roberto）. 哈佛决策课——如何在冲突和风险中做出决策 . 张晶译 . 北京：中国人民大学出版社，2018.

6.【美】瑞·达利欧（Ray Dalio）. 原则 . 刘波译 . 北京：中信出版集团，2018.

7.【美】罗伯特·卡普兰（Robert S. Kaplan),【美】戴维·诺顿著（David P. Norton）. 战略中心型组织 平衡计分卡的致胜方略 . 上海博意门咨询有限公司译 . 北京：中国人民大学出版社，2018.

8.【美】布赖恩·罗伯逊 . 重新定义管理 . 潘千译 . 北京：中信出版社，2015.

9. 章旸 . 高效运营－企业运营最佳实践方案 . 杭州：浙江大学出版社，2016.

第六章 做好企业的全面风险管理

在这个充满不确定性的时代，风险无处不在。大至国际金融危机，小至企业经营危机天天都在上演。有的企业曾盛极一时却突然坍塌或陷入困境，如安邦保险、乐视公司；有的企业因产品质量出现问题，很快从市场消失，如三鹿奶粉、长生疫苗；有的企业因盲目收购和投资，资金链断裂，收购不当引起危机被重组，如华源集团。纵观这些企业的失败，实际上是风险管理不当造成的。可见风险管理对企业可持续发展非常重要，风险管理不好，可能直接导致企业破产。要想打造 21 世纪卓越企业，必须重视风险管理，在企业持续开展全面风险管理。

我于 2012 年加盟一家在香港和深圳两地上市公司的投资业务模块，从 2016 年起参与公司的风控管理工作，2018 年担任负责公司总体经营风险的总监后，开始学习、研究、实践企业风险管理，由于公司在投资决策和经营活动中始终把风险控制放在重要位置，几年来公司业务快速发展，但各项风险都处在可控状态。在这过程中，我除了研究 ISO 有关风险控制标准及应用外，还研究和引入了 COSO（美国反舞弊财务报告全国委员会）的企业风险管理整合框架，研究了国内外现行有关风险管理规范和政策要求；请普华永道进行过公司的风控咨询，邀请第一会达对全体管理人员特别是高级管理人员进行风险控制培训，委托 BSI（英国标准化协会）指导并与专家一起编制了公司的《风险管理手册》，建立了公司的《风险库》，形成风险管理矩阵，并进行定期风险测试，按照港交所要求每年组织进行风险测试编制公司年度《风险评估报告》；与同行中广核进行风险控制对标，将风险管理纳入公司运营管理的日常监督中。我还对全国的管理体系注册审核员开设了《企业风险管理整合框架及应用技术》的继续教育课程。在我编写出版的有关 ISO 45001 标准应用指南一书中专门写了企业风险管理一章，还在一些专业期刊上发表了有关企业风险管理的文章。通过以上学习、思考和实践，我系统认识了风险管理，公司的风险管理绩效显著。为了帮助企业家和企业高级管理人员理解风险管理，这一章我将就风险管理现状、风险管理标准、风险管理理论和风险管理实践跟读者进行交流，希望对企业的风险管理有一些帮助。

一、企业面临的风险及现状

为了介绍全面风险管理的工具、方法和实践，我们还是有必要先对风险和风险管理有一个基本的认识，并和大家一起分析一下现阶段中国企业面临的主要风险以及风险管理现状。

（一）风险

按照ISO（国际标准化组织）的定义，风险是指对预期结果的不确定性的影响。影响是指偏离预期，可能是正面的或负面的。不确定性是一种对某个事件、甚至是局部的结果或可能缺乏理解或知识的信息的状态。通常风险表现为潜在事件发生的可能性后果或两者的组合。风险以某个事件的后果组合（包括情况的变化）及其发生的可能性的词语来表述。

风险可以按不同标准分类：

1. 按风险的层次分类

（1）组织风险：发生在组织实体及活动层面，实体层面可以是外来的，也可以是内部存在的；活动层面对个人和部门发生影响，如输入信息和材料时的疏漏，收发货记录遗失。

（2）战略风险：指因执行一项不成功的商业计划或战略而发生的损失。其原因可能是做了错误的决策或执行决定不力。

（3）合规风险：与法律法规要求有关的风险。

（4）运营风险，包括：

1）管理体系风险：比如一个重度依赖外包的供应链；违反安全和环保法规。

2）顾客满意风险：顾客沟通、送货、产品本身、设计、维修以及对顾客反馈的回应方式。

3）供应链风险：独家供应商、送货时间、库存管理。

4）收入确认风险对利润的影响：收入确认受到诸如应付款、应收款、交货前货值记录、现金报价错误、计算表错误以及价格信息不完整的影响。

5）信息安全风险：病毒、未加防范的文件、信息检索错误。

6）物流风险：运输中的货物损失、途中延误造成的无法交货。

7）自然灾害风险。

8）质量风险：质量方面的风险来源于产品/服务过程中影响这些特性的人、机、料、法、环，当这些因素不能控制时，必然影响产品/服务的特性，也就不能达到组织经营预期的增值目的，这就是风险。也是质量管理体系各条款描述的管控要求。

2. 按风险性质分类

（1）纯粹风险：只有损失机会而无获利的风险。如运输过程中面临的车祸碰撞风险。

（2）投机风险：既有损失可能又有获利机会的风险。如投资过程中的投机风险有三种，一是没有损失，二是有损失和损害，三是盈利。

3. 按风险属性分类

（1）财产风险：导致一切有形财产损毁、灭失或贬值的风险以及经济和金钱上的损失的风险；如设备（产品）运输过程中由于发生交通事故导致的损失。

（2）人身风险：由于职业健康安全风险导致的员工和相关方人员的伤亡和健康损害。

（3）责任风险：由于决策人、责任人、组织或相关方的疏忽或过失导致的他人财产损失和人员伤亡。如由于安全责任履行不到位导致安全事故。

（4）信用风险：指在供应链或价值链体系，相关方交往过程中，供方与组织之间，由于一方违约或违法或怠慢导致的对方遭受经济损失的风险。

4. 按行为分类

（1）特定风险：与特定的人有因果关系、且损失仅涉及特定的个人的风险；如本单位发生火灾导致他人财产损失或人身伤害所负的法律责任。

（2）基本风险：其损害涉及社会的风险，如与自然灾害有关的风险。

5. 按产生环境分类

（1）静态风险：在社会经济正常情况下，由自然力的不规则变化或人们的过失行为所导致的损失和损害的风险。如洪水导致的现场道路和平台的损坏。

（2）动态风险：由于社会经济、政治、技术以及组织等方面发生变动所导致的损失和损害的风险，如技术进步导致原产品淘汰、提前报废的损失。

6. 按产生原因分类

（1）自然风险：由于自然力的不规则变化导致的社会生产和生活等遭受损失的风险。如异常天气导致输电线路结冰而发生倒塔所造成的设备损坏及电量损失。

（2）社会风险：由个人和团体的行为（包括过失、不当或故意）使社会生产和生活遭受损失的风险。如玩忽职守及故意破坏造成他人或集体财产损失和人身伤害的行为。

（3）政治风险：由于政策、制度变化或利益集团之间的冲突造成的风险。如风电和火电利益集团冲突导致风电限电率高，设备不能正常投产出力给公司造成的投资损失。

（4）经济风险：在产品和服务提供过程中，由于受市场供求关系、经济贸易等外部条件造成的影响，或者由于组织经营决策失误，对前期预期出现了偏差导致的经营损失。如对地区限电预估不足导致发电设备不能按计划发电导致的损失。

（5）技术风险：伴随着科学技术的发展、生产方式的改变而产生的威胁人们生产与生活的风险。

（6）质量风险：在产品生命周期或服务过程中由产品质量问题导致的财产损失。如风机质量在质保期出现批量问题导致的延长质保或配件设备更换给公司造成的经济损失。

企业的风险具有以下特点：

（1）客观性：即一些风险是超出人们主观意识存在的客观规律所决定的不以人的意志为转移的。

（2）损坏性：风险发生后给组织或他人造成的经济损失和人身伤害，且一些损失的发生组织无法预料和确定。

（3）不确定性：风险发生的时间具有不确定性。

（4）普遍性：风险在人类社会生产和生活中无处不在。

（5）社会性：风险与人类社会利益密切相关。

（6）可测性：单一风险的发生具有不确定性，但对总体风险而言，风险事故的发生是可测的。

（7）可变性：风险的变化有量变和质变。有原有风险的消失和新风险的产生。

（二）企业面临的风险分析

现代企业究竟面临哪些风险？不同企业所处的内外环境不一样，企业的风险偏好不一样，可能其面临的主要风险不完全相同。但一般企业通常可能面临以下 8 类风险：

1. 法律和政策风险

企业是社会的企业，企业必须依法经营。随着国家经济和社会的发展，国家的法律是会修订的，国家和地方的政策有可能调整和完善，国家和地方的规划可能修改，相关的强制性标准可能会提高要求，执法的力度可能会随着条件的成熟而更加严格。这些情况下，原来满足法律法规的企业可能某一方面不再符合要求；原来满足标准要求的产品可能会成为新的不合格品；原来符合政策的生产条件可能不再符合产业发展方向的要求；原来符合区域规划要求的场址可能划到了生态红线保护的范围内；原来勉强处于临界状态经营的企业，现在因执法趋严而要关停并转……

2. 市场和客户风险

企业就是要以顾客为关注焦点，要为市场创造价值。信息化智能化时代下，用户亲自参与产品设计不再是问题，产品的可替代性日益增强，今天还是市场上的抢手产品，明天就可能无人问津，永远保持期望的高市场占有率的企业和产品已经不复存在。有时会因为国际贸易摩擦导致企业出口严重受阻；有时可能因为网购用户的大量“差评”而导致产品销量锐减；有时可能因为产品质量出现严重问题导致企业关门；有时可能因为用户体验不好，而被市场淘汰；有时可能产品不能如期交货而被客户撕毁合同、拒收产品，造成企业重大损失；有时会因为不满足合同要求而导致巨额索赔。

3. 财务风险

正常的盈利和稳定的现金流是一个企业可持续经营的基本条件。现实社会中，有的企业可能会因为盲目投资和收购，超过企业实际财力造成公司资金链断裂而破产；有的企业可能因为投产决策失误和风险评估不足，投产形成大量低效资产，不能产生稳定现金流而无法正常经营；有的企业可能财务管理不善，成本控制不严，出现经营亏损；有的企业因为出现内部蛀虫，大量资金被个人挪用和贪污，导致企业无法正常流转；有的企业因为负债率过高而出现银行不再贷款情况，缺少流动资金，不能正常采购原材料和支付人员工资，造成原材料断货或人员罢工；有的企业因为销售渠道管理不善，导致大量贷款不能及时收回；还有的企业因为产品或服务质量出现问题，用户拒绝及时付款或不能足额付款。

4. 知识产权风险

现今社会是一个知识经济时代。企业特别需要注重知识管理。有时企业可能因为知识管理不善出现诉讼风险；有的企业与国内或国外同行发生专利纠纷；有的企业出现商标、专利侵权而要承受巨额赔偿；有的企业不注重知识产权保护被别人侵权；有的企业仿制或剽窃别人产品或科技成果受到媒体批评造成负面影响。

5. 安全和环保风险

如今，以人为本和环境保护都是重要的基本国策。企业出现重大人身伤亡事故或高发性职业病、企业发生重大环境污染事故，都会对企业的经济和市场形象产生重大负面影响。

6. 供应链风险

供应链安全关系到企业的正常经营。如果发生原材料断供、大面积停电停水、出现重大恶劣天气影响运输都会导致企业停产或半停产，以至不能按期交货，都会给企业造成重大经济损失和信誉影响。有时还会因为汇率和特价、利率等因素导致原材料价格上涨，而影响供方执行合同。

7. 公共关系风险

公共关系管理也是企业品牌管理和危机管理的重要内容。当企业出现各种问题，遭遇各种负面报到时，如果对其管理不到位，也可能会给企业以致命打击。

8. 自然灾害风险

地震、水灾、台风、各种地质灾害、异常恶劣天气也是企业面临的重要风险。

（三）什么是风险管理

风险管理是指如何在项目或者企业一个肯定有风险的环境里把风险可能造成的不良影响减至最低的管理过程，是在降低风险的收益与成本之间进行权衡并决定采取何种措施的过程。通过风险识别、风险估测、风险评价，并在此基础上选择与优化组合各种风险管理技术，对风险实施有效控制和妥善处理风险所致损失的后果，从而以最小的成本收获最大的安全保障。

1. 风险管理的含义理解

风险管理含义的具体内容包括：

（1）风险管理的对象是风险。

（2）风险管理的主体可以是任何组织和个人，包括个人、家庭、组织（包括营利性组织和非营利性组织）。

（3）风险管理的过程包括风险识别、风险估测、风险评价、选择风险管理技术和评估风险管理效果等。

（4）风险管理的基本目标是以最小的成本收获最大的安全保障。

（5）风险管理成为一个独立的管理系统，并成为了一门新兴学科。

2. 企业风险管理

企业风险管理（EAM）是企业的管理层能够有效应对不确定性以及由此带来的风险和计划，增进创造价值的能力。企业风险管理包括：协调风险承受能力与战略、促进风险应对决策、降低经营风险和损失、识别和管理多重风险、改善资本配置、抓住机会。

企业风险管理的构成要素有：内部环境、目标设定、事项识别、风险评估、风险应对、控制活动、信息与沟通、监控。

COSO（反舞弊财务报告全国委员会发起组织委员会）的定义是：企业风险管理是组织在创造、保持和实现价值的过程中，结合战略制订和执行，赖以进行风险管理的文化、能力和实践。

（1）企业风险管理分类。企业风险管理主要分为两类：①经营管理型风险管理，主要研究政治、经济、社会变革等所有企业面临的风险的管理。②保险型风险管理，主要以可保风险作为风险管理的对象，将保险管理放在核心地位，将安全管理作为补充手段。

（2）企业风险管理目标。风险管理是一项有目的的管理活动，只有目标明确，才能起到有效的作用。否则，风险管理就会流于形式，没有实际意义，也无法评价其效果。

企业风险管理的目标就是要以最小的成本获取最大的保障。涉及财务、安全、生产、设备、物流、技术等多个方面，是一套完整的方案，也是一个系统工程。

风险管理目标的确定一般要满足以下 5 个基本要求：①风险管理目标与风险管理主体总体目标的一致性。②目标的现实性，即确定目标要充分考虑其实现的客观可能性。③目标的明确性，即使用正确选择和实施各种方案，并对其效果进行客观的评价。④目标的层次性，从总体目标出发，根据目标的重要程度，区分风险管理目标的主次，以利于提高风险管理的综合效果。⑤风险管理的具体目标还需要与风险事件的发生联系起来，从另一角度分析，它可分为损前目标和损后目标两种。损前目标是通过风险预防措施使风险发生时允许造成的最大损失，损后目标是风险发生后如何通过应急处理措施最大限度地减少的损失。

3. 全面风险管理

所谓全面风险管理，是指企业围绕总体经营目标，通过在企业管理的各个环节和经营过程中执行风险管理的基本流程，培育良好的风险管理文化，建立健全全面风险管理体系，包括风险管理策略、风险理赔措施、风险管理的组织职能体系、风险管理信息系统和内部控制系统，从而为实现风险管理的总体目标提供合理保证的过程和方法。

（四）企业风险管理存在的问题

在过去的管理咨询和认证服务实践中，我发现企业的风险管理主要存在以下问题：

1. 风险管理意识有待提高

在与一些企业管理层沟通中，当问及企业如何看待风险管理时，企业的总经理或高管层没有很清晰的认识，对风险管理的意义、企业面临的风险及防范措施、企业的风险偏好都不能清楚地回答。基层员工更差，平时公司也没有风险相关培训和教育，全员特别是管理层的风险意识亟待提高。

2. 缺乏对组织面临风险的全面分析评价

在审核和咨询实践中发现：有的企业在编制战略时做过一些内外环境分析，描述了组织的优势劣势风险和机遇，但比较简单笼统；有的企业基于认证的需要做过质量、安全、环保风险识别和分析，但缺乏从组织整体层面对特定阶段所面临的风险进行分析评价，也没有确定组织当下重点关注的风险是什么。

3. 没有将风险管理纳入组织的战略规划

不少组织制定过战略规划，但在规划中缺少风险控制目标及战略对策。

4. 没有系统的风险管理机制

很多企业将风险管理视为高级管理层的职责。没有风险管理制度，没有明确不同层面针对不同风险的职责，没有明确风险管理过程和流程，没有针对不同风险制定的控制对策，也不开展风险测试。

5. 风险管理缺少主动性

一些企业只有发生了风险事件才想到进行事后的风险防范，但缺少主动对风险识别和预判，企业的风险承受能力不清楚，没有采取必要的措施（如保险）转嫁风险。

6. 风险管理形式化

有的企业貌视有风险管理，但只是在个别部门设置了一个岗位，只是为了满足国资委考核检查，或完成上市公司的风险测试，或为了应付认证有关的审核，领导不重视，也没有考核指标。

二、全面风险管理框架介绍

（一）管理体系标准对风险管理的要求

ISO 9001、ISO 14001、ISO 45001 等三大管理体系标准基于同一框架，体现“基于风险的思维”，要求组织识别风险和机遇，制订并实施风险控制计划，监督计划实施情况，并持续改进风险控制工作。“基于风险思维”的思想，增强了组织确定导致流程和管理体系偏离预期结果的因素的能力，提升了组织实施预防控制，使负面影响降到最低以及在机会出现时充分利用机会的能力。

（二）相关风险管理标准规范介绍

1. ISO 31000：2018《风险管理指南》

该标准规定了风险管理的原则与通用的实施指导准则，为组织制定、实施和持续改进风险管理提供了一个框架，其目的是将风险管理过程整合到组织的整体治理、战略和规划、管理、报告过程、方针、价值观和文化中。

标准适用于任何公共、私有或社会企业、协会、团体或个人；标准是通用的，不局限于特定行业或部门；标准将所有不同的对象都称之为“组织”；标准应用于组织的整个生命过程，以及一系列广泛的活动、流程、职能、项目、产品、服务、资产、业务和决策；风险管理的设计和实施取决于特定组织的不同需要、组织特定的目标、范围、组织结构、产品、服务项目、业务流程和具体操作；标准将协调与统一现有的和未来的风险管理标准，但不用于认证。

2. ISO 31010:2010《风险管理　风险评估技术》

该标准提供了风险管理风险评估技术。表 6–1 说明了各种技术在风险评估不同阶段的适用性。

表 6–1　　技术在风险评估各阶段的适用性

工具及技术	风险评估过程				
	风险识别	风险分析			风险评价
		后果	可能性	风险等级	
头脑风暴法	SA[1]	A[2]	A	A	A
结构化 / 半结构化访谈	SA	A	A	A	A
德尔菲法	SA	A	A	A	A
情景分析	SA	SA	A	A	A
检查表	SA	NA[3]	NA	NA	NA
预先危险分析	SA	NA	NA	NA	NA
失效模式和效应分析（FMEA）	SA	NA	NA	NA	NA
危险与可操作性分析（HAZOP）	SA	SA	NA	NA	SA
危险分析与关键控制点（HACCP）	SA	SA	NA	NA	SA
保护层分析法	SA	NA	NA	NA	NA
结构化假设分析（SWIFT）	SA	SA	SA	SA	SA
风险矩阵	SA	SA	SA	SA	A
人因可靠性分析	SA	SA	SA	SA	A

续表

工具及技术	风险评估过程				
	风险识别	风险分析			风险评价
		后果	可能性	风险等级	
以可靠性为中心的维修	SA	SA	SA	SA	SA
业务影响分析	A	SA	A	A	A
根原因分析	A	NA	SA	SA	NA
潜在通路分析	A	NA	NA	NA	NA
因果分析	A	SA	NA	A	A
风险指数	A	SA	SA	A	SA
故障树分析	NA	A	A	A	A
事件树分析	NA	SA	SA	A	NA
决策树分析	NA	SA	SA	A	A
Bow-tie 法	NA	A	SA	SA	A
层次分析法（AHP）	NA	SA	SA	SA	SA
在险值（VaR）法	NA	SA	SA	SA	SA
均值—方差模型	NA	A	A	A	SA
资本资产定价模型	NA	NA	NA	NA	SA
FN 曲线	A	SA	SA	A	SA
马尔可夫分析法	A	NA	SA	NA	NA
蒙特卡罗模拟法	NA	SA	SA	SA	SA
贝叶斯分析	NA	NA	SA	NA	SA

3. 我国财政部会同证监会、审计署、银监会、保监会制定了《企业内部控制基本规范》（财会〔2008〕7号）

本制度于2008年5月22日印发，自2009年7月1日起在上市公司范围内施行，鼓励非上市的大中型企业执行。基本规范共七章五十条，各章分别是总则、内部环境、风险评估、控制活动、信息与沟通、内部监督和附则。基本规范坚持立足我国国情、借鉴国际惯例，确立了我国企业建立和实施内部控制的基础框架，并取得了重大突破。

4. 2006年国务院国有资产监督管理委员会发布了《中央企业全面风险管理指引》（国资发改革〔2006〕108号）

文件的发布通知说：企业全面风险管理是一项十分重要的工作，关系到国有资产保值增值和企业持续、健康、稳定发展。为了指导企业开展全面风险管理工作，进一步提高企业管理水平，增强企业竞争力，促进企业稳步发展，我们制定了《中央企业全面风险管理指引》。通知要求企业制订：内控岗位授权制度、内控批准制度、内控责任制度、内控审计检查制度、内控考核评价制度、重大风险预警制度、企业法律顾问制度、重要岗位权力制衡制度。

（三）COSO 的整合风险管理框架

进入 21 世纪以来，尤其是美国安然财务舞弊丑闻曝光以来，有关内部控制的研究和立法行动深受会计、金融等领域专业人士的广泛关注，中国也概莫能外。

2003 年 COSO（反舞弊财务报告全国委员会发起组织委员会）发布《内部控制——整合框架》，成为世界通用的内部控制权威文件。

2013 年 COSO 发布《企业风险管理　整合框架》和《企业风险管理——整合框架：应用技术》，涵盖和拓展了《内部控制——整合框架》，更有力、更广泛地关注企业风险管理。

2013 版框架标准简化了企业风险管理的定义，强调了风险和价值之间的关联性，重新审视了企业风险管理整合框架所关注的焦点；检验了文化在企业风险管理工作中的定位，提升了对战略相关议题的研讨，增强了绩效和企业风险管理工作的协同效应，体现了企业风险管理能支持组织更加明确的做出决策，明确了企业风险管理和内部控制的关系，优化了风险偏好和风险承受度的概念。

标准说明了风险管理体系和内控体系的关系，两个体系并不是相互替代和取代的关系，而是侧重点各不相同且相互补充的关系。COSO 认为内部控制主要聚焦在主体的运营和对相关法律的遵从上，而风险管理并不包含在内部控制中。

图 6-1 表述了风险管理和内部控制的关系。

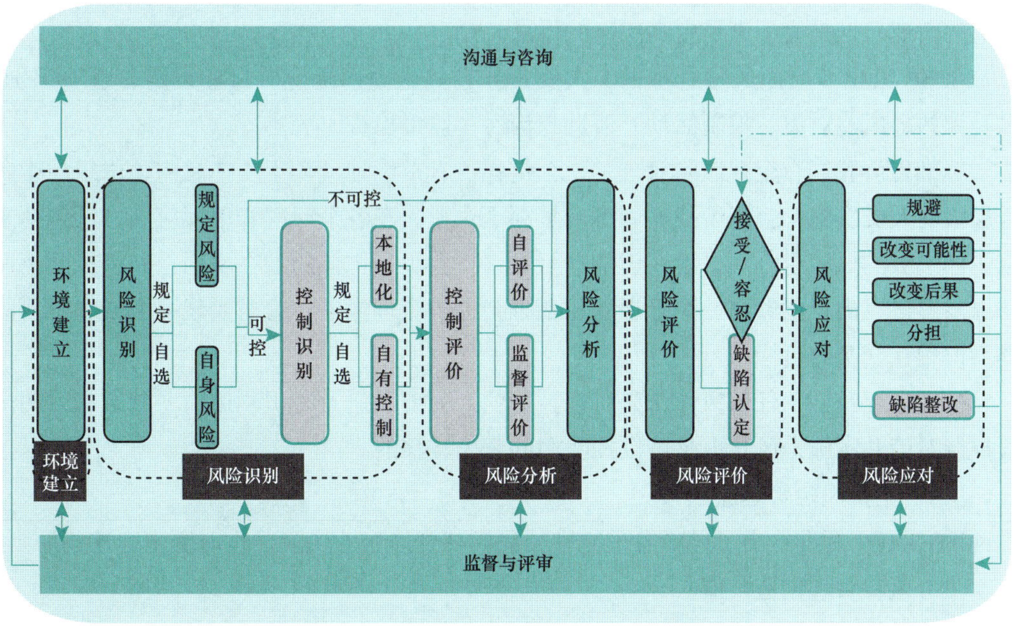

图 6-1　风险管理和内部控制的关系

风险管理；内部控制

三、全面风险管理理论和原则

（一）全面风险管理理论

COSO 框架从企业使命、愿景和核心价值出发，定位的宗旨为提升主体的价值和业绩，强调嵌入企业管理业务活动和核心价值链，从主要的要素和内容看也进行了翻天覆地的变化，从而使得一个崭新的“管理框架”诞生，这种视角是一种新型的企业管理视角，对企业管理来说是一场理念的变革。如果说在原有“控制框架”下，会计师事务所可以在实施内部控制框架的基础上，协助企业加强风险管理工作，但新的“管理框架”更像是企业决策者或企业管理咨询顾问关心的范畴。

近年来，基于风险导向的管理理念逐渐兴起，企业管理领域中常见的公司治理、企业文化、战略管理、卓越绩效、危机管理、高效沟通等都可以应用此套框架实现更好的标准化和科学化，因为基于风险的管理理念将成为主流并渗透到企业管理的各个方面。

只要一个主体有明确的愿景、使命和核心价值观，设定了所要期望达到的目标，风险管理框架就具备了被实施的条件。

实施风险管理工作目的是为股东和利益相关方创造、保持和实现价值，这些并不能通过外部监管机构通过强制的方式来执行，所有需要监管机构强制要求的工作都是控制类而非价值创造类。所以各类主体的利益相关方需要明确实施风险管理工作并不是满足监管和合规要求，真正的目的是为了实现价值和达成业绩，支持主体使命、愿景和核心价值的实现，这是为了满足更高层次的诉求。

COSO 给出了全面风险管理的 8 大要素：它们是内部环境、目标设定、事项识别、风险评估、风险对策、控制活动、信息与沟通、监督检查。

标准告诉我们：企业风险管理是一个过程，它持续地流动于主体之内；由组织中各个层级的人员实施；应用于战略制订；贯穿于企业，在各个层次和单元应用，还包括采取主体层级的风险组合观；旨在识别一旦发生将会影响主体的潜在事项，并将风险控制在风险容量以内；能够向一个管理者和董事会提供合理保证；力求实现一个或多个不同类型但相互交叉的目标。

标准启示我们，任何风险都是可以控制的，只要我们及时识别风险、制定有效的风险控制对策并实施，风险也是可以按我们的意志转移的。

（二）全面风险管理原则

ISO 30001 标准给出了风险管理原则，我们在开展企业风险管理时要遵守这些原则：

（1）风险管理创造价值。

（2）风险管理是组织进程中不可分割的组成部分。

（3）风险管理是决策的一部分。

（4）风险管理明确地将不确定性表达出来。

（5）风险管理应系统化、结构化、及时化。

（6）风险管理依赖于信息的有效程度。

（7）风险管理应适应组织。

（8）风险管理应考虑人力和文化因素。

（9）风险管理应是透明的、包容的。

（10）风险管理应是动态的、反复的以及适应变化的。

（11）风险管理应不断改善和加强。

四、风险管理的工具和方法

（一）企业风险管理的过程

COSO 说明了全面风险管理的主要过程，全面风险管理过程如图 6-2 所示。

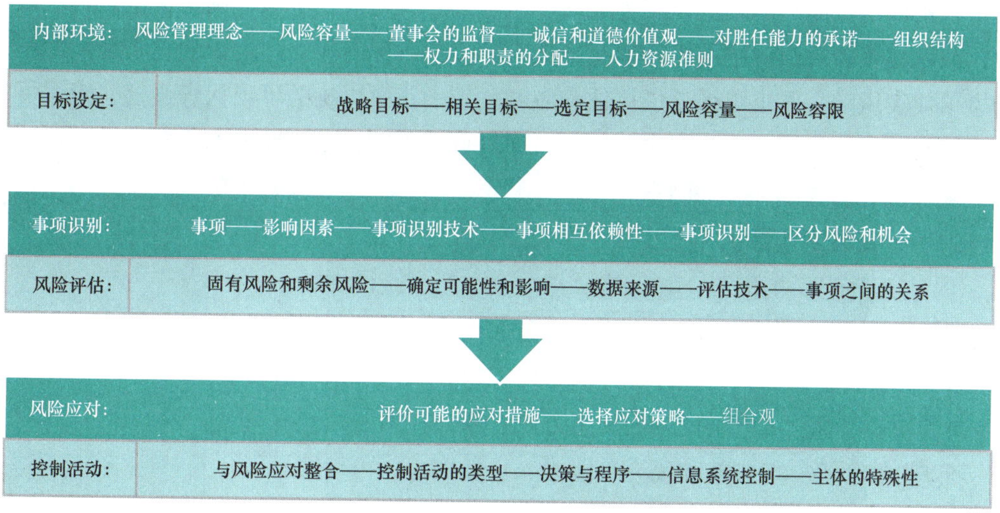

图 6-2　全面风险管理过程

（二）风险识别和评价的工具、方法

ISO 31010：2010《风险管理　风险评估技术》对各类风险管理工具和方法进行了说明。

1. 风险评价的方法

专家判断法、是非判断法、对比法、等效危害负荷法、打分法、工作危害分析法、风险等级评价法等。

2. 具体控制风险的方法

（1）规避风险：对已知的风险采取预防措施，防止和控制风险发生。

（2）为寻求机遇而承担风险：经过分析，风险与机遇并存且机遇的可能性更大时，为了抓住机遇而自愿承受风险。

（3）消除风险源：找出风险存在的根源（可能导致组织经济损失、财产损坏、员工和相关方人身伤害和健康损害的根源、状态或其组合），从根本上消除风险源，风险也就没有了。

（4）改变风险发生的可能性及结果。风险大小由其发生的可能性或造成的结果决定。通过采取措施降低发生的可能性及控制其损失大小。

（5）分担风险。通过保险、与相关方签订合同明确责任而转嫁风险。

（6）通过明智决策后延缓风险。经过分析后采取正确的措施，改变实施决策的时机，延续风险的发生，确保其在组织有能力控制时发生。

（三）风险控制技术应用方法

COSO 框架及应用技术中给出了风险控制描述的应用指导，以下通过案例说明风险管理主要过程的各种技术的应用方法。

1. 事项识别

事项是源于组织内部和外部的影响战略实施和计划目标实现的事故或事件。事项可能带来正面和负面的影响。识别可能对组织产生影响的潜在事项，确定他们是否代表机会，或者是否会对组织主体成功地实施战略和实现目标的能力产生影响。带来负面影响的事项代表风险，要求组织予以评估和应对。带来正面影响的事项代表机会，组织可将其反馈到战略和目标设定过程中。在对事项进行识别时，组织要全部考虑一系列可能带来风险和机会的内部和外部因素。

（1）外部因素包括：

1）与经济有关的因素：如价格变动、资本的可获得性。

2）政治因素：如新的法律和监管、公共政策。

3）社会因素：如人口统计、社会习俗、家庭结构、消费者行业。

4）技术因素：如电子商务的新生方式、新兴技术。

5）自然环境：如排放和废弃、能源、自然灾害、可持续发展。

（2）内部因素包括：

1）基础结构：如用于防护性维护和呼叫中心支持的资本配置、资产的能力。

2）人员：如意外事故、员工行为、劳动合同到期、健康安全、胜任能力。

3）流程：如适当变更管理规程的流程修改、流程执行错误、对外包监督不够、能力、设计、执行、供应商。

4）技术：增加资源以应对批量劳动、安全故障以及潜在的系统停滞、数据的可信度、数据和系统的有效性。

事项识别技术有定性方法和定量方法：

（1）定性方法：

1）事项清单：某一特定行业内的公司所共通的潜在事项或者不同行业之间所共通的特定过程或活动的详细清单。

2）内部分析：作为常规性经营规划循环过程的一部分来完成。

3）扩大和底线触发器：将现有的交易或事项与预先确定的标准进行对比，提醒管理层关注的领域。

4）推进式的研讨和访谈：经过设计和讨论，利用管理层和员工及其他利益相关方所积累的经验和知识来识别事项。

5）过程流程分析：一个过程的输入、任务、责任和输出的组合。

6）首要事项指标：通过监控与事项有关的数据来识别可能导致一个事项发生的可能性的存在。

7）损失事项数据方法：过去单个损失事项的数据库是识别趋势和根本原因的一个有用的信息。

（2）定量技术，包括：

1）概率技术：建立在事项行为分布假设基础上的一系列结果的可能性的影响。

2）风险价值：用来评估预期很少发生的价值变化的极端范围。

3）风险现金流量：用于经营结果对非市场价格因素相关的现金流量变化敏感的企业。

4）风险收益：根据会计收益行为的分布假设估计一个组织或业务单元的会计收益的变化。

5）损失分布：利用统计学技术计算给定置信度下的经营风险导致的损失。

6）事后检验：风险度量与随后的利润或损失的比较。

7）非概率技术：用来根据分布假设量化潜在事项的影响。

8）敏感性分析：用来评价潜在事项的正常或日常变化的影响。

9）情景分析：评估一个或多个事项的目标的影响。

10）压力测试：评估那些极端影响的事项的影响。

11）对标：从可能性和影响评价一个特定风险，基准数据可以使管理层根据其他组织的经验了解风险的可能性和影响。

案例1：某企业基于战略目标的市场风险分析（见表6-2）。

表6-2 某企业基于战略目标的市场风险分析

使命	在我们经营的区域成为高级家用产品的主要生产者
战略目标	占据我们零售商产品销售额的25%
相关目标	在所有生产部门雇用180个合格的新员工以满足客户需求，但不造成人员过剩
	维持每美元订单22%的费用
计量的目标单位	遵循雇用的合格员工数
	每美元订单员工费用
容限	165~200个合格的新员工
	每美元订单员工费用占20%~23%

续表

潜在事项或风险和相关影响	就业市场出乎意料的衰退，致使接收的求职者超过了计划，导致员工过剩
	就业市场出乎意料的升温，致使接收了较少的求职者，导致员工太少
	不充分的要求或技术条件说明，导致雇用了不合格的员工

2. 风险评估

风险评估使组织能够主动考虑潜在的事项影响目标实现的程度。要从可能性和影响进行风险评估；可以采用定性和定量的方法评价、以及个别或分类考察整个组织中潜在事项的正面和负面影响。要基于固有风险和剩余风险进行风险评估；要关注风险的可能性和影响是组织管理层的重要职责；要考虑预期组织的事项和非预期事项。

风险评估的技术有：

（1）对标：着眼于具体事项，采用共通的标准比较计量指标和结果，识别改进的机会，建立有关事项、流程和计量标准的数据来比较业绩。

（2）概率模型：根据特定的假设将一系列事项以及所造成的影响与这些事项的可能性结合起来，如风险价值、风险现金流量、风险盈利、信贷和经营损失分布。

（3）非概率模型：利用主观假设估计没有量化相关可能性的事项的影响。

案例 2：某公司评估维持高质量劳动力目标所面临的风险（见表 6–3）。

表 6–3　某公司评估维持高质量劳动力目标所面临的风险

	主题	风险描述	可能性	影响
A	报酬	员工对报酬不满意导致更高的离职率	可能的	中
B	绩效评价	员工不满意绩效评价的方法和程序导致士气低落、员工不关注非常重要的目标、员工流失，对公司来说感觉是雇主的选择	可能的	中
C	…			
D	工作场所安全性	员工不满意工作变化导致机械的执行、主要流程中更高错误率以及追求公司更有趣的工作机会	可能的	中

3. 风险应对

组织在完成评估风险后要确定应对措施。应对风险的措施有回避、降低、分担、承受共 4 类。例如：

（1）回避——一家非营利机构识别和评估向它的会员提供直接的医疗服务的风险，并决定不承受相关的风险，它决定改变提供推荐服务。

（2）降低——一家股票交割公司识别和评估它的系统超过 3 个小时不能用的风险，并得出它不能承受发生这种情况的影响的结论。这家公司将投资于增进故障自测和系统备份技术，以降低系统不能用的可能性。

在考虑应对措施时要结合风险的可能性及后果、成本效益、选择使剩余风险处于期望的风险容量以内的应对措施；要从主体范围和组织识别风险，以确定总体的剩余风险是否在组织的风险容量内。

（3）分担——一所大学识别和评估管理学生宿舍相关的风险，并得出它不具备有效管理这些大型居所物业的房间服务能力，决定把宿舍外包给一家物业公司，从而更好地降低了与物业相关的风险的影响和可能性。

（4）承受——一个政府机构识别和评估实验室在不同地理区域的成本，它得出的结论和相关的扣除所增加的成本超过重置成本，于是决定承受这项风险。

在考虑应对措施时要结合风险的可能性及后果、成本效益、选择使剩余风险处于期望的风险容量以内的应对措施。从主体范围和组织识别风险，以确定总体的剩余风险是否在组织的风险容量内。

在确定风险应对的过程中需要考虑：潜在应对风险的可能性和影响的效果及哪个应对方案与风险容量相协调；潜在应对成本与效益除了应对具体的风险外，实现主体目标可能的机会。

案例 3：某企业针对增加人员的风险评估及应对措施（见表 6–4）。

表 6–4　某企业针对增加人员的风险评估及应对措施

<table>
<tr><td>经营目标</td><td colspan="5">• 在所有生产部门雇用 180 名合格的新员工以满足客户需求，而不造成人员过剩
• 保持每一美元订单 22% 的员工成本</td></tr>
<tr><td>目标度量单位</td><td colspan="5">新雇用的合格员工数量</td></tr>
<tr><td>容限</td><td colspan="5">160~200 名合格新员工，每一美元订单的员工成本在 20%~23%</td></tr>
<tr><td rowspan="2">风险</td><td colspan="2">固有风险评估</td><td rowspan="2">风险应对</td><td colspan="2">剩余风险评估</td></tr>
<tr><td>可能性（%）</td><td>影响</td><td>可能性（%）</td><td>影响</td></tr>
<tr><td>可用的候选人数量减少</td><td>20</td><td>雇用员工减少 10% → 18 个空缺职位</td><td>在适当的时候与第三方招聘机构签订合同以提供候选人</td><td>10</td><td>雇用员工减少 10% → 18 个空缺职位</td></tr>
<tr><td>招聘流程中无法接受的可变性</td><td>30</td><td>由于拙劣的候选人筛选导致雇用员工减少 5% → 9 个空缺职位</td><td>同时开展两个招聘流程</td><td>20</td><td>由于拙劣的候选人筛选导致雇用员工减少 2% → 4 个空缺职位</td></tr>
<tr><td>根据风险容限调整</td><td colspan="5">预计使公司在风险容限之内的应对措施</td></tr>
</table>

一般情况下，组织完成风险识别和评估及应对措施后要形成一个风险控制矩阵。

案例 4：某企业风险矩阵（部分）（见表 6–5）。

表 6-5 某企业风险矩阵（部分）

内控领域	内控流程（活动）	内部控制总体目标（风险识别的出发点）合规	资产	报告	经营	战略	风险点编号	风险点分析	控制点编号	应对风险的内部控制措施设计	流程责任部门
工程管理	0305 质量控制重点管理流程	Y			Y	Y	0100-R3	不进行实体检测无法验证已完工、工程的合格性，不合格部分将导致重复施工成本增加、无法通过政府监督部门验收或安全事故的风险	0100-KC3	对以下重要方面进行实体检测：混凝土检测、道路路基、电缆及电缆头耐压、升压站内电气设备测试	工程事业部
工程管理	0305 质量控制重点管理流程	Y			Y	Y	0100-R4	未进行转序验收，下一环节未具备条件情况下开展后续施工，导致参建各方责任不清，设备损坏或安全事故的风险	0100-KC4	对以下重要方面按行业规范进行转序验收：地基验收、混凝土浇筑前验收、设备安装及带电前验收、基础环调平验收、风机带电前验收、其他按国家规范强制性条文执行的转序验收	工程事业部
工程管理	0306 工程建设期设备管理流程				Y		0100-R1	设备技术规范提交不及时，影响采购进度，导致工程进度延迟，影响效益	0100-KC1	及时跟踪项目实际进展，及时进行计划纠偏，及时向设计单位提交设备规范模板；时时跟踪和敦促设计院提交规范初稿，缩短审核和定稿时间	工程事业部
工程管理	0306 工程建设期设备管理流程	Y			Y		0100-R2	初步设计深度不够，设备技术规范书存在技术失误或存在重大变更风险，设备不满足使用要求，或重新采购，导致成本增加，影响效益	0100-KC2	对照可参考类似工程，不使用模糊结论的设计方案，项目部对技术规范提交时需同时提交初步设计方案审查纪要和接入系统审查意见文件，及时更新标准库，广泛收集公司内外风电场设备质量回访信息，广泛调研市场和潜在供应商现状	工程事业部
工程管理	0306 工程建设期设备管理流程				Y		0100-R3	难于准确预测运营期维护成本和总成本，难于判定最优性价比，对采购技术要求和合理方案较难确定，导致实际采购的设备不具最优性价比，影响投产后的效益	0100-KC3	对照可参考类似工程，不使用模糊结论的设计方案，项目部对技术规范提交时需同时提交初步设计方案审查纪要和接入系统审查意见文件，及时更新标准库，广泛收集公司内外风电场设备质量回访信息，广泛调研市场和潜在供应商现状	工程事业部

五、企业风险管理实践

（一）制定风险管理制度

企业开展风险管理首先要建立风险管理机制，制定风险管理制度。我在企业推行全面风险管理时就组织编制了公司的《风险管理制度》，内容包括：风险管理的职责、风险管理过程、风险管理原则、风险管理要求、风险管理流程图。

（二）制定风险控制目标

图 6–3 描述了组织风险目标的制定过程。

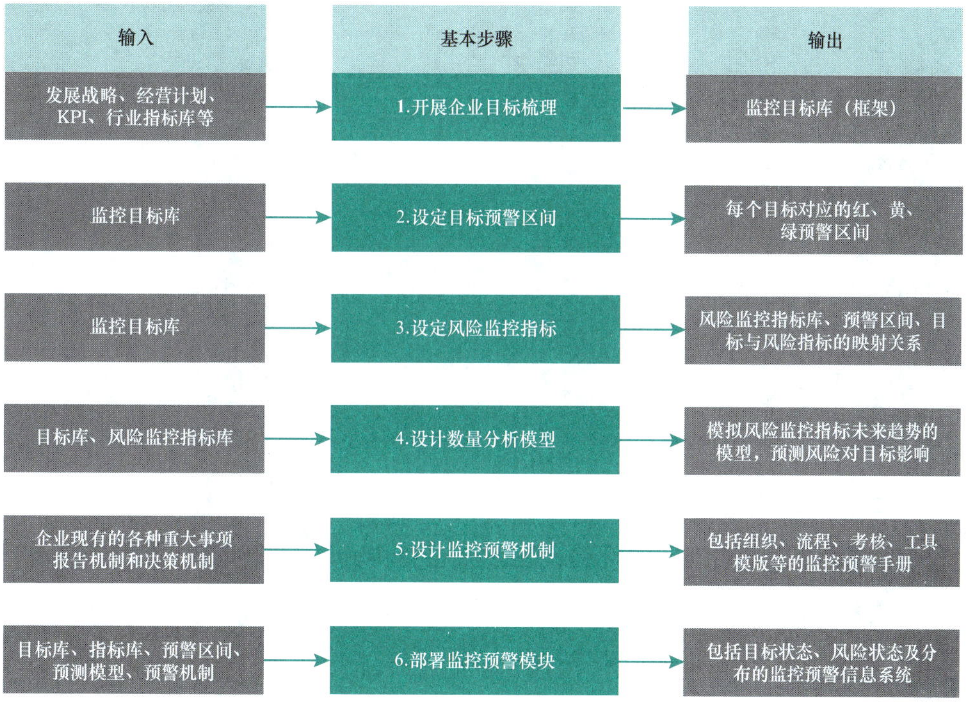

图 6–3　组织风险目标的制定过程

（三）识别风险，建立风险库

我们要求每一个系统（中心、部门）依据风险识别与评价表（见表 6–6）规定的格式进行风险识别、建立部门风险清单，公司进行合并后形成公司的风险库。

每年我们都要开展风险测试，并编制和发布公司《风险评估报告》，下一年度我们要组织各单位对确定的高风险制定措施，并开展风险预警，监督风险控制情况。

为了做好这一工作，我们每年发布《风险内控测试手册》。内容包括：风险管理及内控工作背景和进展、测试计划及测试分工、测试技术标准、测试结果的记录、评价与报告。

我们的测试记录由 4 张表组成，表 6–7 为基本信息填写说明，表 6–8 为风险现状填写说明，表 6–9 为测试记录填写说明，表 6–10 为测试结论填写说明。

表 6–6 风险识别与评价表

风险编号	风险概述	风险评分		风险分类	控制目标编号	控制目标	控制活动编号	标准控制活动	主责部门	相关部门	控制方式	执行频率	适用层级	控制现状
		风险发生可能性	风险发生影响程度											
基于风险分类框架对风险点进行编号管理	可依据风险编号索引到风险分类框架和风险数据库	对风险发生可能性进行评分，从低到高	对风险发生后带来影响的大小程度进行评分，从低到高	见风险评估标准	基于控制目标框架对控制目标进行编号管理	可依据控制目标编号索引到目标框架	对控制活动进行编号管理	针对相应的风险点设定标准控制活动概述。其中参考的理论依据包括《企业内部控制基本规范》及其配套指引，《中央企业全面风险管理指引》，ISO 体系标准（ISO 9001/ISO 14001/ISO 45001），《IFC 环境与社会可持续性绩效标准》以及行业最佳实践等。本栏内容作为概括和指导性陈述，在没有重大业务变更的情况下，不需要企业频繁更新	确定对应的控制活动应由哪个部门牵头负责	基于对应的标准控制活动，对比描述企业目前的控制活动现状，描述时应尽可能说明哪个部门/岗位，该控制活动的执行频率，涉及的文档、资料、系统的全名	对应的现行控制活动，采用的是手工控制还是系统自动控制还是两者兼有	对应的现行控制活动，执行频率是怎样	确定对应的控制活动适用于哪个层级	对应的现行控制活动，采用的是手工控制还是系统自动控制还是两者兼有

表 6–7 基本信息填写说明

风险编号	风险概述	风险评分		控制目标编号	控制目标	涉及流程	控制活动编号	标准控制活动
		风险发生可能性	风险发生影响程度					
基于风险分类框架对风险点进行编号管理	对风险点的概述，可依据风险编号索引到风险分类框架和风险数据库	对风险发生可能性进行评分，从低到高，0.1~5，具体规则见《风险评估标准》	对风险发生后带来影响的大小程度进行评分，从低到高，0.1~5，具体规则见《风险评估标准》	见《风险评估标准》	基于控制目标框架对控制目标进行编号管理	对控制目标的概述，可依据控制目标编号索引到目标框架	对控制活动进行编号管理	针对相应的风险点设定标准控制活动概述。其中参考的理论依据包括《企业内部控制基本规范》及其配套指引、《中央企业全面风险管理指引》、ISO 体系标准（ISO 9001/ISO 14001/OHSAS 18001）、《IFC 环境与社会可持续性绩效标准》以及行业最佳实践等。本栏内容作为概括和指导性陈述，在没有重大业务变更的情况下，不需要企业频繁更新

表 6-8 风控现状填写说明

主责部门	控制现状	控制方式	执行频率
确定对应的控制活动应由哪个部门牵头负责	基于对应的标准控制活动，对比描述企业目前的控制活动现状，描述时应尽可能说明哪个部门 / 岗位，该控制活动的执行频率，涉及的文档、资料、系统的全名	对应的现行控制活动，采用的是手工控制还是系统自动控制还是两者兼有	对应的现行控制活动，执行频率是怎样的？按照下拉菜单选择

表 6-9 测试记录填写说明

测试程序	设计有效性	执行有效性	涉及部门	被访谈人	控制文档	测试人
测试程序包括询问、观察、重新执行和复核，可以按实际情况写一项或多项	在了解了控制现状后，要确认是否有足够及有效的内控活动以满足各控制目标（比如文件制度流程设置和岗位设置是否充分、合理），各内控活动的设计能有效地防止或发现、控制风险（比如流程设置是否科学、可操作等）。达标——对于每个控制活动，只有当抽取的样本达到规定的样本量且每个样本全部满足要求后，此控制活动才被认为是得到了有效执行，测试结果为“达标”。未达标——对于某个控制活动，一旦某一个样本不满足控制活动要求时，选择测试结果为“未达标”。未发生交易——控制活动所涉及的业务在测试期间尚未发生。样本量不足——指已抽取的样本全部达标，只是由于整改或者新流程的改变导致无法满足要求的样本数量	在确定设计有效的前提下进行执行有效性测试，看已经设计的文件制度流程等是否被有效执行。如果相关制度、文件、流程岗位设置等是部分设计有效，则只测试有效的部分，如果原本没有相关内控设置，则无须作执行有效性测试，直接选择未达标	写出该控制活动涉及哪些部门	写出测试过程中曾经访谈询问的人员姓名	写出测试过程中曾经查看的文档资料。注意文件制度要求必须要查看，确认其设计有效。设计中提到或者没有提到但是与该控制活动相关的一些实际业务中涉及的文档、表格、合同、报告、会议纪要等要查看并确定执行有效性，写出具体名称	测试人姓名

表 6-10 测试结论填写说明

缺陷描述	缺陷影响	整改意见	预期整改完成时间	补充测试结论	备注
说明发现的缺陷。注意描述要详尽客观，说明查看了哪些具体文件（要写明文件名称，包括文件编号、时间、项目名称等），发现了哪些具体问题等，该部分内容需要取得涉及中心 / 部门负责人的确认	对于发现的问题可能会造成哪些风险隐患和不良影响，要具体客观地分析说明，该部分内容需要取得涉及中心 / 部门负责人的确认	对于发现的问题，相关部门计划如何整改，由谁采取何种措施。该部分内容需要取得涉及中心 / 部门负责人的确认	对于发现的问题，相关部门计划何时整改完毕。该部分内容需要取得涉及中心 / 部门负责人的确认	对于发现的问题，相关部门整改完毕之后，应进行补充测试确认效果。方法和思路与前次测试一样	此处说明对该项测试需要特别说明的内容

（四）风险管理效果

1. 全面、充分识别组织的风险，策划并实施风险控制措施

（1）分析并识别组织的风险和机遇。成立了覆盖主要业务和过程的专门临时跨部门小组，由熟悉公司内外环境、熟悉公司业务和产品相关的各专业人员组成，识别和分析各过程的风险，依据确定的规则进行评价，形成统一的《风险清单》，并对其实施动态管理。也可以按过程方法，确定各过程的相关风险，在其控制程序文件或制度中描述相关过程的风险。

（2）在日常策划、决策、运营、考核、评价、改进中关注风险，并策划风险控制的措施，针对所确定的不可接受的风险说明如何避免或消除风险？怎样规避风险？也可以在过程的相关控制文件中同时说明相关风险的控制措施，对于相对固定的业务、产品、内外环境变化频率相对小的组织，单独制定统一的《风险控制手册》，作为风险控制的依据。

（3）在实施所策划的实现目标的措施的同时，实施针对其相应风险所策划的风险措施。

（4）检查措施的有效性，评价效果，是否按策划的措施有效控制了相应风险。

（5）分析评价，吸取经验，特别是风险没有控制，依然发生了损失或伤害的失败教训，制定并实施持续改进的措施。

2. 形成公司的“风险观”，明确组织的风险偏好和风险承受能力

风险偏好是从更高角度来看一个组织所愿意承受的风险问题，即承受风险所能带来的利益与抵消风险的代价的比较。明确风险偏好有利于决定如何根据识别出来的风险进行资金分配；风险承受力与组织的特定目标有关，是一个实体愿意承受的与实现目标有关的各种变化的总和。

对于不同的风险公司承受能力不同。公司每个单元的业务和产品有区别，根据实际情况和管理团队的能力和组织管理的成熟度确定公司风险管理的偏好。

3. 针对风险的层次采取与风险程度相匹配的控制措施

风险控制也有成本，也要讲究效率。如对公司层面的风险：

针对实体层级的控制措施，通过制度建设和流程完善进行控制，如人力资源政策、员工行为准则、沟通策略、会计原则、管理层的风险评估过程、组织结构和合同评审控制风险。

针对活动层面的控制措施，通过具体的纠正措施和细化操作方式进行控制，如对财务总账与明细分类账的对账分析、各类数据的自动性验证和编辑检查、在公司内部限制保密信息的获取、在录入前对交易信息进行编号、在输入系统前对纸面信息进行审查和核对。

天润新能通过引入风险管控，聘请专业公司分析并确定了公司全过程风险，形成了《风险清单》《风险控制手册》《风险管理程序和制度》，几年来公司没有出现不可控和带来较大损失的风险。

本章深度阅读参考文献索引

1.【美】COSO 制定发布 . 企业风险管理——整合框架 . 方红星，王宏译 . 大连：东北财经大学出版社，第二版，2017.

2.【美】COSO 制定发布 . 企业风险管理——整合框架　应用技术 . 张宜霞译 . 大连：东北财经大学出版社，第二版，2017.

3. 李在卿 . OHSAS 18001　十大行业危险源辨识与风险评价 . 北京：中国标准出版社，2016.

4. 李在卿 . 质量　环境　职业健康安全管理体系　内审员最新培训教程 . 北京：中国标准出版社、中国质检出版社，2016.

5. 李在卿 . 职业健康安全管理体系　国家注册审核员考试培训教程 . 北京：中国质检出版社、中国标准出版社，2012.

第七章 做好信息化建设和数字化转型

2012年从咨询认证服务机构回到实体企业后，我赶上了数字化时代的到来。企业开始强化信息化、启动数字化转型。带着一些工作上的问题，我选择阅读了有关信息化、数字化、智能化的书籍，并向从事“两化融合”认证的朋友请教，我关注和参与了公司数字化转型过程，本章将相关读书体会、工作联想和反思整理。

严格地说，信息化和数字化是两个不同的阶段，但由于不同企业处在不同阶段，两者也有必然联系，因此本章将两者一起讨论。作为企业的高级管理人员，你有必要认真关注组织的信息化建设和数字化转型这一重要工作。在本章中，先从什么是信息化、数字化入手，帮助大家建立概念，然后再说国家对企业两化融合的要求，再说为什么企业要实施数字化转型，如何实施数字化转型，如何做好相关过程控制。最后考虑到信息安全的重要，介绍了信息安全管理的要求。

一、什么是信息化、数字化

当今世界是信息化的时代，也是数字化的时代。

所谓信息化指的是通过现代网络、通信和数据库技术等手段对要研究的对象进行汇总分析，比如我们日常的生活学习或者娱乐休闲。信息化带给我们的是行为效率的提高，使人类社会向前迈进了一大步。

而数字化则是推进信息化最好的方法。所谓数字化指的是将许许多多复杂的、难以估计的信号通过一定的方式变成我们能计算的数字或者数据，然后根据得到的这些数据来建立模型，最后通过计算机处理来实现对信息的利用，这也是数字化的基本过程。

什么是数字化时代呢？从名词中我们就不难看出，就是指广泛应用数字化技术的时代，也就是我们现在所处的时代。在这个时代中，数字化技术遍布于世界各个角落，每样东西的产生、管理、使用、销毁都是通过数字技术实现的。再形象一点，数字化时代就是由计算机中的0和1组成的时代。数字化时代是一个开放、兼容、共享的时代，随着科学技术的日益发展，我们的生活必将更加丰富多彩。

要想做好企业的信息化建设和数字化转型有必要全面准确理解信息化、数字化的相关概念、特征。

（一）信息化

对于信息化，不同的人从不同的角度或出发点给出了不少不同的解释，这些观点都没有问题。观点一：信息化是一种过程，是指随着人们受教育程度的提高而引起的知识信息的生产率的提高过程，其本质就是知识化。观点二：信息化就是在政治、经济、文化和社会生活的各个领域中普遍地采用信息技术。观点三：信息化是指经济发展从以物质和能源为基础向以信息、知识为基础的转变过程。观点四：信息化是指从事信息处理的部门以及各部门的信息活动（包括信息的生产、传输、交换和利用）的作用在国民经济中相对扩大，并最终超过农业、工业、服务业的过程。观点五：信息化是指信息产业高度发达并且在国民经济中占优势地位的动态过程，它体现了由物质产品起主导作用向信息产品起主导作用的根本性转变。观点六：信息化是利用现代信息技术实现比较充分的信息资源共享，以解决社会和经济发展中出现的各种问题。观点七：信息化是指培养、发展以计算机为主的智能化工具为代表的新生产力，并使之造福于社会的历史过程。智能化工具又称信息化的生产工具。它必须具备信息获取、信息传递、信息处理、信息再生、信息利用的功能，与智能化工具相适应的生产力，称为信息化生产力。观点八：信息化是以现代通信、网络、数据库技术为基础，对所研究对象各要素汇总至数据库，供特定人群生活、工作、学习、辅助决策等和人类息息相关的各种行为相结合的一种技术，使用该技术后，可以极大地提高各种行为的效率，为推动人类社会进步提供极大的技术支持。观点九：信息化是指以信息、知识为主要资源，以计算机、数学为支撑，以信息处理为主要生产方式的过程。

信息化具有“智能化、电子化、全球化、非群体化”和“综合性、竞争性、渗透性、开放性”的“四化”和“四性”特征。

信息化时代的特点如下：

（1）人类的活动，还是以物理世界为主，少量的行为借助信息化手段进行改进和提升。

（2）思维模式还是线下的流程化思维，信息化是为了线下的物理世界的活动服务的。当线上与线下规则发声碰撞冲突的时候，以线下物理世界为主。

十多年前企业实施的系统大部分都是此类系统，比如说办公自动化（OA）是很典型的代表，做 OA 的过程就是把线下纸质的法规、文件、流程等实现“线上化”的过程，但是到了最后一步，还是要打印出表单请领导手动签字，再以这个审批表为准。那个时候，信息化是一种工具，是一种手段，并没有改变业务本身，从思考模式上，大家还是用物理世界的思维模式在进行。流程是核心，软件系统是工具，而数据是软件系统运行过程中的副产品。

（二）数字化

数字化是指将任何连续变化的输入如图画的线条或声音信号转化为一串分离的单元，在计算机中用0和1表示。通常用模数转换器执行这个转换。数字化就是将许多复杂多变的信息转变为可以度量的数字、数据，再以这些数字、数据建立适当的数字化模型，把它们转变为一系列二进制代码，引入计算机内部，进行统一处理，这就是数字化的基本过程。

现在我们又说人类进入了数字化时代，数字化时代的特点如下：

（1）利用数字化技术将物理世界完全重构建模到数字化世界。

（2）人类大部分活动及交互都在数字化世界中进行，少量决策指挥信息回到物理世界指挥设备和机器完成操作。

（3）数据是物理世界在数字化世界的投影，是一切的基础，而流程和软件系统则是产生数据的过程和工具。

数字化带来的是数字化生存，而信息化时代还是物理生存。

（三）信息化与数字化的联系与区别

在云计算、物联网、人工智能和虚拟现实技术的快速发展下，全球迎来了数字化时代。那么，企业的信息化、数字化到底有什么区别呢？

1. 起源不同

数字化：早在20世纪40年代，美国数学家、信息论的创始人克劳德·艾尔伍德·香农（Claude Elwood Shannon）证明了采样定理，即在一定条件下，用离散的序列可以完全代表一个连续函数。就实质而言，采样定理为数字化技术奠定了重要基础。

信息化：起源于20世纪60年代的日本，首先是由日本学者文化人类学家梅棹忠夫提出来的，而后被译成英文传播到西方，西方社会普遍使用“信息社会”和“信息化”的概念是20世纪70年代后期才开始的。

2. 优点不同

（1）数字化的优点有：①数字信号与模拟信号相比，前者是加工信号。加工信号对于有杂波和易产生失真的外部环境和电路条件来说，具有较好的稳定性。可以说，数字信号适用于易产生杂波和波形失真的录像机及远距离传送使用。数字信号传送具有稳定性好、可靠性高的优点。②数字信号需要使用集成电路（IC）和大规模集成电路（ISI），而且计算机易于处理数字信号；数字信号还适用于数字特技和图像处理。③数字信号处理电路简单。它没有模拟电路里的各种调整，因而电路工作稳定、技术人员能够从日常的调整工作中解放出来。例如，在模拟摄像机里，需要使用100个以上的可变电阻。在有些地方调整这些可变电阻的同时，还需要调整摄像机的摄像特性。各种调整彼此之间又相互有微妙的影响，需要反复进行调整，才能够使摄像机接近于完善的工作状态。在电视广播设备里，摄像机还算是较小的电子设备。如果摄像机100%的数字化，就可以不需要调整了。对厂家来说，降低了摄像机的成本费用。对电视台来说，不需要熟练的工程师，还缩短了节目制作时间。④数字信号易于进行压缩。这一点对于数字化摄像机来说，是主要的优点。

（2）信息化的优点有：①信息化带来了信息产业的发展，信息产业已经成为国民经济新的增长点。信息产业以 3 倍于国民经济的速度发展，增加值在国内生产总值（GDP）中的比重不断攀升，对国民经济的直接贡献率不断提高，间接贡献率稳步提高。②信息产业将发展成为最大的产业。2017 年年底，中国电子信息产品进出口额占全国外贸的比重已超过 30%，对全国外贸增长的贡献率达到 25% 以上。信息产业在国民经济各产业中位居前列，将发展成为最大的产业。③通信网络是国民经济的基础设施，网络与信息安全是国家安全的重要内容；强大的电子信息产品制造业和软件业是确保网络与信息安全的根本保障。④信息技术和装备是国防现代化建设的重要保障；信息产业已经成为各国争夺科技、经济、军事主导权和制高点的战略性产业。

3. 原理不同

（1）数字化将许多复杂多变的信息转变为可以度量的数字、数据，再以这些数字、数据建立适当的数字化模型，把它们转变为一系列二进制代码，引入计算机内部，进行统一处理，这就是数字化的基本过程。

（2）信息化以现代通信、网络、数据库技术为基础，对所研究对象各要素汇总至数据库，供特定人群生活、工作、学习、辅助决策等，是和人类息息相关的各种行为相结合的一种技术，使用该技术后，可以极大地提高各种行为的效率，为推动人类社会进步提供极大的技术支持。

（四）信息化、数字化与智能化的不同作用

（1）信息化解决的是数据映射问题，是对现实世界（即企业的存在配置、资源存流、运营状态、外部联通）实现数据映射集合。感知、采集、识别判断、指令传递、动作控制、反馈监测均处于数据层面。与人类的关系是只有数据界面交互。关键点是所有语义内容均为人为定义、解读和赋予，信息系统只是传递、运算和执行单元。

（2）数字化开始解决语义层的问题，不仅实现了信息化，而且在识别、采集数据底层已经设计、赋予了语义内容，并且在算法上植入了包括自然语言理解、智能识别、自组织、自寻优等智能，使得系统的识别判断、指令传递、动作控制、反馈监测都具备了一定程度的语义内容，特别是与人类可具有双向的语义互动了。

（3）智能化是信息化 – 数字化的终极阶段，这一阶段解决的核心问题是人和机器的关系：信息足够完备、语义智能在人和机器之间自由交互，变成一个你中有我、我中有你的“人 – 机一体”世界。人和机器之间的语义裂隙逐步被填平，并逐步走向无差异或者无法判别差异。信息化、数字化和智能化三者之间没有取代式递进关系，但是有本体层次差异。

（4）信息化、数字化和智能化的特征和场景不同。信息化、数字化和智能化系统的体系架构、内容、作用和价值如表 7–1 所示。

表 7-1　信息化、数字化和智能化的特征和场景

	体系架构	内容	作用	价值
信息化	业务信息系统	数据 / 信息	信息处理	业务流程自动化
数字化	业务信息系统 / 管理信息系统	数据 / 信息 / 知识 / 决策（局部）	信息处理 / 信息管理 / 知识管理	业务流程自动化 / 管理流程自动化
智能化	业务信息系统 / 管理信息系统 / 运营管理系统	数据 / 信息 / 知识 / 决策 / 执行	信息管理 / 知识管理 / 决策管理 / 运营管理	业务流程自动化 / 管理流程自动化 / 运营自动化、智能化

二、国家对“两化融合”的要求有利于组织的信息化建设

（一）“两化融合”

在信息技术不断发展的环境下，企业围绕其战略目标，将信息化作为企业的内生发展要素夯实工业化基础，推进数据、技术、业务流程、组织结构的互动创新和持续优化，充分挖掘资源配置潜力，不断打造信息化环境下的新型能力，形成可持续竞争优势，实现创新发展、智能发展和绿色发展的过程。

“两化融合”是信息化和工业化的高层次的深度结合，是指以信息化带动工业化、以工业化促进信息化，走新型工业化道路；两化融合的核心就是信息化支撑，追求可持续发展模式。

“两化融合”是指电子信息技术广泛应用到工业生产的各个环节，信息化成为工业企业经营管理的常规手段。信息化进程和工业化进程不再相互独立进行，不再是单方的带动和促进关系，而是两者在技术、产品、管理等各个层面相互交融，彼此不可分割，并催生工业电子、工业软件、工业信息服务业等新产业。“两化融合”是工业化和信息化发展到一定阶段的必然产物。

“企业信息化，信息条码化”，是国家物联网“十二五规划”中的描述。

信息化与工业化主要在技术、产品、业务、产业四个方面进行融合。也就是说，两化融合包括技术融合、产品融合、业务融合、产业衍生四个方面。

技术融合是指工业技术与信息技术的融合，产生新的技术，推动技术创新。例如，汽车制造技术和电子技术融合产生的汽车电子技术，工业和计算机控制技术融合产生的工业控制技术。

产品融合是指电子信息技术或产品渗透到产品中，增加产品的技术含量。例如，普通机床加上数控系统之后就变成了数控机床，传统家电采用了智能化技术之后就变成了智能家电，普通飞机模型增加控制芯片之后就成了遥控飞机。信息技术含量的提高使产品的附加值大大提高。

业务融合是指信息技术应用到企业研发设计、生产制造、经营管理、市场营销等各个环节，推动企业业务创新和管理升级。例如，计算机管理方式改变了传统手工台账，极大地提高了管理效率；信息技术应用提高了生产自动化、智能化程度，生产效率大大提高；网络营销成为一种新的市场营销方式，受众大量增加，营销成本大大降低。

产业衍生是指两化融合可以催生出的新产业，形成一些新兴业态，如工业电子、工业软件、工业信息服务业。工业电子包括机械电子、汽车电子、船舶电子、航空电子等；工业软件包括工业设计软件、工业控制软件等；工业信息服务业包括工业企业 B2B 电子商务、工业原材料或产成品大宗交易、工业企业信息化咨询等。

（二）相关政策和标准

1. 相关政策

（1）国家政策。为进一步落实《信息化和工业化融合发展规划（2016–2020 年）》（工信部规〔2016〕333 号）和《工业和信息化部　国资委　国家标准委关于深入推进信息化和工业化融合管理体系的指导意见》（工信部联信软〔2017〕155 号）要求，工业和信息化部办公厅于 2018 年 7 月 17 日以工信厅信软函〔2018〕226 号文发布了《工业和信息化部办公厅关于进一步加强企业两化融合评估诊断和对标引导工作的通知》，要求各省、自治区、直辖市工业和信息化主管部门、相关行业协会组织本地区、本行业企业以 GB/T 23020—2013《工业企业信息化和工业化融合评估规范》为依据，依托两化融合服务平台，周期性、常态化开展企业两化融合自评估、自诊断、自对标，通过评估诊断发现问题，通过对标引导找准方向。各地区参与评估的企业数量（含新增和更新）原则上每年不少于 1000 家或不少于列入国家统计监测的规模以上工业企业数量的 50%；各行业协会参与评估企业的数量（含新增和更新）原则上每年不少于行业内规模以上工业企业数量的 50%。各地区、各行业可根据实际需要，一年内多次组织企业参与评估，不断积累企业两化融合发展数据及案例，提升本地区、本行业数据管理、集成、建模、分析能力。

（2）地方政策。近几年，为推动两化融合的实施，全国各地发布了具体实施和激励的地方政策，如：《重庆市南岸区人民政府关于印发南岸区软件和信息服务业发展扶持办法（试行）的通知》《福建省福州市人民政府关于贯彻省政府加快发展智能制造九条措施的实施意见》《重庆市渝北区重拳出实招推动工业化信息化深度融合》《海南省人民政府办公厅关于印发海南省工业和信息产业发展专项资金管理暂行办法的通知》《青海省关于加快推进信息化与工业化深度融合的意见》《甘肃省两化融合评估诊断和对标引导工作方案（2015—2018 年）》《贵州省工业和信息化发展专项资金管理办法》《辽宁省关于推动两化深度融合促进四化同步发展行动的计划》《浙江省人民政府关于建设信息化和工业化深度融合国家示范区的实施意见》《江苏省省级工业和信息产业转型升级专项资金管理办法》《北京市推进两化融合促进首都经济发展的若干意见》《安徽省合肥市人民政府关于大力推进大众创业万众创新的若干政策意见》。

2. 标准

2018 年 12 月 28 日，国家市场监督管理总局、国家标准化管理委员会发布 2018 年第 17 号中国国家标准公告，批准 GB/T 23003—2018《信息化和工业化融合管理体系评定指南》发布实施，这是继 GB/T 23000—2017《信息化和工业化融合管理体系基础和术语》、GB/T 23001—2017《信息化和工业化融合管理体系要求》、GB/T 23002—2017《信息化和工业化融合管理体系实施指南》相继发布之后，两化融合管理体系标准制定的又一重要进展。至此我国形成了完整的两化融合管理体系标准框架。

《评定指南》提供了两化融合管理体系评定原则，给出了两化融合管理体系评定组织和评定过程，按过程方法实施评估审核的要求，可与 GB/T 23001—2017《信息化与工业化融合管理体系要求》标准相配套，针对第三方评定服务提供总体性指导，帮助相关方评价企业两化融合管理体系的符合性和有效性。

两化融合管理体系系列标准是我国首套、原创且实现大范围应用，并向国际推广的管理体系类标准。目前两化融合管理体系系列标准由全国信息化和工业化融合管理标准技术委员会（SAC/TC573）归口管理。截至 2019 年 2 月，全国近 13000 家企业开展贯标，在企业战略转型、管理优化、技术融合、数据应用和核心竞争力提升方面成效日益彰显。图 7-1 说明了两化融合管理体系的创新与价值。

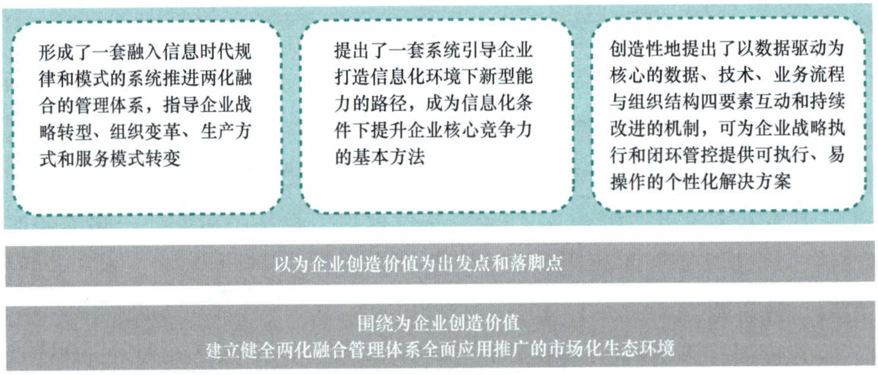

图 7-1　两化融合管理体系的创新与价值

（三）相关认证

GB/T 23001-2017《信息化和工业化融合管理体系要求》是用于对企业实施两化融合认证的依据。图 7-2 给出了两化融合管理体系标准的模式。目前，两化融合认证是国家批准认证的管理体系认证之一。

两化融合管理体系包括数据、技术、业务流程与组织结构四个相互关联的要素，涵盖管理职责、基础保障、实施过程以及评测与改进四个相互作用的管理域。

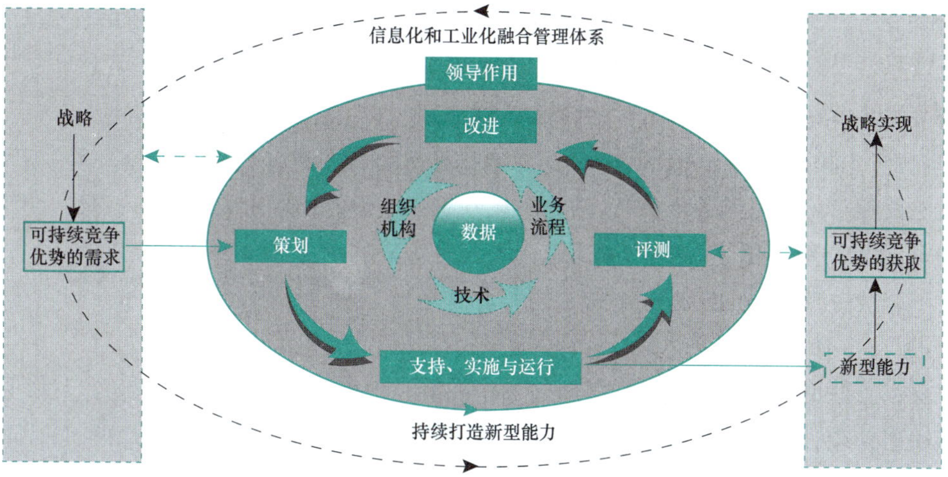

图 7-2　两化融合管理体系标准模式

两化融合管理体系提出了九项管理原则，包括：以获取可持续竞争优势为关注焦点，战略一致性，领导的核心作用，全员参与、全员考核，过程管理，全局优化，循序渐进、持之以恒，创新引领，开放协作。

两化融合管理体系是企业系统地建立、实施、保持和改进两化融合过程管理机制的通用方法，覆盖企业全局，可帮助企业依据为实现自身战略目标所提出的需求，规定两化融合相关过程，并使其持续受控，以形成获取可持续竞争优势所要求的信息化环境下的新型能力。

开展两化融合是企业实现数字化转型的基础。

三、企业数字化转型

（一）企业数字化转型的内容

在大数据的推动下，“数字化”的理念已经渗透到各个领域，大家不再谈“信息化”而更多提及的是“数字化”。北京大学国家发展研究院陈春花教授在给致远协同研究院的研究建议中强调，可以将“协同信息化指数”改为“协同数字化指数”。那么企业“信息化”和“数字化”转型又有什么区别呢？

企业信息化包括产品信息化、管理信息化。企业数字化转型不仅包括技术转型，而且包括战略业务转型。

“企业信息化”并不等于“企业数字化”。企业信息化是将企业的生产过程、物料移动、事务处理、现金流动、客户交易等业务过程，通过各种信息系统、网络加工生成新的信息资源。它可以使企业内各个层次的人员清楚地了解“业务现在是什么情况”，“流程进展到哪里”等一切动态业务信息，从而做出有利于生产要素组合优化的决策，合理配置资源，增强企业应变能力，获得最大的经济效益。“企业数字化”是基于大量的运营数据分析，对企业的运作逻辑进行数学建模、优化，反过来再指导企业日常运行。实际上就是一个“机器学习”的过程，系统反复学习企业的数据和运营模式，然后变得更专业和更了解企业，并反过来指导企业运营。

企业信息化是从“业务到数据”，企业数字化转型是从“数据到业务”的转型。信息化主要是“记录你做了什么”，而数字化则是要“告诉你该怎么做”，其中核心的转变是业务逻辑的数字化，将业务与技术相融合并最终实现管理的智能化。信息化注重的是各环节业务的结果与管控，本质上是对业务结果数据的信息化再存储与控制，对业务流程的再造与优化。数字化则更强调对企业运营模式的转变。云计算、大数据、人工智能、移动互联网、物联网、区块链等技术的发展，使得业务流程更加注重客户导向，并融入生态系统，海量数据和智能分析能够为企业提供更具前瞻性的决策支持，更加精准地满足客户的个性化需求。

在信息化时代，由于技术手段的限制，我们只能把现实缤纷世界做简单映射。将一个客户、一件商品、一条业务规则、一段业务处理流程方法人为地录入下来，依靠关系数据库把这所有的一切都变成结构性文字描述，这也是企业信息化大量依赖关系型数据库的原因。但是，科技发展到今天，我们记录信息的手段发生了翻天覆地的变化。传感技术、定位技术、人工智能识别技术、海量数据的传输、存储和处理技术等越来越成熟，还发明了各种数据库，可以处理各种形态的数据，因此，我们无须再把现实世界简单粗暴地人工识别成一个个文本字段，而是现实世界是什么样，我们就有能力把它在计算机的世界里存储成什么样，实现了缤纷世界在计算机世界里的全息重建。

在这一时代背景下，企业纷纷开始数字化转型。2018 年，全球 1000 强企业中的 67%、中国 1000 强企业中的 50% 都把数字化转型作为企业的战略核心。然而，企业的数字化转型绝不仅仅是优化现有的业务，也不是一个短期的项目或计划，而是要创造新的、独特的客户体验，打造新的智能化、数字化的产品或服务，重塑企业的商业模式或运营模式。因此，这是一项需要企业倾尽全力的事业，是技术驱动业务变革，业务融合技术创新的长期过程，是一项需要循序渐进的长期变革的过程。这一过程需要企业高层的充分参与，全力推动，需要从战略、文化、组织、人才等多维度展开。

数字化转型并不是技术转型，这个更广泛的术语是指客户驱动的战略性业务转型，不仅需要实施数字技术，还需要牵涉各部门的组织变革。它包括人、投入产出、知识与能力、财务、企业文化是否能接受或适应转型等进行分析和考虑，对标行业标杆，制定每一个阶段的目标和终极目标。数字化转型更是一种思维方式的转型、甚至是颠覆。

因此，数字化转型通常包括三个方面：

（1）数字业务模型。企业以往数十年成功运行的业务模型（商业模型），已经被数字创新所摧毁，不再有效；企业如果不下决心“毁了自己”，在创造一个适应于数字时代的、可变的、数字业务模型时，将不知所措。这种业务模型，一定是数据和技术强化的业务模型。

（2）数字运行模型。就是在数字化的条件下，重新定义企业的运行模型，清晰地描绘业务功能、流程、与组织架构之间的关系，人、团队、各组成部门之间如何有效互动，从而实现企业的战略和最终目标。

（3）数字人才与技能。企业首先必须帮助其领导层进入数字时代；企业必须知道如何通过公司文化和激励措施来吸引、留住和开发与数字时代相关的人才与技能；企业必须采用不同的组织架构、工作策略和方法，使机器人与 On-Demand（按需定制）的工人有效地合作和整合在业务流程之中。

（二）企业的数字化与企业的信息化区别

我们首先需要明确的是数字化并不是对企业以往的信息化推倒重来，而是需要整合优化以往的企业信息化系统，在整合优化的基础上，用新的互联网技术手段提升企业新的技术能力，以支撑企业适应移动互联网环境变化带来的新要求。

总的来讲，企业的数字化改造与以往企业的信息化对比主要有四个方面的差异。

（1）链接与没有链接：第一个区别就是链接与没有链接的区别。目前的企业信息系统是搭建于以往互联网没有高度发展的时期，很多企业的信息系统在 2000 年左右完成改造。在当时环境下，整体的互联网发展与目前对比差异较大，也可以说当时的环境下还比较缺乏对链接的这种深度认识。

所以现有的企业信息系统最大的问题是没有建立链接，特别是没有建立与消费者的链接，有的企业也没有打通企业各个单元的链接，没有实现企业各个数据单元的链接。这种没有链接所造成问题是：效率低，特别是企业面对内部、外部的运行效率非常低下；模式缺陷，特别是由于没有与消费者的链接，企业的整体经营模式不能适应当前零售环境的变化要求。

企业必须清楚地认识到互联网对传统企业带来的最大贡献就是链接。链接对传统企业来讲，带来的是一次重大的革命性的贡献。解决企业历史上想解决不能解决、想提升不能提升的诸多问题。链接一定会在改变企业效率、降低运行成本方面发挥重大价值，并且在链接的环境下，一定会产生去中间化的效果，一定会重构新的商业模式。

（2）打通与没有打通：传统企业的信息系统之间是割裂的，并且各个数据系统之间单元独立，形成相对独立的数据孤岛，更关键的是没有打通企业与消费者之间的数据链接。这样的信息系统所带来的问题就是企业效率低下，整体运行没有形成完整的数据闭环。例如：目前企业很多的关键岗位，要查询相关数据，需要登录企业的不同系统，销售是一套系统、库存是一套系统、客户数据是一套系统，数据查询要花费很多的时间。

在移动环境下，企业需要打通各个数据系统的连接，把整个的数据系统形成各个单元之间的有机衔接，各个数据关系能够集中反映与满足不同用户的数据需求，并且将核心数据关系打通成完整的数据连接。通过这种打通，最终目标是提升企业的效率，进一步整合挖掘企业的数据价值，推动企业的经营发展。所以，迫切需要实现企业各个单元之间的数据化打通，通过这种打通推动企业的效率提升。

（3）管理思维与用户思维：这应该是企业数据化与信息化的一个非常重要的区别。以往的企业信息化从构建之初，所体现的思想就是一种管理思维。当时，企业建立信息化管理的主要指导思想就是通过这一套管理工具能够把企业的各个环节、涉及进销存、涉及相关岗位的动作都能管起来。当时所要体现的信息化管理目标就是：管好、管死、管严格。所以当时的信息化系统设计的思路不是用户思维，也就是并没过多地考虑用户需求的便利化，更多关注的是管理思维。这种建立在管理思维环境下设计的企业信息系统，缺乏有效解决用户效率的思想，导致的结果是用户效率非常低，很多的用户需求得不到满足。因此需要借助移动化技术，通过数字化改造，打破以往的单纯管理思维，实现既能够保证管理效率，又能够切实提升用户效率。

数字化转型的核心是要解决用户效率，也就是数字化改造的过程是要高度体现如何有效提升各个系统节点的用户效率，既要解决他们的查询效率，更要有效解决他们的作业效率。最终目标是要把相关的作业、查询逐步迁移到手机一端，从根本上改变用户效率。

（4）管理理念与经营理念：数字化转型的最根本目标是要解决企业的经营问题。因为面对智能时代的到来，企业迫切需要借助数字化改造的技术手段，推动企业经营效率的提升。一是通过各个用户效率的提升，改变企业的经营效率。特别是围绕消费者获取企业信息效率的提升、企业关键岗位作业效率的提升最终指向有效提升企业的经营效率。二是通过连接与打通，提升企业的经营效率。特别是打通企业与消费者的链接，打通各个关键数字系统的链接，既有效改变企业的运行效率，又能够切实推动企业的经营改变。三是挖掘数字化价值。借助企业的数字化转型，进一步提升企业的数字化运行能力，推动企业经营的更大发展。

（三）企业开展数字化转型的迫切性

随着智能时代的到来，传统企业数字化转型是非常迫切的课题。但是对于为什么要转型数字化，很多企业有疑问：我们搞了几十年的企业信息化，也做了很大的投入，为什么要搞数字化转型？

企业数字化转型的主要影响因素就是移动互联网快速发展带来的影响。我们看到，近几年时间，整体的移动互联网发展极为迅速，特别是各种移动社交平台的发展，这种产生的移动生活方式，基本改变了中国大多数消费者的生活方式。走入 21 世纪后，由于移动互联网的发展，互联网已经由 PC 时代的重点针对年轻人，走向覆盖更广范围的消费受众。特别在中国，由于互联网应用以及微信等社交平台的快速发展，推动更多的消费者成为移动互联网网民。所以在移动互联网时代，手机已经不再是一个通讯工具，而变成了移动互联网入口。在这样的社会环境下，越来越多的人们基本形成移动互联网化的生活方式，人们用手机获取各种信息、用手机完成各种日常生活动作、用手机完成日常生活所需、用手机完成出行等。

面对移动互联网时代的到来，面对消费者越来越多的形成移动化的生活方式，特别是消费者已经形成的通过手机获取信息，通过手机完成日常生活这样一些生活方式的改变，企业必须要尽快适应这一环境的改变。

对企业而言，移动互联网不仅带来的是消费环境的改变，也为改变企业的运营效率提供了条件。在移动互联网的环境下，提升企业运行效率的最根本手段是要把企业的运营手段、工具转移到手机上，因为只有在移动化的环境下，企业的运行效率才会是最高的。因此，面对新环境，如何适应消费环境的变化，如何适应提升企业运行效率的环境要求，企业需要完成数字化改造，以新的企业数字化手段支撑企业完成用手机实现与消费者的链接，支撑企业完成实现移动化的效率运行模式。

四、企业在信息化建设和数字化转型方面存在的问题

（一）企业信息化建设中存在的问题

企业在信息化建设中存在以下主要问题：

1. 企业信息化建设资金匮乏，硬件设备不齐全

有些中小企业在运营过程中资金匮乏，不能很齐全地购置硬件设备，无法有效地进行企业的信息化建设。虽然说企业只要有硬件设备、能够连上网，那个企业信息化建设就很完善这种说法是片面的，但是硬件设备是信息化建设的一个基础，首先得有基本设施才能更好地建设企业的信息化。资金的短缺影响了设施的制备，也就阻碍了企业的发展与进步。

2. 企业的信息组建人员缺乏，力量薄弱，能力不足

许多企业对于信息化建设的认识不足，在招聘有关方面人才时没有着重点，没有一个整体的规划导致技术人员缺乏，力量薄弱，能力不足，无法全力合作，共同为企业的信息化建设做贡献。有关专业人员个人修养不到位，缺乏责任感，在工作中当老板认识错误时没有说出自己的观点，给老板提供正确建议，影响了企业的数字化建设，使企业不能够在激烈的竞争中脱颖而出，最终影响企业的未来发展。

3. 企业管理不规范，信息化建设缺少规划

企业管理中领导管理不规范，常常会出现领导“一把手”，实行专制管理。领导自己对信息化建设的认识就不正确，还没有听取下层工作人员的思想建议，在建设过程中仅靠自己的决定，自我感觉良好，制定的一些制度不符合企业的现状，对于信息化建设缺少具体的规划，导致工作人员不能够从实际出发致力于企业的信息化建设工作中，降低了公司的经济效益。同时也可能引起工人的不满情绪，使工人产生抵触心理。一个人的心情好坏决定他的工作状态和工作效率。员工不能全心全意去工作，实现企业信息化建设的可能性就会降低了。这不是企业的最终目的。

4. 企业标准化工作不到位

标准化是信息化的前提。一些企业由于中高层管理者战略理念相对落后，企业管理基础相对薄弱，企业尚未全面有效地实施标准化和清单管理，作业流程和管理流程未优化，生产计划与作业计划不匹配。有的企业动不动就调整机构，流程经常变动，不具备实施信息化的基本条件。

（二）企业在数字化转型中的常见痛点

企业启动数字化转型并非一帆风顺，也会出现云雾迷蒙的四大痛点：

1. 信息化整合痛点

新商业时代下，数据为王，数据类型和数据量都在激增，原有的信息网络系统显得老化，计算能力、数据存储能力和并发能力捉襟见肘，跟不上新环境下企业的经营策略落实。

2. 信息孤岛痛点

传统行业的企业一般都有内部独立的信息化系统，例如办公 OA、ERP、财务管理系统、CRM、销售管理系统等，因为多种原因，大部分企业并没有把这些系统统一在一套硬软件平台上，这样形成信息孤岛效应，未能充分实现企业内部信息共享和决策的高效。

3. 数据安全痛点

当前的网络安全环境比较复杂，安全隐患威胁着企业数据安全。面对各种网络攻击，如果防范不到位，可能造成业务停顿、数据外泄，企业蒙受经济、业务损失的同时，还可能受到政府监管部门的处罚。

4. IT 人才缺乏痛点

为了应对激烈的市场竞争，企业加快实施互联网 +、数字化转型及信息化升级，但绝大部分传统企业自身不具备很强的 IT 硬件搭建、支撑和持续维护能力，使得企业转型风险加大。

（三）典型失败案例

某企业根据上级单位的要求，提出了数字化转型的战略。希望把公司建设成为一个平台化的组织。几年来，由于领导层对数字化并没有清晰的认识，缺乏高水平的数字化人才，也没有全面系统的进行信息化建设和数字化转型规划。2018 年初，这家公司从外面招聘到一名数字化副总后，将公司的数字化工作全权交给这位副总负责。但由于没有制定可行的公司数字化规划，也没有具体实施方案，当年公司各系统和部门全面开花，同步开展信息系统建设和数字化转型。当年公司在数字化方面投入数千万元，公司的信息中心通过大量外包的形式开展，到年底，盘点发现并没有太成功的数字化成果。第二年集团收回了公司的数字化管理和开发权。分析这一起典型数字化转型失败并损失惨重的案例，主要存在以下原因：

（1）公司缺少信息化建设和数字化转型的顶层设计，没有详细的规划就一窝蜂的全面开花上马。

（2）所有信息化、数字化项目开展前没有开发方案，没有立项评审，公司的数字化决策委员会形同虚设，一年没有开过会。

（3）项目开发过程中没有评审、验证和确认过程。

（4）项目交付没有标准，没有用户评价，没有验收就支付了外包费用。

五、企业数字化转型的对策

（一）做好顶层设计，系统推进数字化转型

企业的信息化建设是企业现代化的重要基础工作，是数字化转型的前提；数字化转型是企业适应智能化时代发展的重要战略。这样的重要工作，需要企业高管团队参与策划和决策，制定全面规划，作好顶层设计，从开始就规划出整体的信息化方案和数字化转型战略思路，形成企业信息系统框架和数字化清单。具体要做好以下工作：

（1）分析企业现状、做好对标分析，明确企业数字化需求，明确主次，按轻重缓急，先生产数字化再管理数字化，制定企业信息化建设、数字化转型的专项战略规划。

（2）优化现代企业管理，以市场为导向，努力建设卓越管理体系。

（3）规范数据管理体系，做好数据治理，宏观上对主数据进行整体设计。微观上从数据标准化、管理流程、组织结构、数据技术方案和数据转换策略通盘定义和规范，为数字化转型找好基础。

（4）要打通各业务系统数据流转壁垒，通过数字化设计、模块化制造，提升客户在产品设计、制造、服务中的参与度，实现更好更快地定制化产品，最终实现产品全生命周期的数字化。

（5）以对外服务客户和对内提升管理为目的，把数据作为组织的核心资产进行经营，运用大数据形成新的盈利模式。

（6）要实现数字双轨并行、数据信息流转的同时，实现产品的智能化制造。

（7）落实制度保障措施，在人、财、物上提供资源保障，建立长效的数字化转型保障和激励机制。

（二）加强内功修炼，勇于改革创新

传统企业实施数字化转型升级，除了坚定信念、领导重视、顶层设计、团队建设外，还要针对经营管理现状，大胆改革，勇于创新。企业的信息化包括制造信息化、服务信息化、管理信息化；企业的数据化也包括产品数字化、制造数字化、管理数字化、服务数字化。只有企业不断强化内功，分类实施，才能在完善信息化的基础上有序实施数字化转型。具体要做好以下工作：

（1）在设计、工艺、生产环节深耕细作，优化产品设计和生产流程、更新设备、实现自动化、智能化流水生产，由传统的二维设计改为三维设计和数字化设计，将传统的

工艺联系单改为标准化流程作业。

（2）在管理层级上化繁为简，运用精益管理理念，逐步减少不必要的信息流，对重复冗余的管理部门和管理流程进行删除、合并、重组和简化，以达到关键信息能够顺利、快速流通的目的。

（三）夯实技术基础，制订阶段目标

（1）优化生产管理，通过制造过程标准化、生产管理标准化，让全员参与到日常工作中的数字化变革中来。

（2）加强内部协作，实现两化融合，强化部门协作理念、建立部门协作规则，明确各部门优先事项并定义共同目标，为部门间的专业知识、信息分享搭建传递平台，完成对企业主要产品关键生产过程的自动化升级，加强企业整体信息化建设，实现制造过程的自动化和信息化融合。

（3）专注客户需求，打造全产业链的数字化升级。在数字化车间和信息化管理基础上，探索建立面向全产业链的数字化客户服务平台。

（四）注重数字化团队建设，培养知识型员工队伍，打造学习型组织

数字化时代的制造技术通过自动化和信息化的两化融合实现，提升了生产和管理效率，也必然产生大量新的岗位和对员工提出新的知识和技能需求，因此组织在数字化转型过程中要始终强化员工的能力提升，通过培训学习提升员工相关知识和技能；通过引进、培养或外包建立高水平的数字化团队，以应对数字化转型对组织能力的新要求。

六、企业信息化和数字化项目的过程管理

（一）企业信息化工作的基本过程

企业信息化工作的基本过程通常包括以下内容：

（1）环境分析：环境分析是企业信息化规划的依据，深入分析企业所处的国内外宏观环境、行业环境、企业具有的优势与劣势、面临的发展机遇与威胁等。

（2）企业战略分析：明确企业的发展目标、发展战略和发展需求，明确为了实现企业级的总目标企业各个关键部门要做的各种工作。同时还要理解企业发展战略在产业结构、核心竞争力、产品结构、组织结构、市场、企业文化等方面的定位。明确上述各个要素与信息技术特点之间的潜在关系，从而确定信息技术应用的驱动因素，使信息化规划与企业战略实现融合。

（3）分析与评估企业现状：分析企业的业务能力现状和企业的 IT 能力及现状。这个方面把握得更好的当属企业自己，如果加上管理咨询公司的辅助效果更好。

（4）企业关键业务流程分析与优化：发现能够使企业获得竞争力的关键业务驱动力以及关键流程，使其和信息系统相融合。

（5）信息化需求分析：在企业战略分析和现状评估的基础上，制定企业适应未来发展的信息化战略，指出信息化的需求。需求分析包括系统基础网络平台、应用系统、信息安全、数据库等需求。

（6）信息化战略的制定：首先是根据本企业的战略需求，明确企业信息化的远景和使命，定义企业信息化的发展方向和企业信息化在实现企业战略过程中应起的作用。其次是起草企业信息化基本原则。它是指为加强信息化能力而提出的基本准则和指导性方针。最后是制定信息化目标。

（7）确定信息化的总体构架和标准：从系统功能、信息架构和系统体系三方面对信息系统应用进行规划，确定信息化体系结构的总体架构，拟定信息技术标准。使企业信息化具有良好的可靠性、兼容性、扩展性、灵活性、协调性和一致性。

（8）信息化项目分解：定义每一个项目的范围、业务前提、收益、优先次序，以及预计的时间、成本和资源；并对项目进行分派和管理，选择每一项目的实施部门或小组，确定对每一项目进行监控与管理的原则、过程和手段。

（9）信息化保障分析：针对每个项目，进行保障性分析，即按重要性排列优先顺序，进行准备度评分，并根据结果做出初步取舍，形成路标规划。然后对项目进行财务分析，根据公司财力决定取舍。

（二）企业信息化和数字化的过程管理

企业信息化和数字化管理也要遵循过程管理的思想，按照 P（计划）–D（实施）–C（检查）–A（总结改进）循环的思路实施管理。

1. 项目立项

信息化和数字化项目是企业重要的基础投资项目，要符合企业的战略规划要求，要有经费预算。因此，每个数字化项目都要有立项报告，并经企业的数字化决策委员会或总经理办公会审查批准。具体立项报告可参考表 7–2。

表 7–2　　数字化项目立项书

序号：	项目名称：
责任领导：	执行负责人（项目经理）：
项目执行团队：	

一、项目目标描述

说明项目总体目的，基本结构，各模块及要实现的功能，明确验收标准。

序号	模块	输出成果	权重	验收标准	验收部门 / 人

续表

二、项目方案描述

明确输入、输出；通过图式和文字对项目的方案进行说明，描述各模块的逻辑关系。

三、项目实施计划

将关键节点任务 / 过程任务分解为可执行的行动，明确责任部门、责任人及计划完成时间，明确描述行动目标（输出成果）。说明项目评审、验证、确认的要求。

序号	时间（以月度为单位）	工作内容	输出成果 / 文件	责任人

四、使用部门意见

五、信息管理部门意见

六、公司数字化决策委员会意见

2. 项目实施策划方案

由数字化或信息化开发团队或外包单位在立项报告审批意见的基础上，详细编制项目的实施方案，说明项目的输入、输出、开发过程，以及评审、验证和确认的内容、时间、责任人、方法及准则，并报使用部门确认。

3. 过程评审、验证和确认

评审：为确定主题事项达到规定目标的适宜性、充分性、有效性所进行的活动。是为了对各阶段开发结果满足要求的能力做出评价。一般采用会议方式，由各模块负责人组织进行，项目经理参加。

验证：通过提供客观证据对规定要求已得到满足的认定。目的是确保开发输出满足输入要求。可采用与原有类似系统进行比较、进行演示。由项目经理组织，所有开发人员参加。

确认：通过提供证据对预期用途和应用要求已得到满足的认定。是为了确定开发的系统满足规定要求或已知的预期用途要求的确定。由使用部门组织，项目人员参加，可邀请专家和领导参加。可通过试用（试运行）、鉴定会、复盘进行。

4. 用户评价与验收

新开发的信息化系统或数字化产品安装使用一段时间后，根据用户使用反馈情况由开发人员对问题进行处理，对成果进行优化或迭代，再使用一段时间后由用户按预定的验收标准进行成果验收，给出评价结论。

5. 成果注册

为了保护公司的知识产权，开发的信息或数字化产品要在政府软件管理部门进行成果注册。

6. 持续迭代

信息化系统和数字化产品不会一劳永逸，随着内外条件的变化和需求的增加，是需要不断进行版本更新的。应当由开发部门或外包方按事先约定对成果进行动态更新。

七、关注信息安全

（一）相关标准介绍

国际标准化组织（ISO）和国际电工委员会（IEC）联合发布了《ISO/IEC 27001：2013 信息技术 – 安全技术 – 信息安全管理体系要求》和《ISO/IEC 27002：2013 信息技术 – 安全技术 – 信息安全管理实施细则》对组织建立、实施、维护和持续改进信息安全管理体系（ISMS）提出相关要求。标准规定了在组织内部建立、实施、维护和持续改进信息安全管理体系的要求。标准适用于各种类型、规模或性质的组织。组织应按照标准要求建立、实施、维护和持续改进信息安全管理体系。

（二）信息安全管理体系

信息安全管理体系是组织整个管理体系的一部分。它是基于业务风险方法，来建立、实施、运行、监视、评审、保持和改进信息安全的。管理体系包括组织结构、方针策略、规划活动、职责、实践、程序、过程和资源。信息安全管理体系通过实施风险管理过程来保护组织信息的机密性、完整性和可用性，对风险进行充分的管理并为相关方带来信心。

信息安全管理体系是组织整体管理架构和管理流程的组成部分。组织在进行流程、信息系统、控制措施设计过程中均应考虑信息安全。

信息安全管理体系模式如图 7-3 所示。

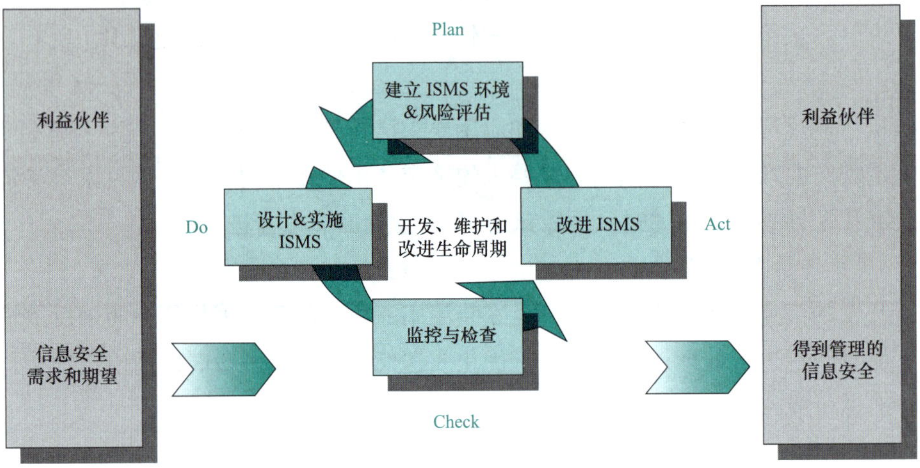

图 7-3　信息安全管理体系模式

采用 ISMS 是组织的一项战略决策。组织 ISMS 的设计和实施受组织的战略决策、组织需求、目标、安全需求以及工作流程和组织规模等因素的影响。上述因素会随着时间不断发生变化。

组织可以编制《信息安全管理手册》，内容包括：目的、范围、规范性引用文件、术语和定义、公司概况、领导作用、计划、支持、实施和运行、绩效评价、改进、安全管理策略。

（三）信息安全管理体系建设与日常运行监管

ISO/IEC 27001：2013 标准的附录 A.1 对控制措施给出了参考。为了做好信息安全管理，组织应做好以下工作：

1. 制定信息安全方针

为了提供符合有关法律法规和业务需求的信息安全管理指引和支持，组织确定信息安全方针。信息安全方针文件应经过管理层批准，并向所有员工和相关方发布和沟通。组织应定期或在发生重大的变化时评审方针文件，确保方针的持续性、稳定性、充分性和有效性。

2. 明确信息安全管理组织机构和职责

应在组织内建立信息安全管理架构以启动和控制信息安全的实施。应全面定义和分配信息安全职责。对有冲突的职责和责任范围应加以分离，以减少对组织资产未经授权访问、无意修改或误用的机会。要与相关监管机构保持适当联系；与特殊利益团体、其他专业安全协会或行业协会应保持适当联系。

3. 确保项目管理中的信息安全

组织实施任何项目时应考虑信息安全相关要求。应确保远程办公和使用移动设备的安全性。应采取安全策略和配套的安全措施管控在使用移动设备时对组织带来的风险。应实施安全策略和配套的安全措施以保障远程办公时信息的访问、处理和存储的安全。

4. 做好信息安全管理相关的人力资源管理

为确保员工、合同方人员适合他们所承担的角色并理解他们的安全责任，组织要根据相关法律、法规、道德规范，对所有应聘人员进行背景调查，调查应符合业务需求、所访问的信息类别及已知风险。与员工和承包方的合同协议中应当规定他们对组织的信息安全责任。一旦聘用，为了确保员工和合同方了解并履行他们的信息安全责任，管理层应要求员工、合同方符合组织建立的信息安全策略和程序。要确保组织内所有员工、相关合同人员及合同方人员接受适当的安全意识培训，并定期更新与他们工作相关的组织策略及程序。应建立并传达正式的惩戒程序，据此对违反安全策略的员工进行惩戒。

为了在任用变更或中止过程中保护组织利益，应定义信息安全责任和义务在任用终止或变更后仍然有效，要向员工和合同方传达相关要求并执行。

5. 做好资产管理

为了识别组织资产并确定适当的保护责任，组织应识别信息和信息处理设施的相关资产并制定和维护资产清单。资产清单中应指定资产责任人。应明确信息和信息处理设施相关资产的合理使用准则，形成文件并实施。在劳动合同或协议终止后，所有员工和外部方人员应退还所有他们持有的组织资产。

为了确保信息资产是按照其对组织的重要性受到适当级别的保护，组织应根据法规、价值、重要性和敏感性对信息进行分类，保护信息免受未授权泄露或篡改。应制定和实施合适的信息标识程序，并与组织的信息分类方案相匹配。应根据组织采用的资产分类方法制定和实施资产处理程序。

为了防止存储在介质上的信息被非授权泄露、修改、删除或破坏，组织应实施移动介质的管理程序，并与组织的分类方案相匹配。当介质不再需要时，应按照正式程序进行可靠处理，对含有信息的介质应加以保护，要防止未经授权的访问、滥用或在运输过程中的损坏。

6. 要做好访问控制

为了限制对信息和信息处理设施的访问，组织应建立文件化的访问控制策略，并根据业务和安全要求对策略进行评审。组织应只允许用户访问被明确授权使用的网络和网络服务。

为确保已授权用户的访问，预防对系统和服务的非授权访问，组织应实施正式的用户注册和注销程序来分配访问权限。用户访问权限提供应有正式的用户访问分配程序，以分配和撤销对于所有信息系统及服务的访问。应限制及控制特权的分配及使用。用户鉴别信息的权限分配应通过一个正式的管理过程进行安全控制。资产所有者应定期审查用户访问权限。在跟所有员工和承包商人员的就业合同或协议终止和调整后，应相应地删除或调整其信息和信息处理设施的访问权限。认证信息的使用：应要求用户遵循组织的规则使用其认证信息。

为了防止对系统和应用的未授权访问，组织应基于访问控制策略限制对信息和应用系统功能的访问。在需要进行访问控制时，应通过安全的登录程序，控制对系统和应用的访问。应使用交互式口令管理系统，确保口令质量。对于可以超越系统和应用控制的工具程序应严格限制和控制使用。对程序源代码的访问应进行限制。

为了确保适当和有效地使用加密技术来保护信息的机密性、真实性、完整性，组织应开发和实施加密控制措施的策略以保护信息。应开发和实施一个贯穿密钥全生命周期的策略，对加密密钥的使用、保护和有效周期进行管理。为防止对组织信息和信息处理设施的未经授权物理访问、破坏和干扰。应定义安全边界，用来保护包含敏感或关键信息和信息处理设施的区域。安全区域应有适当的进入控制保护，以确保只有授权人员可以进入。应设计和实施保护办公室、房间及设施的安全措施。应设计和应用物理保护措施以应对自然灾害、恶意攻击或意外。在安全区域工作应设计和应用在安全区域工作的程序。访问区域如装卸区域及其他未经授权人员可能进入的地点应加以控制。如果可能的话，信息处理设施应隔离以防止未授权的访问。为防止资产的遗失、损坏、偷窃等导致的组织业务中断。

组织应妥善安置和保护设备，以减少来自环境的威胁与危害，并减少未授权访问的机会。应保护设备免于电力中断及其他因支持设施失效导致的中断；应保护传输数据或支持信息服务的电力及通讯电缆，免遭中断或破坏；应正确维护设备，以确保其持续的可用性及完整性；未经授权，不得将设备、信息及软件带离；应对场外资产进行安全防护，考虑在组织边界之外工作的不同风险；含有存储介质的所有设备在报废或重用前，应进行检查，确保任何敏感数据和授权软件被删除或被安全重写；用户应确保无人值守的设备有适当的保护；应采用清除桌面纸质和可移动存储介质的策略，以及清除信息处理设施屏幕的策略。

7. 应加强操作安全管理

为确保信息处理设施正确和安全的操作，组织对操作程序应编制成文，并确保所有需要的用户可以获得。对组织、业务流程、信息处理设施和信息系统安全性有影响的变更应加以控制；应监控、调整资源的使用，并对未来容量的需求做预测以确保所需的系统性能。应分离开发、测试和运行环境，以降低未授权访问或对运行环境变更的风险。

为了确保对信息和信息处理设施的保护，防止恶意软件，组织应实施检测、预防和恢复性控制以应对恶意软件，结合适当的用户意识教育。

为了防止数据丢失，应按既定的备份策略备份信息、软件及系统镜像，并定期测试。

为了记录事件和生成的证据应产生记录用户活动、意外和信息安全事件的日志，组织应保留日志并定期评审；应保护日志设施和日志信息免受篡改和未授权访问。应记录系统管理员和系统操作者的活动，进行日志保护及定期评审。组织内或安全域内的所有相关联的信息处理系统的时钟应按照统一的参考时间源保持同步。

8. 做好运营中软件控制

为了确保运营中系统的完整性，组织应建立程序对运营中的系统的软件安装进行控制，应及时获得组织所使用的信息系统的技术漏洞的信息，对漏洞进行评估，并采取适当的措施去解决相关风险。应建立和实施用户软件安装规则。应谨慎策划对系统运行验证所涉及的审核要求和活动并获得许可，以最小化中断业务过程。

9. 做好通信安全

为了确保网络及信息处理设施中信息的安全，组织应对网络进行管理和控制，以保护系统和应用程序的信息。应识别所有网络服务的安全机制、服务等级和管理要求，并包括在网络服务协议中，无论这种服务是由内部提供的还是外包的。应在网络中按组隔离信息服务、用户和信息系统。应建立正式的传输策略、程序和控制，以保护通过通讯设施传输的所有类型信息的安全。建立组织和外部各方之间的业务信息的安全传输协议。应适当保护电子消息的信息。应制定并定期评审组织的信息安全保密协议或不披露协议，该协议应反映组织对信息保护的要求。

为确保信息安全成为信息系统整个生命周期的组成部分，包括通过公共网络提供服务的信息系统的要求，组织应明确新建信息系统或增强现有信息系统的需求中应包括信息安全相关的要求。应保护流经公共网络的应用服务信息，以防止欺诈、合同争议、未授权的泄漏和修改。应保护应用服务传输中的信息，以防止不完整的传输、路由错误、未授权的消息修改、未经授权的泄漏、未授权的信息复制和重放。

10. 做好开发和支持过程的安全管理

为了确保信息系统开发生命周期中设计和实施信息安全，组织应建立组织内部的软件和系统开发准则。应通过正式的变更控制程序，控制在开发生命周期中的系统变更。当操作平台发生变更后，应评审并测试关键业务系统，以确保变更不会对组织的运营或安全产生负面影响。不鼓励对软件包进行变更，对必要的更改需严格控制。应建立文件化、维护和应用安全系统工程原则，并应用于任何信息系统工程。在整个系统开发生命周期的系统开发和集成工作中，应建立并妥善保障开发环境的安全。组织应监督和监控系统外包开发的活动。在开发过程中，应进行安全性的测试。应建立新信息系统、系统升级及新版本的验收测试程序和相关准则。应谨慎选择测试数据，并加以保护和控制。

11. 做好供应商关系管理

为了确保组织被供应商访问的信息安全，降低供应商使用组织的资产相关的风险，组织应与供应商签署安全要求的文件协议。与每个供应商签订的协议中应覆盖所有相关的安全要求，如可能涉及对组织的IT基础设施组件，信息的访问、处理、存储、沟通。供应商协议应包括信息、通信技术服务和产品供应链的相关信息安全风险。

为了保持符合供应商协议的信息安全和服务交付水平，组织应定期监督、评审和审核供应商的服务交付。应管理供应商服务的变更，包括保持和改进现有信息安全策略、程序和控制措施，考虑对业务信息、系统、过程的关键性和风险的再评估。

12. 要做好信息安全事件管理

为了确保持续、有效地管理信息安全事件，包括对安全事件和弱点的沟通，组织应建立管理职责和程序，以快速、有效和有序的响应信息安全事件。应通过适当的管理途径尽快报告信息安全事态；应要求使用组织信息系统和服务的员工和承包商注意并报告系统或服务中任何已发现或疑似的信息安全弱点；应评估信息安全事件，以决定其是否被认定为信息安全事故；应按照文件化程序响应信息安全事故；要通过分析和解决已经发生的信息安全事故所获得的知识应用来减少和预防未来事故的可能性或影响；应建立和采取程序，识别、收集、采集和保存可以作为证据的信息。

13. 要做好业务连续性管理中的信息安全

信息安全连续性应嵌入到组织的业务连续性管理体系，组织应确定其需求，以保证在不利情况下的信息安全管理的安全和连续性，如在危机或灾难时。应建立文件化、实施、维护程序和控制过程，以确保处理不利的情况过程中所需的信息安全连续性水平。应定期验证已建立并实施的信息安全连续性控制，以确保其有效并可在灾害情况下奏效。

为了确保信息处理设施的可用性，组织的信息处理设施应具备足够的冗余以满足可用性要求。

14. 要做好法律和合同规定的符合性管理

为了避免违反有关信息安全的法律、法规、规章或合同要求以及任何安全要求，组织应清楚地识别所有相关法律、法规与合同的要求及组织满足要求的方法并形成文件，并针对组织及每个信息系统进行更新。应实施适当的程序，以确保对知识产权软件产品的使用符合相关的法律、法规和合同要求；应按照法律、法规、合同和业务要求，保护记录免受损坏、破坏、未授权访问和未授权发布，或伪造篡改；个人身份信息和隐私的保护应满足相关法律法规的要求；加密控制的使用应遵循相关的协议、法律法规。

15. 信息安全评审

为了确保依照组织的策略和程序实施信息安全，组织应定期或发生重大变化时，对组织的信息安全管理方法及其实施情况（如信息安全控制目标、控制措施、策略、过程和程序）进行独立评审。管理层应定期评审管辖范围内的信息处理过程符合安全策略、标准及其他安全要求；应定期评审信息系统与组织的信息安全策略、标准的符合程度。

本章深度阅读参考文献索引

1. 曾鸣 . 智能商业 . 北京：中信出版集团，2018.
2. 尼克 . 人工智能简史 . 北京：人民邮电出版社，2017.
3. 扈永进 . 科技之光 . 南京：江苏凤凰出版社，2017.
4. 肖南峰 . 企业信息化 . 北京：清华大学出版社，2011.
5. 李翔，李颖 . 企业信息化评估与规划之路 . 北京：机械工业出版社，2019.
6. 马志亮，丘亮新 . 施工企业信息化成功秘密 . 北京：中国建筑工业出版社，2006.

第八章 做好决策

人的一生中有许多决策，从高考填报自愿选择专业、到找工作到什么单位做什么都是决策。在企业，管理层主要的职责是定职责、作决策、用干部。实际上定职责和用干部也都需要决策。

持续成功的企业都是在发展的关键时刻做出了正确的决策，失败的企业却是在重要的时刻做出了错误的决策。决策的好坏关系企业的兴衰和存亡。企业管理者特别是高级管理人员需要认真对待决策。

在变幻莫测的商业环境中，追求可靠的决策一直是企业家的目标。如果一个企业或者企业家的战略与决策不正确，那么就不能在以后的战术调整中去优化，也不可能取得良好的业绩，反而亏损甚至死亡。在紧急时刻，我们往往缺少力挽狂澜的气魄与机智的决策，糊里糊涂地踏上一条离目标越来越远的路，仍沾沾自喜地认为这是脱离困境的正确选择。我们被纷繁复杂的世界搞晕了，看不清最本质的问题，只去抓一些无关痛痒的细枝末节，结果当然很糟糕。著名企管专家谭小芳老师认为只有抓住最核心的问题，才能对症下药，使个人、团队、组织与企业赢得成功。决策能力不是与生俱来的，一个人的决策能力不是在偶然中迸发的，也不是从别人那里得到的。它需要从我们成长的环境（家庭、学校和职场）中培育。

每个人都是个决策者，日常生活的各个方面都需要做决策。尤其对身为主管的人来说，做决策的目的，就是要能够把事情做好——透过别人来完成某些事情，得出想要的结果。如果我们想要有更好的结果，就需要做出更好的决策；而想要做出更佳的决策，就需要做更多的思考。生活中，人们经常面临许多决策，作为一个管理者，更是如此。管理者的级别越高，做的决策越重大。决策越重大，其影响就越深远。如果重大决策出现失误，那无疑会使员工的努力付之东流，使企业的财力、物力都遭到损失。管理学上有一句名言：100 个行动也无法挽救 1 个错误的决策。

决策、决策、决策……为什么总也找不到最佳的答案？玩扑克牌时，什么时候应该弃牌，什么时候应该追加？为什么多数人会为了 100 元而拒绝下注，但同时很多人不惜倾家荡产也要创建自己的公司？为什么有些人迟迟不愿放弃每况愈下的经营项目？到底扑克牌游戏与商业决策之间有怎样的关系呢？管理者如何在一个不确定的世界里制定决策呢？制定决策时我们经常抱有哪些偏见、犯哪些错误？了解这些后，我们如何将其运用到实际当中，更好地制定决策？

诺贝尔奖获得者罗伯特西蒙教授说："管理就是决策"。拿破仑说："做决定的能力最难获得，因此也最宝贵。"企业经营管理者每天都必须对企业面临的各种问题做出决策——在环境复杂多变的环境中，管理者必须在信息不充分、情况不确定的情况下做出影响个人和企业命运的决策。在这种情况下，个人和群体的决策心理和行为方式对决策起着无形而巨大的影响，识别决策的心理效应、跳出决策的心理陷阱、改善决策的心理过程是提高不确定性决策效果的关键。

企业中执行无疑是很重要的，但决策更加重要。没有正确的决策就没有优秀的执行。人生中也是处处充满决策。每个人都是决策者，在工作及生活的方方面面都需要决策。

近四十年的工作经历中，我也经历了不同企业的许多决策，有成功的，有失败的。近些年读了一些关于决策的书，研究了一些成功企业的决策，一直在思考企业如何做好决策。这里我将读书笔记和思考写下来，愿对管理者的决策有些帮助。

一、关于决策的认识

（一）古人说决策

《周易》是我国最古老、最有权威、最著名的一部经典，是中华民族聪明智慧的结晶。它讲的是理、象、数、占，从形式和方法上看，好像是专论阴阳八卦的著作，但从决策的视野看，在运用八卦进行预测和决策时不仅提示了宇宙事物发展、变化的自然规律、对立统一法则，而且形成了自身的决策理论。可以认为决策作为人类思想的一个重要方面，它的发端与雏形可追溯到《周易》，《周易》作为历代王朝的治国之本，为帝王决策所重视。

先秦诸子有关决策的论述，以《孙子兵法》（以下简称《兵法》）较为系统。《兵法》强调决策前必须考虑自己方面领导与被领导之间认识是否一致，同时还要考虑天时地利的占有程度、领导水平、组织、编制、责权区分合理性五个方面，双方领导水平、天时地利的归属、法令贯彻、人员素质、赏罚的执行等方面的情况，力求全局在胸。据《兵法·计篇》：孙子曰"故经之以五事，校之以计，而索其情：一曰道，二曰天，三曰地，四曰将，五曰法。道者，令民于上同意，可与之死，可与之生，而不危也；天者，阴阳、寒暑、时制也；地者，远近、险易、广狭、死生也；将者，智、信、仁、勇、严也；法者，曲制、官道、主用也。"意思是应该以五个方面的形势为纲，通过比较双方的基本条件来探讨战争胜负的情形：一是"道"，二是"天"，三是"地"，四是"将"，五是"法"。所谓"道"，就是从政治上使民众与君主的思想一致，这样，民众就能与君主同生死共患难，誓死效命，毫无二心；所谓"天"，就是气候的阴晴、寒暑、四季节令的更替规律等；所谓"地"，就是指行程的远近、地势的险峻或平易，战地的广狭，是死地还是生地等；所谓"将"，就是看将领们是否具备智、信、仁、勇、严五种素质；所谓"法"，就是指部队的组织编制制度，军官的职责范围规定，军需物资的供应管理制度等。以上五个方面，将领们没有不知道的，但只有透彻掌握了的人才能取胜，没有透彻掌握的人则不能取胜。孙子曰："主孰有道？将孰有能？天地孰得？法令孰行？兵众孰强？士卒孰练？赏罚孰明？吾以此知胜负矣。"意思是：哪一方的君主是有道明君，能得民心？哪一方的将领更有能力？哪一方占有天时地利？哪一方的法规、法令更能严格执行？哪一方资源更充足，装备更精良，兵员更广大？哪一方的士兵训练更有素，更有战斗力？哪一方的赏罚更公正严明？通过这些比较，我就知道了胜负。《兵法》告诉我们在决策分析时，经过彼我双方分析比较后，在研究、确定决策过程中，对提出的各种方案都要考虑利害得失两方面。孙子认为在不利的情况下，看到有利因素，事情就可以顺利进行；在有利情况下，考虑到不利因素，才能防止可能发生的隐患。孙子这种思想是近代运筹学把每种方案都列入不同风险和机会的前驱。

人类的"智慧海"，为人们决策、为古代决策学家的产生提供了必要条件。诸葛亮所作的战略决策"隆中对"与三分天下；朱元璋采纳"广积粮、高筑墙、缓称王"的建议，创立了明朝；孙膑为田忌赛马献策而胜齐威王的战术决策；李冰父子设计都江堰水利工程体系，妥善解决了分洪、排沙、引水等一系列兴利除害问题的决策，都是凭借个人阅历、知识与智慧进行的，决策成功与否取决于领导者个人阅历是否丰富、知识是否渊博、智慧是否过人。从这些决策也可看出与古代小生产方式相适应的决策基本上是一种经验决策。

（二）领袖论决策

2011年6月17日，全国哲学社会科学规划学科评议组成员、中央组织部特约评论员、《人民日报》特约高级编辑、国家行政学院、湖南大学、青岛大学兼职教授邵景均同志发表在《人民网》上的《毛泽东怎样领导中国共产党走向胜利》和邵景均2011年7月17日发表在《大众网》上的《论毛泽东思想》，文章中引自《毛泽东选集》1~5卷的毛泽东主席的文章，我们可以领悟伟人毛泽东是如何论述做决策的：

> 毛泽东主席教育领导干部要"正确履行领导职责，在深刻认识领导环境的基础上，做好出主意、用干部、教育群众的工作"一切计划、决议、命令、指示等等，都属于"出主意"一类。毛泽东所讲的"出主意"，就是今天人们熟知的领导决策。由于"用干部"也需要"出主意"，所以出主意，以及推动干部把主意落到实处，即制定决策和执行决策，就成了贯穿领导过程始终的基本活动，是领导者的首要职责。

“主意”出得好不好，直接关系到领导事业的成败。毛泽东说：“革命党是群众的向导，在革命中未有革命党领错了路而革命不失败的。”领导者要把主意出好，就必须遵循以下原则：(1)一切为了人民、一切依靠人民的原则。毛泽东认为：“没有民主，意见不是从群众中来，就不可能制定出好的路线、方针、政策和办法。”(2)一切从实际出发的原则。毛泽东指出：按照实际情况决定工作方针，这是一切共产党员所必须牢牢记住的最基本的工作方法。我们所犯的错误，研究其发生的原因，都是由于我们离开了当时当地的实际情况，主观地决定自己的工作方针。(3)抓住中心、统筹全局的原则。毛泽东说：在任何一个地区内，不能同时有许多中心工作，在一定时期内只能有一个中心工作。抓中心不是孤立的行为，而恰恰是为了统筹全局，推动全局工作。因此毛泽东一再强调要正确处理全局与局部、主要矛盾与次要矛盾、当前与长远等重大关系，提出了善于“弹钢琴”的决策指导思想。(4)重大问题集体决策的原则。毛泽东认为：一个人的智慧总是有限的，只有靠集体的政治经验和集体的智慧，才能保证党和国家的正确领导。为了搞好集体决策，毛泽东提出要在领导集体内部充分发扬民主，造成一种让大家畅所欲言、生动活泼的讨论局面，主要领导要正确对待不同意见。

出主意的目的是改造世界，因此必须积极“推动干部去做”群众的工作，执行决策。毛泽东强调三点：第一，向群众把决策讲明白，让广大的群众都能懂得，都能掌握；第二，要依靠群众找出一系列执行决策的具体措施和办法；第三，要在执行决策的群众实践中检验决策。

中央文献研究室科研管理部主任刘金田2012年3月7日发表在《人民网》上的《邓小平的算账决策法给给领导者啥启示》讲述了邓小平的算账决策法：

善于“算账”，是邓小平同志决策的一个重要特色。邓小平通过“算账”做出重大决策的例子中，最典型的当数中国实现现代化分“三步走”的战略决策。

1978年前后，邓小平频繁出访。他总是要求参观所访国最先进的工业和高科技项目，通过实地考察，反复询问，计算中国与世界的实际差距。在日本，邓小平到神奈川县日产汽车公司的工厂车间参观，当了解到那里的劳动生产率比当时中国长春第一汽车制造厂高几十倍时，他说：“我懂得什么是现代化了。”从实际出发，邓小平提出“中国式的现代化”的概念，即到20世纪末达到发达国家20世纪70年代的水平。

邓小平估计，到20世纪末，我们的人均国民生产总值能达到1000美元左右。他是怎样得出这个数字的呢？1979年10月4日，邓小平在省、市、自治区党委第一书记座谈会上，公布了自己的“算账”经过：“据澳大利亚的一个统计材料说，一九七七年，美国的国民生产总值按人口平均为八千七百多美元，占世界第五位。

第一位是科威特，一万一千多美元。第二位是瑞士，一万美元。第三位是瑞典，九千四百多美元。第四位是挪威，八千八百多美元。我们到本世纪末国民生产总值能不能达到人均上千美元？”

得出人均国民生产总值1000美元的标准，邓小平的账还远没有算完，因为这个目标能否达到还不得而知。为此，1980年6、7月间，他先后到陕西、四川、湖北、河南等地考察。7月22日，他在同河南省委负责同志谈话时说：“对如何实现小康，我作了一些调查，让江苏、广东、山东、湖北、东北三省等省份，一个省一个省地算账。”“你们河南地处中原，你们算账的数字是‘中原标准’、‘中州标准’，有一定的代表性。”考察期间，他反复地说“要认真算账”。

经过实地考察和计算，邓小平感到人均国民生产总值1000美元可能难以达到，于是又作了调整。1981年4月14日，他在会见外宾时介绍说：“经过这一时期的摸索，看来达到一千美元也不容易，比如说八百、九百，就算八百，也算是一个小康生活了。”邓小平提出：到20世纪末人均国民生产总值争取达到1000美元，最低达到800美元。

目标确定后，邓小平又开始计算其能否按时实现。1983年2月，邓小平到江苏、浙江、上海等地考察。在十多天时间里，他反复询问的问题是：到2000年，能不能实现翻两番？有没有信心？人均800美元，达到这样的水平，社会上是一个什么面貌？令邓小平高兴的是，各地呈现出良好的发展态势，“到处喜气洋洋”。

在不断完善小康社会目标的基础上，邓小平又开始进一步思考中国下一个世纪的发展目标。1987年4月16日，他在会见香港特别行政区基本法起草委员会委员时，又算了这样一笔账：“到本世纪末，中国人均国民生产总值将达到八百至一千美元，看来一千美元是有希望的。世界上一百几十个国家，那时我们恐怕还是在五十名以下吧，但是我们国家的力量就不同了。那时人口是十二亿至十二亿五千万，国民生产总值就是一万至一万二千亿美元了。”接着指出：更重要的是，有了这个基础，再翻两番，达到人均4千美元的水平，在世界上虽然还是在几十名以下，但是中国那时15亿人口，国民生产总值就是6万亿美元，这个数字肯定是居世界前列的。时至今日，我国已经基本建成小康社会。2010年，我国国民生产总值已经跃居世界第二位。

从上面几个事例中我们可以看出，邓小平的“算账”，其实是一种稳妥、慎重、科学的决策方法。正是通过不断地、精心地计算，他才制定出一系列符合实际情况的重大决策，深刻地改变着中国的面貌。

2017年1月20日，北京中医药大学马克思主义学院讲师，中央党校博士后赵玉洁在《理论学习》2017年第1期发表的《习近平治国理政的科学思维方式》较全面地介绍习近平总书记所强调的七种决策思维：

习近平总书记在治国理政的思想和决策实践中，着重强调了深邃的历史思维、严密的辩证思维、宏阔的战略思维、强烈的创新思维、整体的系统思维、清醒的底线思维和规范的法治思维等七种科学思想方法。历史思维知大势，辩证思维增智慧，战略思维谋全局，创新思维增活力，系统思维聚合力，底线思维定边界，法治思维求善治。这些科学思想方法，贯通习近平治国理政的全过程、各领域、各方面，具有内在联系，构成一个有机整体。

历史思维。重历史过程、历史阶段、历史必然和历史合理性，它把对象和事物置于过去、现在、未来的历史发展过程中进行思考，注重揭示事物发展的必然进程及其内在逻辑。“欲知大道，必先为史。”努力学习和运用历史思维，是我们党的优良传统，也是革命、建设和改革的科学思想方法。在全面深化改革的新形势下，中国发展面临着诸多难以想象的困难与挑战，要想更好地研究问题、把握规律、推进工作，需要更多地借助历史智慧，学习和运用历史思维能力。

辩证思维。注重矛盾分析，抓住矛盾尤其是主要矛盾；注重矛盾双方的相互作用，在注重矛盾双方对立的时候不忽视二者的统一，在注重矛盾双方统一的时候不忽视二者的对立；注重全面、联系和发展地看问题。在中国整体转型升级进程中实现现代化和民族复兴，有许多矛盾需要有效解决，有许多复杂关系需要正确处理，有许多难题需要积极破解。要做到这些，尤其需要确立辩证思维，以避免思维与行为的片面性和走极端。

战略思维。就是对根本性、全局性、长远性问题、关系进行科学谋划的思想方法；它意味着时间维度上的长远考虑，跳出眼前从长远看眼前；空间维度上的全局谋划，跳出局部从全局看局部；系统维度上的整体布局，跳出部分从整体看部分；它致力于解决根本性问题，努力占据发展的制高点，从整体上把握事物发展趋势和方向，进而具有战略定力。

创新思维。就是对事物做全新思考，对结构做全新调整，对活动做全新谋划，力求寻找新思路，打开新局面，开创新境界，提升新水平。实现战略目标必须注重创新，它在创新中逐步实现，缺乏创新，就无法实现战略目标。

系统思维。就是从系统与要素、要素与要素以及系统与环境的相互联系、关系结构、相互作用中去把握事物、思考问题，以处理好整体与部分、结构与功能的关系。系统是由相互联系、相互作用和相互依赖的若干要素结合而成的具有特定功能的有机整体，其具有鲜明的整体性、关联性、层次结构性、动态平衡性、开放性和时序性特征。

底线思维。就是凡事从坏处准备，积极主动应对，趋利避害，有守有为，努力争取最好结果。底线是事物发生质变的度的临界点，一旦突破底线，事情就会发生质变，从可以接受变得不可接受。底线思维意味着要树立问题意识、危机意识、效果意识和边界意识，遇事从容应对，牢牢掌握主动权。从坏处准备，才能筑牢防线，解除后顾之忧，因为底线失守意味着满盘皆输。但底线思维又不是一种固步自封的思维方法，守住底线只是底线思维的起点。守住底线，把危险和危机控制在可以掌控的范围内，其目标在于推动矛盾向其对立面转化，达到最好的结果。这说明，底线思维蕴含着积极有为的态度，要求人们积极寻求合适的方法，推动目标尽快实现。

（三）学者谈决策

1. 不同学者的决策理论

管理科学创始人，世界著名经济学家、美国科学家西蒙（H·A·Simon）提出“管理就是决策”；西蒙因其在决策理论研究、决策应用等方面做出的开创性研究，而获得1978年诺贝尔经济学奖。他的决策理论的观点主要表现在三个方面：

（1）突出决策在管理中的地位。决策管理理论认为：管理的实质是决策，决策贯穿于管理的全过程，决定了整个管理活动的成败。如果决策失误，组织的资源再丰富、技术再先进，也是无济于事的。

（2）系统阐述了决策原理。西蒙对于决策的程序、准则、类型及其决策技术等作了科学的分析，并提出用“满意原则”来代替传统决策理论的“最优原则”，研究了在决策过程中对冲突的解决方法。

（3）强调了决策者的作用。认为组织是决策者个人所组成的系统，因此，强调不仅要注意在决策中应用定量方法、计算技术等新的科学方法，而且要重视心理因素、人际关系等社会因素在决策中的作用。

美国学者E·H哈里森（E·Frank Harrison）提出“决策是一个过程”，即“是一个有着明确职能的过程，而且是一个科际整合过程”；美国南加利福尼亚大学管理系主任阿兰·L·帕兹著（Alan·L·Patz）等《管理控制与决策系统》则把决策当成“一种社会过程”，“一种社会－决策系统”来看待。

美国学者亨利·艾伯斯曾说“决策有狭义和广义之分。狭义地说，决策是在几种行为方案中做出选择。广义地说，决策还包括在做出最后选择之前必须进行的一切活动。”管理学教授里基·格里芬指出，“决策是从两个以上的备选方案中选择一个的过程”。

中国学者、著名经济学家、中国社会科学院研究员于光远提出“决策就是作决定”。

2. 决策的定义

国内外学者从不同角度给决策下定义，涉及4个层面：一是个人决策层面，二是组织决策层面，三是社会过程层面，四是人类社会活动中与确定行为目标有关的活动层面。无论是个人层面还是组织层面，他都有一个决断、决定的问题，决断和决定都是人在一定背景下对未来实现目标所做出的一种选择与决断。因此，我们可给“决策”下一个定义：决策是对未来实践的方向、目标，以及为达到目标所采取的方法、途径、策略所做出的决定。

这一定义表明：

（1）决策要有明确的目的。决策或是为了解决某个问题，或是为了实现一定的目标，没有问题就无需决策，没有目标就无从决策。因此，决策所要解决的问题必须是十分明确的，要达到的目标必须有一定的标准可衡量比较。

（2）决策要有着若干可行的备选方案。如果只有一个方案，就无法比较其优劣，更没有可选择的余地，因此，“多方案抉择”是科学决策的重要原则。决策时不仅要有若干个方案相互比较，而且决策所依据的各方案必须是可行的。

（3）决策要进行方案的分析评价。人们总结出这样两条规则：一是在没有不同意见前，不要做出决策；二是如果看来只有一种行事方法，那么这种方法可能就是错误的。每个可行方案都有其可取之处，也存在一定的弊端，因此，必须对每个方案进行综合分析与评价，确定各方案对目标的贡献程度和所带来的潜在问题，比较各方案的优劣。

（4）决策的结果是选择一个满意方案。决策理论认为，最优方案往往要求从诸多方面满足各种苛刻的条件，只要其中有一个条件稍有差异，最优目标便难以实现。所以，决策的结果应该是从诸多方案中选择一个合理的满意方案。

（5）决策是一个分析判断过程。决策有一定的程序和规则，同时它也受价值观念和决策者经验的影响。在分析判断时，参与决策的人员的价值准则、经验和知识会影响决策目标的确定、备选方案的提出、方案优劣的判断及满意方案的抉择。管理者要做出科学的决策，就必须不断提高自身素质，以提高自己的决策能力。

（四）企业家作决策

松下电器创始人、经营之神松下幸之助先生在预测的基础上作决策，在其波澜壮阔的一生中，面临过无数次攸关个人乃至数万人生计的决断时刻，每每遇到这种时刻，他独特的决策艺术和高超的直觉力都能帮助他做出相对合理的选择。他说：“所谓经营，就是在某件事发生之前，能预知将有什么状况会出现，然后想出必要的对策，静待时机出击。”

美国著名投资家对冲基金公司桥水创始人瑞·达利欧（Ray Dalio）认为：“做决策是一个两步流程，即先了解后决定。”

维珍集团是英国最大的私营企业，旗下有近200家公司。维珍集团创始人理查德·布兰森爵士作为一个连续创业且成功的企业家，在经营企业的决策中所遵循的最为关键的三项原则：首先，从小事做起，但宏图远大。要知道，维珍的很多业务最初都只是边角项目，后来却发展成了大公司，我们时时考虑下一步有可能如何发展，如何拓展业务，怎样将设想铺设到全球范围；其次，对机会说“是”，坚持搜寻机会，不惧前行，招募同道中人；最后，让“你永远不应该放弃你内心真正相信的东西。”

中国著名企业家，华为创始人任正非曾在《管理的灰度》一文中指出，清晰的方向来自灰度，“一个清晰方向，是在混沌中产生的，是从灰色中脱颖而出，方向是随时间与空间而变的，它常常又会变得不清晰。并不是非白即黑、非此即彼。合理地掌握合适的灰度，是使各种影响发展的要素，在一段时间和谐，这种和谐的过程叫妥协，这种和谐的结果叫灰度。”

现实中，非黑即白的领域少之又少，每个创业者都面临着“灰度决策”。它指出了一条更易成功的路径——接受不确定和失败的可能，从而在更广阔的空间找寻正确方向。

在错综复杂的管理困境中，面对灰度问题时究竟该怎么做呢？首先，避免草下结论，也要避免其他人这样做。试着将自己最开始关于正确答案的直觉放到一边。其次，聚焦过程。你永远不知道你所做的决定是否正确，你能知道的只有你是否在以正确的方式解决问题。第三，如果时间紧、风险低，可以向明白事理的同事直率提出自己的见解。但如果涉及复杂的策略、组织及人权问题的层面，就需要具有广博的判断力和经验的人来应对了。第四，画决策树。简单的决策树能够鼓励你面对大多数人不想面对的那些不好的可能性。第一步，列出你所有能解决问题的选择。第二步，努力填充上每个选择可能带来的结果以及每个结果可能带来的不寻常后果。第五，协同策略。为了获得正确的过程和结果的清晰，一个策略就是将团队分成若干小组，独立分析工作和行动计划，鼓励独立思考。另一个策略就是指派 1~2 个人扮演唱反调的，对准备同意的观点提出最有力的反对意见或结论。

海尔集团董事长张瑞敏强调干部决策能力的重要性，他认为，现代企业要生存，就必须领先，需要各单位的主要领导干部在两个方面处于领先：一是奉献精神，二是决策能力。就是说，不仅要有一种对事业执着追求和创业的冲动，给部下以鼓舞和力量，还要能够在错综复杂的竞争中运筹帷幄，指挥若定。

二、企业要做哪些决策

纵观企业的经营管理过程，可以将企业的所有决策分为三类：

（一）战略决策

有关企业的愿景、使命、战略规划、核心价值观、企业文化、企业基本宗旨、重大投资、重大改革转型、重要产品和市场方向的决策。往往需要企业决策委员会做出。

（二）业务决策

有关企业的年度经营计划、年度预算、重点任务、产品生产销售计划，以及在日常经营过程中针对发生的问题而做出的判断和决定，往往由专门委员会、企业的经营班子或通过总经理办公例会做出。

（三）管理决策

有关企业生产服务各业务要素和职能运转问题的决策，包括制度审批、人事决定、激励机制、事件处理、例外事项等做出的决策和安排。

三、决策中的问题

我在本书的“如何开好会议”的章节中和读者谈了企业在决策上经常存在以下问题：职能和分管领导不作为，大事小事都要集体决策；领导有亲信，大事会下决策、小事会上决策；参加决策的人会上不发表意见，会下乱发表意见；会议议而不决、决而不施；领导者不授权，所有事情都由自己一人决策；下级超越职权范围越权决策。这里，我还要就决策本身谈一下企业在决策过程中存在的问题：

（一）立场不够公正

决策者在制定公共政策时，没有自觉站在中立、公正的立场对待各种社会利益矛盾，而是自觉不自觉地带有对矛盾其中某一方或某几方的明显倾向立场，就很容易导致决策丧失公正性。从而导致政策遭到利益被不公损害方的强烈抵触而令决策执行失败，或者在决定执行后形成各方利益格局的极度失衡而引发事先预想不到的恶果。

（二）判断不够客观

决策者在决定企业重大事项时，对其执行的客观环境、执行条件等客观因素认识不充分，例如对某些制度对象的认同感和抵触情绪认识不足，又如对制度执行所需投入的政策成本估计过低，或者对制度执行者的执行力不能客观认知，例如过高估计了职能部门的基本素质等，都很可能导致政策决策在总体或局部脱离实际。

（三）论证不够科学

有的企业家在决策论证过程中，缺乏辩证唯物主义和历史唯物主义的思维方式，不遵循事物的客观规律，只凭经验判断事物、进行推理，主观片面地进行决策，极易导致决策失误。还有的决策内容涉及的领域专业性比较强，决策者往往由于专业知识缺失而容易决策失误。

（四）民主不够充分

企业的最高管理者在决策过程中，未能广泛充分地听取同该项工作相关的各系统的意见，包括直接和间接的意见、主要执行和协同执行部门意见等，仅由个别人或少数人进行主观决策，都可能导致出台的决议本身有误，或者可能的报告过程中出现重大失误。

（五）议程不够规范

决策者未能按规定程序展开决策过程，或者决策程序本身就过于简单或不够科学，都会使决策过于匆忙仓促，容易导致决策失误。

四、决策的技术

决策技术是指决策者在决策过程中所应用的手段、方法和组织程序的总和。它与一定的生产力发展水平相联系，不同质的决策技术决定决策过程的不同特点，形成不同质的决策类型——经验决策和科学决策。

决策技术是管理的一个重要分支，是决策科学化的重要保证。随着新的科学技术在生产领域的应用，企业生产规模不断扩大，影响企业生产的因素越来越多；市场竞争的激烈程度的加强，市场格局的不断改变，影响企业经营状况的经营环境变得越来越难预见。

决策技术包括三类：①第一类，决策“硬”技术。决策“硬”技术又叫定量决策技术，包括确定型决策技术、非确定型决策技术、竞争与随机型决策技术等。②第二类，决策“软”技术。决策“软”技术又叫定性决策技术，包括德尔菲法、类比法、孙子兵法等。③第三类，决策“韧”技术。决策“韧”技术是把决策“软”“硬”技术结合起来的一种具有“弹性”的决策技术，它又包括两部分：一是“硬”技术的“软”化方法。其特点是用模拟方法解决数学分析方法要解决的问题。比如，利用大气环流实验来测定大气环流的状态、参数及变化特点等。二是“软”技术的“硬”化方法。其特点是利用计算机模拟专家提供解决问题的方法。比如，美国斯坦福大学设计的“MYCIN”医疗诊断系统等。

（一）定量决策

定量决策方法是应用数学模型和公式来解决一些决策问题，即运用数学工具、建立反映各种因素及其关系的数学模型，并通过对这种数学模型的计算和求解，选择出最佳决策方案的方法。

根据数学模型涉及的决策问题的性质（或者说根据所选方案结果的可靠性）的不同，定量决策方法一般分为确定型决策方法、风险型决策方法和不确定型决策方法三类。

1. 确定型决策方法

运用这种方法评价不同的企业经营方案的效果时，人们对未来的认识比较充分，了解未来可能呈现某种状况，能够比较准确地估计未来的发展状况，从而可以比较有把握地比较、预测各方案在未来实施所带来的效果，并据此做出确定性的选择。常用的确定型决策方法有线性规划和盈亏平衡分析等。

（1）线性规划。线性规划是在一些线性等式或不等式的约束条件下，求解线性目标函数的最大值或最小值的方法。运用线性规划建立数学模型的步骤是：①确定影响目标大小的变量，列出目标函数方程。②找出实现目标的约束条件。③找出使目标函数达到最优的可行解，即为该线性规划的最优解。

（2）盈亏平衡分析。盈亏平衡分析又称保本点法或量本利法，是根据产品的业务量（产量或销量）、成本、利润之间的相互关系的综合分析，用来预测利润，控制成本，判断经营状况的一种数学分析方法。

2. 风险型决策方法

风险型决策方法主要用于人们对未来有一定认识，但又不能完全确定的情况。

风险型决策具有以下条件：

1）一个明确的决策目标（如收益最大，或成本最低等）。

2）两个或两个以上的可行方案。

3）两个或两个以上的自然状态，且各种自然状态发生的概率可知。

4）每一种方案在不同自然状态下的结果可知。

3. 不确定型决策方法

不确定型决策是在各种自然状态发生的概率无法预测的条件下，依据经验判断并有限地结合定量分析方法所做出的决策。不确定型决策方法主要有乐观法、悲观法、折中法、等概率法、后悔值法等。

（1）乐观法。乐观法又称大中取大法。如果决策者比较乐观，认为未来会出现最好的自然状态，并且不论采用何种方案均可能取得该方案的最好效果，那么在决策时就应以各方案在各种状态下的最大损益值为标准（即假定各方案最有利的状态发生），选取各方案的最大损益值中最大者所对应的方案。

（2）悲观法。悲观法又称小中取大法。与乐观法相反，如果决策者对于未来比较悲观，在决策时就会以规避最差结果为准则。因此，决策者在进行方案取舍时以每个方案在各种状态下的最小损益值为标准（即假定每个方案最不利的状态发生），选取各方案的最小损益值中最大者所对应的方案。其步骤为：

1）第一步：在各方案的损益中找出最小者。

2）第二步：在所有方案的最小损益值中找最大者。

（3）折中法。这种方法是乐观法和悲观法的结合。其基本观点是：乐观法过于冒进，悲观法过于保守，所以可以考虑将两者进行折中。其基本方法是：根据决策者的判断，给最好的自然状态一个乐观系数，给最差的自然状态一个悲观系数，两者之和为1，然后用各方案在最好状态下的效果值与乐观系数相乘所得的积，加上各方案在最差自然状态下的效果值与悲观系数的乘积，得出各方案的期望收益值，再利用最大期望值原则比较各方案，做出最终选择。

（4）等概率法。等概率法（即 Laplace 法）是由数学家拉普拉斯（Laplace）提出的。他认为，在无法确定各种自然状态发生的概率时，可以假定每一自然状态具有相等的概率，并以此计算各方案的期望值，进行方案选择。

（5）后悔值法。决策者在决策并组织实施后，如果遇到的自然状态表明采用另外的方案会取得更好的效果，那么决策者将为此而感到后悔。因此，可以用减少后悔，即力求使后悔值最小作为决策准则。所谓后悔值是指在某种自然状态下因选择某一方案而未选取该状态下的最好结果而少得的收益。

（二）定性决策

定性决策方法，又称为主观决策方法，是决策者根据所掌握的信息，通过对事物运动规律的分析，利用知识和经验，评价和选择最佳方案的决策方法。其主要有以下几种方法。

1. 头脑风暴法

头脑风暴法又称智力激励法、思维共振法，是现代创造学奠基人、美国的奥斯本提出的。它通过有关专家之间的信息交流，引起思维共振，产生组合效应，从而导致创造性思维或方案的产生。

2. 名义群体法

在集体决策中，如对问题的性质不完全了解且意见分歧严重，则可采用名义群体法（nominal groups）。在这种技术下，小组的成员互不通气，也不在一起讨论、协商，从而群体只是名义上的。

采用名义群体法，管理者召集群体成员，把要解决的问题的关键内容告诉他们，并请他们独立思考，要求各成员独立拟出自己的方案，并思考好如何向其他成员阐明自己的方案。然后，各成员按顺序向其他成员阐明自己的方案，确保每个人都了解清楚。记录员指出相似或相同的方案要求其余的成员将方案进行整合。再由记录员公布全部不同类型的方案，各成员客观地进行思考和比较之后对所有方案按最佳到最差的顺序进行排序。最后主持人统计各方案得到评价的情况，选出最佳方案。

3. 德尔菲法

德尔菲是古希腊城名，相传城中阿波罗圣殿能预卜未来，因而以此命名。德尔菲法（Delphi groups）是20世纪40年代末由兰德公司创立的，它也称专家小组法。这种方法是采用征询意见表，利用通信方式，向一个专家小组进行调查，将专家小组的判断预测加以集中，利用集体的智慧对市场现象未来做出预测。

德尔菲法在对专家意见进行调查时，采用"背靠背"即匿名的方式，以促使各专家充分发表意见，避免专家之间的相互影响和权威人物个人意见左右其他人的意见等情况。通常要通过几轮函询来征求专家的意见，组织者对每一轮的意见进行汇总整理后作为参考，再发给各位专家，供他们分析判断，以提出新的论证。几轮反复后，专家意见趋于一致，最后供决策者进行决策。

运用德尔菲法进行决策时具有明显的优点：

（1）各专家能够在不受心理干扰的情况下，独立、充分地表明自己的意见。

（2）预测值是根据各位专家的意见综合而成的，能够发挥集体智慧。

（3）应用面比较广，费用比较节省。这种方法可能存在的问题是：仅仅根据各专家的主观判断，缺乏客观标准，而且往往显得强求一致。

4. 其他定性决策方法

（1）哥顿法。这种方法与头脑风暴法原理相似，先由会议主持人把决策问题向会议成员做笼统的介绍，然后由会议成员（即专家成员）海阔天空地讨论解决方案；当会议进行到适当时机时，决策者将决策的具体问题展示给小组成员，使小组成员的讨论进一步深化，最后由决策者吸收讨论结果，进行决策。

（2）淘汰法。先根据一定条件和标准，对全部备选方法筛选一遍，把达不到要求的方案淘汰掉，以达到缩小选择范围的目的。淘汰的方法有：①规定最低满意度。②规定约束条件。③根据目标主次筛选方案。

（3）环比法。环比法也叫“0–1 评分法”，即根据人们所掌握的知识和经验，对所有可行方中进行两两比较，优者得 1 分，劣者得 0 分，然后以各方案累计得分多少为标准选择方案。

（三）弹性决策

弹性决策就是把经营管理决策分解为战略规划、组织与人事决策、生产决策、技术决策、投资决策、财务决策和销售决策，通过变换各种决策变量参数，构成不同的经营管理决策方案，输入用计算机模拟描述的经营管理系统，观测系统状态变化的结果，与预期的经营目标比较，从而选定满意的经营管理决策方案。

五、决策的艺术

（一）决策的特点

决策有如下特点：

（1）目标性：决策的目的是为了解决领导活动中出现的问题，达成一定的目标，决策中的一切行为都是为实现这一目标服务。所以，目标是贯穿全部决策过程的主线，任何活动都要围绕目标进行。决策目标首先应是明确的，即简单明了，最好具有可测性，并且任何人都能对其有相同的理解；其次目标要有可行性，满足于约束条件，经过努力能够实现。

（2）选择性：一个问题的解决往往有多种途径，决策是从这些途径中选择一个最好的作为行动的方案，没有选择就没有决策。在选择中往往都追求最佳，实际上最佳方案是很难确定的。因为，第一，人们没有可能把所有的方案都制定出来，而遗漏的也有可能是最佳方案；第二，最佳决策是相比较而存在的，各方案往往是都有优点和不足，并且有些方面无法定量比较，排出优劣。因而决策中有时只能以“满意”为选择标准，即选择可以接受的途径作为实施方案。

（3）优化性：决策总是在界定的条件下寻求优化的目标和优化地达到目标的途径，不追求优化，决策是没有意义的。优化有两层含义：一是在同样的约束条件下寻找以最低的代价、最短的时间、最优的效果实现既定的目标；二是把决策实施后可能产生的消极后果减少到最低限度。

（4）风险性：决策可能实现目标，也可能出现意想不到的结果，给组织带来损失。造成这种现象的原因很多，比如目标错误、方案不佳、选择不当、实施不利、信息不准、环境变化等。所有决策都有失误的可能性，领导者应采取各种措施，谨慎从事，努力减少失误。但是也不能害怕失误而造成回避问题，举棋不定，贻误时机。

（二）影响决策的因素

企业的管理者要认识到影响做决策的最大威胁是有害的情绪，要始终提醒自己，至少听一下某种相反的意见，很多人在情绪上不愿意这么做，而这会妨碍他们了解现实，做出更好的决策。企业管理者的阅历、经验、知识和能力也影响决策的质量；作决策时得到的信息的充分性、企业的风险偏好都影响着企业决策。

（三）关注决策过程

美国著名投资和管理专家瑞·达利欧（Ray Dalio）在《原则》谈到了做决策的一些经验，他说“做决策是一个两步流程，要先了解后决定”。达利欧先生总结出如下经验：

1. 了解必须先于决定

人的大脑能够储存不同类型的知识，有潜意识，能机械记忆，能养成习惯。但至关重要的是，你了解到的东西必须真实，全面客观地反映现实。要先选择作为决策的基础知识，既包含相关事实（是什么），也包括你对事实背后的因果机制的宏观理解。然后根据这些知识确定行动计划（怎么做），这需要你综合权衡直接结果，后续结果，再后续结果，而且做决定时不能只看到短期结果，还要看到长远结果。综合分析包括：综合分析眼前的形势，综合分析变化中的形势，高效的分析考虑多个层面。

（1）综合分析眼前的形势。每一天你都会遇到无数纷至沓来的事情。我把这些事情称为点。你要学会区分哪些点重要，哪些点不重要。你只保留自己需要的，而不是收拾零零碎碎的看法和观点。

1）你能做的最重要的决定之一是决定问谁，无论你想理解什么，找到负责这方面的人，问他们，听他们的看法是什么。

2）不要听什么信什么，学会区分观点和事实。

3）所有东西都是放在眼前看更大，正在发生的事情似乎都很大，回头来看则不然。

4）不要夸大新东西的好处。

5）不要过度分析细节。

（2）综合分析变化中的形势。

1）始终记得改善事物的速度和水平以及两者的关系。

2）不必过于精细。理解差不多这个概念，使用粗略估计法。因为我们的教育系统过于注重精确，所以擅长粗略估计这个技能的价值常被低估。这会影响概念化思考。例如，被要求计算 38×12 的时候，大部分人不会简单的估算结果。为了做出有效的决策，你需要在差不多这个层面理解大多数事情。当你问一个东西对不对而对方告诉你并不完全对时，那它大致是对的。

3）谨记 80/20 法则，并明白关键的 20% 是什么。80/20 法则指的是你从 20% 的信息和努力中得到 80% 的价值。同样，你可能需要花费 80% 的努力来获得 20% 的价值。

4）不要做完美主义者。做一个决定时，通常要考虑 5~10 个需要考虑的重要因素。重要的是深入了解这些因素，而过了一定的临界点后，即使研究重要因素，所产生的边际收益也是有限的。

（3）高效的综合考虑各个层次。我们总是从不同层次看事物，并在各个层次间转化。例如，你也许每天都在两个层次间转换。一个是你的价值观，一个是你为实现价值观做的事情。

1）用基线以上和基线以下来确定谈话位于哪一层。基线以上关注谈话要点，基线以下关注谈话分点。当一段谈话分析混乱、令人迷惑时，通常是因为谈话者陷于基线以下的细节中，而没有重新把细节和要点联系起来。

2）谨记决策需要在合理的层次做出，但也应该在各层次之间保持一致。为了做好这一点，你需要谨记任何问题都存在很多层面；针对一个问题，你要明白你分析的是哪个层次；有意识地在不同层次之间转换，而不是把问题视为一堆没有内在区别，可以随意考察的事实。这点有点像爵士乐。

综合分析现实，理解如何行动的最好工具是逻辑、理性和常识。注意不要依赖其他任何东西。不幸的是，多数人做决策时受到较低层次的大脑控制，导致劣质决策，而且还不自知。“除非你意识到你的潜意识，否则潜意识将主导你的人生，而你将其称为命运”。

2. 根据预期价值计算做决策

（1）最好的选择是好处多于坏处的选择。把每一个决策都视为一个押注，押对有一个概率，有相应的奖励，押错一个有相应的惩罚。会赢的决策通常会具有正向预期价值的决策。奖励 × 发生的概率 > 惩罚 × 发生的概率。预期价值最高的决策是最好的决策。比方说：押对的奖励是 100 美元，概率是 60%，押错的惩罚也是 100 美元，100 × 60%=60 美元，100 × 40%=40 美元，用奖励减去惩罚，差额就是预期价值。这个例子的预期价值是 20 美元。所以，只要你对损失有承担能力，这也许就是明智的选择，押概率最大的情况不一定是最好的。有时候，可能押错的可能性会非常大，但是押错的成本你可以忽略不计，而押对的概率虽然很小，奖励却很高，这种情况下，试一下仍然是明智的，多问问总没有坏处。不管你押对的概率已经有多大，提高你的押对概率始终有价值；知道什么时候不要去押注，和知道什么注值得押同样重要；最好的选择是好处多于坏处的选择，不是毫无坏处的选择。

（2）比较更多信息带来的价值和不做决定造成的成本，决定做决策事项的优先顺序。有的决定需要在获得更多信息后做出，有的决策最好立即做出。善于合理排序需要理解以下 3 点：

①先把你的“必做之事”做完，再做你的“想做之事”。②你很可能没有时间处理不重要的事，那最好将它留着，以免自己没有时间处理重要的事情。③不要把概率当成可能性。万事皆有可能，重要的是概率。你必须考虑各个事情发生的概率，然后进行排序。

（3）简化。撇掉无关细节，让重要因素及相互关系呈现出来。

（4）使用原则：使用原则既能简化也能改善你的决策。值得反复重申的是，要明白几乎所有“眼前的情况”都是“类似情境的再现”，要识别“类似情境究竟是什么”，然后应用经过深思熟虑出来的原则来应对。把这件事做好的诀窍是：让你的思维慢下来，以注意到你正引用的决策标准；把这个标准作为一个原则写下来；当结果出现时，评估结果，思考标准，并在下一个“类似情境”出现之前改进标准。

（5）对你的决策进行可信度加权。做好这一点，你要避免两点常见失误：不合逻辑地高估自己的可信度，不区分可信度不同的人。如果能做到这几点，你的决策能力将提高到一个全新的水平。

（四）提高决策的有效性

广东省企业管理咨询协会副会长、东莞市企帮企业管理咨询有限公司董事长柳更生在《民企老板如何有效决策》一文中总结到：要提高决策有效性，应做到：

（1）必须认识到决策是一门科学，要加强学习，掌握决策知识。美国企业家S·M·沃尔森说：你决策的准确性和效率高低，往往取决于你知识的多少和知道的多少。把信息和情报放在第一位，金钱就会滚滚而来。

（2）要划分管理责任，实行授权和分层决策。企业每天都会遇到大大小小的各种问题，若事事都要老板亲自拍板，一一解决，那么老板一定会不堪重负，累得半死，而其下属反而产生了依赖性，责任心和积极性大打折扣。因此，要理顺企业的组织构架，将责任、权限划分明确，大胆授权管理，分级决策；实行责任制，各级解决各级的事情；上级监督考核，但切不要越组代庖。

（3）用足干部的智慧，遇事让其带着“方案”来。很多下级汇报请示工作，往往只当“传话筒”，把问题“撂”给领导，让领导“看着办”。这样，下级的主观能动性未得到发挥，造成了解情况的下级不拿意见，不了解情况的上级主观拍板，使决策的正确性大大降低。要明确规定：下级反映问题、请示工作，一定要先让他说说“怎么看”和“怎么办”，即让他谈谈对问题或事件的看法和解决思路、建议，最好让其准备A、B、C三个以上的备选方案，提供给老板或上级抉择“拍板”。

（4）遇到重大问题，集思广益，群策群力，民主科学决策。一是问计于民。发动员工建言献策，奖励和鼓励员工合理化建议。二是求教于师。专家顾问足智多谋，要善请他们出谋划策。三是“头脑风暴”。三个臭皮匠，赛过一个诸葛亮。遇事多通过集体研究，召开相应的研讨会、座谈会，进行思想碰撞，从积极争论中找到正确的答案。

（5）遵循决策规律，用“八步法”规范决策：

1）第一步，对决策的议题进行清晰准确的界定。决策时，必须首先搞清楚要决断什么问题，核心或重点是什么？拍板如同射箭，要一箭穿心，不偏不移，正中靶心。

2）第二步，充分了解和准确掌握情况与信息。信息是决策的依据；知己知彼，百战不殆。对信息收集和掌握得越全面、越准确，其决策的有效性就会越高。

3）第三步，广泛征集解决问题的备选方案。俗话讲，条条道路通罗马。任何问题的解决方式和方法有多种，决策就是要找到最佳的那一种。因此，征集的备选方案越多，选择范围越广，其决策的准确性就越高。

4）第四步，对各个备选方案进行评估。每种方案都会各有优缺点、可行性与不可行性等，要将其一一列出，并进行详细评估分析，以利于比较与抉择。

5）第五步，经过评估比较后从备选方案中选优。选择大于努力；决策就是抉择。决策的核心就是从多种方案中选出一个最适合的答案。选择方法有多种，如民主投票法、菲德尔法等。

6）第六步，对所选中的方案进行再评估与完善。优选中某一方案后，还要对它进行再评估、再完善，以防疏漏。

7）第七步，立即实施决策的方案。决策一旦形成，必须立即付诸实施，切莫贻误战机。

8）第八步，追踪检省、纠偏完善。在实施过程中，不断加强追踪与监督检查，及时总结和纠偏完善。

（五）避免决策风险

彭前元在《交通财会》发表的文章《企业家决策艺术十谈》中总结出了可以避免决策风险的十条经验：

（1）虚心学习，方知决。虚心向行家学习、向群众学习、向一切懂行的人学习，才能做出正确的决策。

（2）举贤才，“外脑”决。知人善任，重用骨干决策是企业最高管理者的“分身”艺术。董事长和总经理日理万机，事必躬亲会琐事缠身，浪费时间和精力，导致重大的工作没有足够时间去思考。董事长和总经理必须用智力和科学来干好领导的事，决策所需的各种信息情况资料，只能由下级去做。因此，董事长和总经理要有“无才不兴，事业成功取决于人才”的思想，知人善任，敢于重用比自己能干的人才，创造良好的环境，使人才脱颖而出。

（3）明职责，层次决。迄今关于企业管理办法，可以说五花八门，无绝对答案，但是成功的决策者具有较高的管理艺术，这是确定无疑的。当今企业普遍实行高、中两层次决策，最高决策层次的决策者自然是董事长和总经理，但绝不是事无巨细都是总经理拍板，中层领导和副职既是执行者，也是决策者，要充分发挥他们的决策作用，让他们能有决策的机会，去拍板，形成宝塔式决策机构，实行分散决策，层层决策。

（4）多筹划，择优决。决策就是选择较优方案，以达到目标。这就要求总经理应具有方案对比选优能力，要按照决策章法和程序，拟定出多种方案，至少有两种再进行对比择优、拍板。

（5）勿误机，果断决。决策要善于抓时机，抓住了时机就事半功倍，贻误时机则事倍功半。时间是决策中的一个重要因素，特别是当今的信息时代，市场竞争激烈，许多良机稍纵即逝，董事长和总经理更须审时度势不失时机的决断魄力，敏捷思维，果断决策。

（6）信职工，众人决。群众是创造历史的真正英雄，充分依赖员工和依靠员工，集众人之智，用众人之力，发挥职工的聪明才智是保证管理层正确决策的不可忽视的重要因素，激励职工参与决策，很多问题就可以迎刃而解。

（7）纳异议，慎重决。董事长和总经理不要急于求成作决策，要广泛听取不同意见，允许同自己唱“对台戏”，诚意听人讲话，从中发现其合理的成份。对一些重大决策和一些有影响的决策，要慎重行事，三思而行，切忌逞强。要做到“众谋独断，详虑力行”。

（8）情况清，超前决。互联网时代处于知识爆炸、科技腾飞的时代，市场瞬息万变，日新月异。信息就是资金，信息就是效益，如果把决策比做高楼大厦，信息就是基石。万丈高楼平地起，一条信息值千金，总经理要做出科学的决策，要广收必须的信息资料，建立起信息网络，使其广泛、准确、适用、及时，并对信息去伪存真的分析、评估，再通过对所决策问题的内部关系，自然状态以及政策规定的透彻了解而做出超前决策。

（9）勇探索，“非常决”。非常决策是指偶发事件，或首次出现的，非例行的难于把握的事件的决策，它带有一定的风险性，可能成功，也可能失败，难于把握。当今商品经济，竞争激烈，企业的决策层要想闯出新路子，开创新局面，就要勇于探索，敢想，敢干，看准了事，只要方法对，把握时机，当机立断，获取成功的可能性是很大的。

（10）要唯实，量力决。尊重科学，尊重事实，量力而行，有多大的能力办多大的事。脱离企业实情去追求大、洋、全，去做力所不及的事，往往造成失误甚至严重损失，使企业陷于困境。

（六）提升决策能力

知识经济的环境以及市场的国际化使企业决策具有这样的特点：一是强调以市场为导向，注重内外环境的变化及趋势的把握，强调所做的决策具有动态性，能与国际国内市场的变化趋势保持一致，利用机遇、避开威胁；二是决策是面向未来的决策，关注的是企业长远的利益；三是决策的目标是多元化的、动态的，所以寻求的是知识资源与其他资源的协调与匹配，达到各种资源的优化组合与合理配置。基于这种新形势、新变化带来的企业决策的变化特点，企业家们必须努力使自己具备以下综合决策能力，以推动中国企业乃至中国经济的进一步发展。

1. 充分利用各种信息进行科学决策的能力

企业家决策就是运用其掌握的信息，采用科学的方法，就企业发展提出多种方案，再从这些方案中做出优化选择的过程。对于一个领导决策者来说，耳目不灵，不能及时获取信息；思维迟钝，不能充分利用信息，是很难成为现代有效决策者的。企业决策者在决策过程中时刻都离不开信息。信息是决策的依据又是检验决策正确与否的尺度。决策是从发现问题开始的。而决策者要想发现问题，就必须占有足够量的信息，从信息中发现问题。在决策方案实施后还要进一步依靠信息反馈，掌握决策执行过程中的具体情况，以便控制决策的实施，或对决策及时修正、调整，以及保证决策目标的顺利实现。

2. 寻机决策能力

寻机决策能力是把机会当作一种稀缺资源，探索其反复无常与有序运动的内在联系，主动寻求开发经营上的有利因素，下大力气开发利用，促进企业发展，侧重于“趋利”。企业家的决策，大凡都是经过苦思冥想、绞尽脑汁方能做出决策，但如果企业家能在偶然的瞬间抓住机遇，迅疾做出决策，就会为企业带来丰厚的回报。

3. 风险决策能力

风险决策是指企业家在决策过程中把风险作为一项不可忽视的重要因素加以考虑，通过克服经营上的不利因素，以降低风险，提高企业收益，侧重于“避害”。

因为决策是指未来的事总是带有某种不确定性。因此，决策也总是包含着一定的风险。同时，外面的世界，存在着许多我们未知的东西，使我们不可能做到每项决策都有百分之百的把握，再加上现在多变的环境，广阔的市场和激烈的竞争，由此加大了决策的风险度。在这种情况下，就要求决策者更要有勇气、有胆识，敢于冒险，敢于承担责任。同时，还要意识到，管理决不是赌博，敢于冒风险不等于蛮干。决策者必须清醒地估计到各项决策方案的风险度；估计到最坏的可能性并拟定出相应的对策，使风险损失不致引起灾难性的不可挽回的后果；必须尽量收集与决策的未来环境有关的必要信息，以便做出正确的判断；同时还应考虑到是不是到了非要冒风险不可的地步；最后，决策者还应对决策的时机是否成熟有准确的判断。这些都有助于决策者将决策方案的风险减至最小。

4. 借“外脑”“集智”决策能力

传统的决策模式，常常是由决策者一个人说了算，这种个人决策存在着许多缺陷和不足：其一，单个人决策不能够集思广益，只会导致个人专断；其二，单个人决策没有一个客观尺度，他决策时易受主观意想左右不能做出客观决策；其三，企业家个人决策常常会导致决策失误，因为个人决策所掌握的信息毕竟是有限的。在现今时代，科学技术突飞猛进、日新月异，知识膨胀，信息爆炸，企业家再有丰富的工作经验也不可能通晓一切，穷尽所有。企业家在信息社会没有必要让所有的主意、所有的点子都由自己提出，都从自己的脑袋里产生。他可以依靠“外脑”，接纳专家参与决策，充分利用智囊团的作用，走集体决策之路。

5. 多目标动态决策能力与非结构化决策能力

在当今共享共互联互通时代，企业决策目标决不能是单一和静止的，而是多个目标的交叉综合，你中有我，我中有你，而且还要适时调整变化以适应环境变化所需。对此企业家必须分清主次、统筹兼顾、协调决策。在掌握结构化决策的同时，应重点培养自己的非结构化决策能力。

本章深度阅读参考文献索引

1. 迈克尔·罗伯托（Michael A.Roberto）. 哈佛决策课——如何在冲突和风险中做出决策 . 北京：中国人民大学出版社，2018.

2. 杨国安 . 组织能力的杨三角 . 北京：机械工业出版社，2010.

3. 王伟立 . 华为的管理模式 . 深圳：深圳出版集团、海天出版社，2010.

4. 德鲁克 . 21 世纪的管理挑战（袖珍版）. 北京：机械工业出版社，2018.

5. 颜宪源 . 企业家综合决策能力的思考 . 中小企业管理与科技，2014-4.

6.【美】瑞·达利欧（Ray Dalio）. 原则 . 刘波译 . 北京：中信出版集团，2018.

7. 彭前元 . 企业家决策艺术十谈 . 交通财会，1994-3.

8. 柳更生 . 民企老板如何有效决策 . 百度文库 .

第九章 推进创新创业

创新创业是 21 世纪中国的最强音。“大众创业、万众创新”已经成为这个时代的主旋律。创新创业不仅推动了中国经济的转型和可持续发展，较好地解决了就业问题，还推动了科学技术的进步。一大批新型企业应运而生，新产品、新技术、新服务层出不穷，呈现出创业服务从政府为主到市场发力、创业主体从“小众”到“大众”、创业活动从内部组织到开放协同、创业载体从注重“硬条件”到更加注重“软服务”的新格局。创新创业有成功，也有失败。如何推进企业的创新创业，可能是无数企业家经常思考的一个重要问题。

一些创新创业成功的企业，将其创新创业的过程和成功的道路总结成书，对其他企业的创新创业是有借鉴意义的。周留征的《华为创新》、曾鸣的《智能商业》、郝亚洲的《海尔转型笔记》等分别记载了华为、阿里巴巴、海尔等中国优秀企业的创新创业史。彼得·德鲁克的《创新和企业家精神》给出了创新的七个来源，首次将实践创新与企业家精神视为所有企业和机构有组织、有目的、系统化的工作，并与我们共同探讨这些问题的答案。詹姆斯·布雷丁的《创新的国度》梳理了瑞士 14 个主要行业如钟表业、食品业、旅游业、制药业、金融业等从中世纪到现在的发展轨迹，揭示了瑞士在开放、创新和制度等层面的成功动因，同时也指出了未来的挑战和问题。迈克尔·波特的《国家竞争优势》提出了系统而可操作的国家竞争力分析框架，并指出了在当今激烈的国际竞争环境下，国家和企业的角色特点和行动策略，作者提出的国家竞争优势四方面，组成一个四边形，通常被称为波特的“国家竞争优势钻石理论”。本章在阅读以上专著的基础上结合我所经历的企业转型创新成败，就企业如何推进创新创业谈了自己的认识。

一、时代呼唤创新创业

（一）党和政府支持创新创业

自 2014 年 9 月李克强总理在夏季达沃斯论坛上提出“大众创业、万众创新”的号召以来，国家陆续出台了支持创新创业的政策。2017年国务院出台五条政策鼓励创新创业：第一，鼓励地方设立创业基金，对众创空间等的办公用房、网络等给予优惠。对小微企业、孵化机构和投向创新活动的天使投资等给予税收支持。将科技企业转增股本、股权奖励分期缴纳个人所得税试点推至全国。第二，创新投贷联动、股权众筹等融资方式，推动特殊股权结构类创业企业在境内上市，鼓励发展相互保险。发挥国家创投引导资金的种子基金作用，支持国有资本、外资等开展创投业务。第三，取消妨碍人才自由流动的户籍、学历等限制，营造创业创新便利条件。为新技术、新业态、新模式成长留出空间，不得随意设卡。第四，盘活闲置厂房、物流设施等，为创业者提供低成本办公场所。发展创业孵化和营销、财务等第三方服务。第五，用简政放权、放管结合、优化服务更好发挥政府作用，以激发市场活力、推动“双创”。加强知识产权保护，通过打造信息、技术等共享平台和政府采购等方式，为创业创新加油添力。这些政策的出台，以创新的模式支持创新，着力破除审批“当关”、公章“旅行”、公文“长征”等现象，为创业创新提供了便利条件，给小微企业带来“真金白银”般的实惠；既能解决人才就业问题，又让小微企业的人力资源得到充分补充。

2018年国务院以国发〔2018〕32号发布《国务院关于推动创新创业高质量发展打造“双创”升级版的意见》，为深入实施创新驱动发展战略，进一步激发市场活力和社会创造力，推动创新创业高质量发展、打造“双创”升级版提出了指导意见。

（二）市场催生小微企业

从全球产品市场变化的大趋势来看，尽管航空、航天、航海、铁路、公路、钢铁等行业仍然生产大型设备，但是总体而言，产品市场的新特点是产品由大变小、由有形变无形、由制成品变服务品。在大型跨国公司攻城略地发展的同时，无数的小微企业如雨后春笋般遍地开花，形成大鱼小虾共生共荣的局面。

从全球经济发展和产业结构变化的大趋势来看，经济发展阶段不断提高。按照“经济发展四阶段”理论的划分，一个国家经济发展，从寻求生存阶段到经济起飞阶段，再到满足物质生活阶段，最后上升到追求生活质量阶段，与此相应的产业结构变化将从第一产业占比最大到第二产业占比最大，最后到第三产业占比最大。我国的产业结构于2012年发生了根本性的改变，第三产业在增加值中的占比首次成为最大值。在第三产业中，IT、金融、教育、医疗、体育等行业成为创新创业的主要行业。创业模式可以大致分为产业模式、贸易模式、服务模式、智源模式，其中与后三者相关的行业都属于第三产业。在当今世界经济发展中，巨无霸公司与小微企业可以共生，并且小微企业有机会在短时间内迅速成长为巨无霸。

（三）大数据、云计算、人工智能、互联网为创新创业提供便利条件

在人类科技发展突飞猛进的今天，新技术、新知识、新产品、新方法不是呈现“对数”增长方式，也不是呈现“线性”增长方式，而是呈现“指数”增长方式，即增长速度越来越快。突出的技术变化是计算机和互联网技术的快速发展。18世纪末期的伦

敦，随着纺织业普及机械化，第一次工业革命开始了。从前的纺织工作是在各个织工村舍中靠纺织工手工完成。之后，纺织生产统一在棉纺厂中完成，于是工厂诞生了。第二次工业革命始于 20 世纪初期。当时，亨利·福特在知晓流动组装线的运作之后，开创了大规模生产的新纪元。前两次工业革命都让人们收入水平大增，并推动了城市化的大发展。

在计算机技术的支撑下，第三次工业革命已经来临，制造业正转向数字化。紧接着，德国率先提出工业 4.0 的概念，制造业在数字化的基础上实现智能化。归纳而言，工业 1.0 是机械化和动力化，工业 2.0 是电力化和流程化，工业 3.0 是信息化和数字化，工业 4.0 是智能化和差异化。如今，人类进入了一个史无前例的阶段，我们从物质为基础和黄金为基础的社会，进入了以能源为基础和信息为基础的社会。大数据、云计算、人工智能、互联网等技术为创新创业提供了前所未有的大好时机和便利条件。

（四）制造业转型升级需要创新创业

改革开放以来，我国经济取得了非常快速的发展。农村家庭联产承包责任制的普及和国有企业改革对经济发展确实起到了重要作用，但经济发展真正进入“快速度、大幅度”阶段的里程碑是我国加入世界贸易组织的 2001 年。这一年，我国人均 GDP 首次达到 1000 美元，实现这一目标自新中国成立后用了 52 年的时间。此后，只用了 5 年，2006 年人均 GDP 就达到了 2000 美元，2016 年超过了 8000 美元。这一时期，在外资外贸带动下的制造业迅猛发展，我国成为世界制造业大国，“Made in China”遍及世界各个角落。可是“Made in China”并非真的完全是“中国制造”，准确的翻译应该是“在中国制造”，因为很多企业的主体并不是中国的，即使是中国企业而其核心技术很多也不是中国的。经济发展使得劳动力工资显著上升，也使得外资企业的用工成本大幅度增加。近年来，越来越多的外资企业离开中国，转移到印尼、越南、菲律宾及印度等东南亚国家。因此，我国制造业转型升级，不是面临的一种选择，而是现实无奈的挑战，是必须经历的阵痛。我国目前正经历着跨越“中等收入陷阱”的关键时期，从日本、韩国、阿根廷、巴西等国家的经验和教训看，这个时期制造业的占比必须保持比较高的水平才能成功快速地跨越“中等收入陷阱”，否则经济发展将在很长时间内停滞不前。经济学中资本的边际收益递减规律表明，靠资本推动的制造业发展遭遇瓶颈危机是必然的。我国要想成功跨越“中等收入陷阱”，就必须通过技术、管理、制度等各种创新，使得我国从制造业大国变为制造业强国。

二、正确理解创新

创新有很多定义。我比较认可邱国鹭、邓晓峰等在《投资中不简单的事》给出的定义，几位投资大咖认为投资追求价值，价值是通过技术、产品、商业模式创新创造出来的，并且还提出了创新判断的标准。

（一）创新定义和特征

创新是以前有但没用过的技术再造新产品和生意，与现有商业环境结合，创造出10倍于不同以往的体现和效率。创新具有以下特征：

（1）创新实现的区域包括在现有主流创新领域的附近运用现有资源；运用新的技术、创造出新的产品，挖掘新的创新领域。

（2）创新实现的可能性包括与现有主流领域的连接节点，与客户的连接节点，以及这些节点之间彼此的潜在联系数量和联系强度。

（3）创新的强度通常取决于现有成熟技术的应用程度及新要素的应用程度。

（二）创新判断标准

创新促使新生意诞生或原有生意快速整合，从而实现增长率；创业者推动创新不断出现，并创造好的组织和商业模式，为客户的投资者创造价值。好的创新要促进规模收益递增、产生网络效应、形成品牌效应、产品黏性和规模经济。是否是创新，有两条基本判断标准：

（1）产品和服务体验是否与现有产品或服务完全不同。

（2）效率是否完全不同。

（三）如何找到好的创新

好的创新，对于新元素的利用越充分，与已有的产品差距越大，新体现越强大，成功程度越高。好的创新处于渗透过程的标准是：

（1）产品已经推出并受到好评。

（2）该项业务的收入超过100%增长，对于公司的收入和市值已经有所贡献。

（3）业务有规模经济，达到一定规模以后可以盈利，而且可以有很高的投资回报和内部收益率。

三、什么企业什么时候最需要创新创业

（一）创新内涵及种类

创新是企业家的特定工具，他们利用创新改变现实，作为开创其他不同或服务的机遇。创新是新产品、新方法、新市场、新原料、新的组织形式、新的管理方法、新系统、新过程、新服务等形成过程。

创新就是建立一种新的生产函数，也就是说把一种从来没有过的关于生产要素和生产条件的“新组合”引入生产体系，它包括五种情况：

（1）引进新产品。

（2）引进新技术，即新的生产方法。

（3）开辟新市场。

（4）挖掘原材料的新供应来源。

（5）实现企业的新的组织。

彼得·德鲁克认为创新不仅仅是指知识和技术的创新，其中还包括产品的创新——即产品和服务的创新；管理的创新——即制造产品与服务，并且将它们推出上市所需要的各种技能与活动的创新；社会的创新——即市场、消费者行为和价值的创新。创新也不是单个高层，中层和员工个人的事情，而是“集体的创新”——企业家精神。

（二）创业内涵及种类

创业指创办企业，创办企业又分为两种，一是谋生，二是满足现今消费者的需求。

创业是创业者对自己拥有的资源或通过努力对能够拥有的资源进行优化整合，从而创造出更大经济或社会价值的过程。创业是一种需要创业者组织经营管理、运用服务、技术、器物作业的思考、推理和判断的行为。根据杰夫里·提蒙斯（Jeffry A.Timmons）所著的《创业创造》（New Venture Creation）的定义：创业是一种思考、推理结合运气的行为方式，它为运气带来的机会所驱动，需要在方法上全盘考虑并拥有和谐的领导。创业的种类有：

1. 复制型创业

复制原有公司的经营模式，创新的成分很低。例如某人原本在餐厅里担任厨师，后来离职自行创立一家与原服务餐厅类似的新餐厅。

2. 模仿型创业

这种形式的创业，对于市场虽然也无法带来新价值的创造，创新的成分也很低，但与复制型创业的不同之处在于，创业过程对于创业者而言还是具有很大的冒险成分。例如某一纺织公司的经理辞掉工作，开设一家当下流行的网络咖啡店。

3. 安定型创业

这种型式的创业，虽然为市场创造了新的价值，但对创业者而言，本身并没有面临太大的改变，做的也是比较熟悉的工作。这种创业类型强调的是创业精神的实现，也就是创新的活动，而不是新组织的创造，企业内部创业即属于这一类型。例如研发单位的某小组在开发完成一项新产品后，继续在该企业部门开发另一项新品。

4. 冒险型创业

这种类型的创业，除了对创业者本身带来极大改变，个人前途的不确定性也很高；对新企业的产品创新活动而言，也将面临很高的失败风险。冒险型创业是一种难度很高的创业类型，有较高的失败率，但成功所得的报酬也很惊人。

（三）一般的企业创新做法

人人都知道创新的重要性，激烈的竞争，瞬息万变的市场和技术已经让人们对此深信不疑，但关键问题是，该如何进行创新呢？创新是每位高层管理者的职责，它始于有意识地寻找机遇。如果你懂得在哪里以及如何寻找创新机遇，你就能系统化地管理创新；如果你懂得运用创新的原则，你就能使创新发展为可行的事来。这就是德鲁克在《创新与企业家精神》中为我们揭示的重点。如何寻找创新机遇？将创意发展可行的事业有何原则和禁忌？什么样的政策和措施才能使机构成功地孕育出企业家精神？具有企业家精神的机构如何组织和配备人员？如何成功地将一项创新引入市场，赢得市场？德鲁克在经典之作《创新与企业家精神》中，首次将实践创新与企业家精神视为所有企业和机构有组织、有目的、系统化的工作，并与我们共同探讨这些问题的答案。

企业应该采取什么样的战略更容易获得创新成功呢？彼得·德鲁克认为有四种企业家战略，即孤注一掷，攻其软肋，找到并占据一个专门的“生态利基”，改变产品、市场或一个产业的经济特征。

1. 孤注一掷

彼得·德鲁克认为“孤注一掷”的战略的风险性最大，犹如一场豪赌。但是它一旦成功，它所带来的回报是不可估量的。相反，如果“孤注一掷”没有命中目标，所带来的损失也是不可估量的。

2. 攻其软肋

攻其软肋中一个重要的战略是创造性模仿。一个创造性模仿的范例是我国“万燕”VCD 的发展与消亡。“万燕”VCD 是我国自主研发设计的第一款家用影音电器。万燕作为技术开创者，本应该是自主创新，产业自强的先行者，却成为了先烈。被后来的步步高等企业领先市场。万燕 VCD 的技术是最先进的，消费的价格在刚进入消费者市场的时候也是令消费者望尘莫及的。当步步高等企业掌握了 VCD 的技术后，也就是说技术不再成为进入障碍的时候，步步高等企业利用自身的生产能力很快实现了规模经济，大大地降低了产品价格，也快速地占领了市场。而万燕只能成为“革命先烈”。

3. 找到并占据一个专门的“生态利基”

找到并占据一个专门的“生态利基”，“生态利基”战略的目标就是取得控制权，包括收费站战略，专门技术战略，专门市场战略。“五星”级酒店的定位在于它只提供高端客户的服务，它的客户接受的服务称得上是贵宾级待遇，包括客房的舒适度和整洁度、装修、服务、订餐、附加服务等等。“五星”级酒店的服务针对的人群都是上等地位的高端人士，放弃了中端和低端的消费群体，避开了和一般酒店直接的针锋相对的竞争。同时，“五星”级酒店的客户所付出的服务费用也是相对高昂的。以高昂的酒店服务费得到贵宾的待遇是高端人士选择“五星”级酒店的原因。

4. 改变产品、市场或一个产业的经济特征

改变价值和特征，能为客户提供价值的产品才是具有强大生命力的市场产品，为客户创造了价值带来的是创造更多的客户。在英国的茶具市场中，英国人泡茶时遇到的最大的问题并不是茶壶，而是与茶壶互补的水。因为水中含有碳酸钙成分，在水煮开的过程中不断的沉淀，最后混入泡好的茶中，影响了茶水的口感。飞利浦公司发现了水的问题，随后发明了一个新的茶壶，壶口有个过滤器，在倒水的时候能够有效的过滤碳酸钙。这样英国人很快接受了这款新产品。这款茶壶的设计带来了新的价值提升，很快在市场上创造了很多客户，这个产业也进入了高速发展的阶段。

一般情况下，企业创新要通过以下过程：

（1）通过市场洞察、与竞争对手对标、进行用户调查了解顾客需求和同类产品的发展方向；通过对主要人员访谈、专题座谈、组织管理现状分析、组织绩效评估了解企业面临的急需解决的主要问题。

（2）编制创新的可行性方案（产品设计方案、软件开发方案、服务推广方案、管理工具引进实施方案、组织结构调整方案等等）；方案包括市场洞察、现状分析、创新目的、主要目标、市场定位或目标客户（或解决的主要问题）、费用预算、主要工作内容和进度安排、组织方式及资源配置、输出物及评价方式。

（3）实施方案。产品创新包括功能需求分析及创意分析、产品设计、小试、中试、评审验证确认、小批量生产、批量生产。管理创新和组织创新则是按方案明确的措施实施推进，并在完成每一个阶段任务后进行适当回顾的复盘。

（4）全面复盘总结和改进。

（四）一般的企业创业做法

我们在这里谈企业创业，一是指正常运作的企业，为了更好地发展，实施体制转型，将内部一些组织（部门）市场化，让其面对市场，成为独立的公司，自负盈亏；二是指从企业减员一部分人，通过自谋职业，创办新企业。无论是哪种情况，一般的企业创业通常做法是：

1. 选择创业项目

通常情况下，创业项目有以下几类：

（1）从观念上来看，创业项目分为传统创业和新兴创业。

新兴创业比如现在流行的个性影像店，是个千元投资的项目，只需小型印刷烫画机和相关的材料，外加电脑、打印机、数码相机就可以了。

（2）从方法上来看，创业项目分为实业创业和网络创业。

（3）从投资上来看，创业项目分为无本创业，小本创业和高额创业。

小本创业有个性数码影像比如水晶项目、热转印项目、PVC 证卡项目、神奇石画、个性相册、立体全景画项目等。这些项目投资小，门槛低，适合初期创业者创业。

（4）从方式上来看，创业项目分为加盟创业，体验式培训创业和创业方案指导创业。

创业加盟连锁机构，比如：彼岸文化个性数码影像连锁机构。

选择创业项目要考虑以下原则：

1）选择个人有兴趣或擅长的项目。

2）选择市场消耗比较频繁或购买频率比较高的项目。

3）选择投资成本较低的项目。

4）选择风险较小的项目。

5）选择客户认知度较高的项目。

6）可先选择网络创业（免费开店）后进入实体创业项目。

2. 编制一份创业计划书

创业不是仅凭热情和梦想就能支撑起来的，因此在创业前期制定一份完整的、可执行的创业计划书，应该是每位创业者必做的功课。通过调查和资料参考，要规划出项目的短期及长期经营模式，以及预估出是否赚钱、赚多少钱、何时赚钱、如何赚钱以及所需条件等。当然，以上分析必须建立在现实、有效的市场调查基础上，不能凭空想象，主观判断。根据计划书的分析，再制定出创业目标并将目标分解成各阶段的分目标，同时订出详细的工作步骤。

通常情况下，一份合格的创业计划书包括以下内容：

（1）创业的内容：包括创办事业的名称、事业规模大小、营业项目或主要产品名称等，即所创事业为何。先订出所营事业的规模及营业内容，这是创业评估的基础。

（2）信息分析：对于所创事业相关环境分析，除了了解相关法令规定之外，还要了解潜在客户在哪里、竞争对手是谁、切入的角度或竞争手法为何、这一行业服务或产品的市场价格是多少、一般的毛利率为何。

（3）创业资金规划：创业的资金可能包括个人与他人出资金额比例、银行贷款等，这会影响整个事业的股份与红利分配多寡。对先前所设定事业规模下需要多少开办费用（硬件与软件）、未来一年要准备多少营运资金等做出估算。

（4）经营目标：目前社会环境变迁快速，设立营业目标大多不超过一年。新创事业应参考相同规模同业之月营业额，订出自己的营业目标。

（5）财务预估：预估第一年的营业收入与支出费用的大概，这些预估数字的主要目的，是让创业者估算出所营事业的每月支出与未来可能利润，并明了何时能达到收支平衡，并算出未来经营企业的利润。

（6）营销策略：营销策略包括，了解服务市场或产品市场在哪里？同业一般使用的销售方式为何，自己的竞争优势在哪里？营销手法相当多，包括 DM 、电话拜访、现场拜访、商展、造势活动、网络营销等等，创业者应搜集这些营销手法的相关资料。

（7）企业风险评估：企业在创业的过程中可能遭受挫折，例如：景气变动、竞争对手的消长、股东意见不合、产品或服务退出流行、执行业务的危险性等等，这些风险甚至会导致创业失败，因此需列出事业可能碰到的风险，及应对的办法。

（8）其他：包括事业愿景、股东名册、事业组织等或创业者所特别要向投资者说明之事项。

3. 制订资金运作计划

周密的资金运作计划是保证“有粮吃”的重要步骤。在项目刚启动时，一定要做好3个月以上或到预测盈利期之前的资金准备。但启动项目后遇到不可避免的变化，则需适时调整资金运作计划。如果能懂得一些必要的财务知识，计划好收入和支出，始终使资金处于流动中而不出现“断链现象”，那么项目的初期就能为未来发展打好基础。

在创业阶段预测业务收入和成本与其说是一门学问，不如说是一种艺术。许多创业者抱怨：建立具有任何准确度的预测都会花费大量时间，这些时间原可以用于销售。但如果你不能提供一套周密预测的话，很少会有投资者投钱给你。更重要的是，合理的财务预测会帮助你制定和运行各种计划，有助于公司的成功。如何制订资金运作计划？

（1）从成本开始，而不是收入。在创业阶段，预测成本比预测收入容易得多。比如固定成本/一般管理费用包括：租金、公共费用支出（水电煤气费）、电话费/通讯费、会计费、法律/保险/许可费、邮费、技术、广告/营销、工资等；可变成本则包括：已销售商品成本、材料和供应、包装等；还有直接人工成本。

（2）用保守和积极两种方式预测收入。如果你像多数创业者一样，就会常常在保守的现实和积极的理想状态间起伏，这会让你动力十足，也能帮助你鼓舞他人。我把这种理想状态称为“大胆的理想主义”。我并不建议忽略大胆理想主义而完全基于保守的考虑来制定预测，相反，我建议你拥抱梦想，至少制定一套在积极假定下的计划。除非你想做大，否则你永远都不会做大！通过制定两套收入计划（一个积极的，一个保守的），你会迫使自己做出保守的假定，然后根据积极的计划再放宽其中一些假定。

（3）检查主要比率，确保计划可靠。在制定了积极的收入预测以后，很容易忘掉成本。许多创业者会乐观地专注于达到收入目标上，如果不能实现，就假定成本能被调整到适应现实的基础上。积极的思维也许会帮助你增加销售，但不能帮你减少成本！

4. 强化团队或个人的创业能力与知识

俗话说“不打无准备之战”，创业者要想成功，必须扎扎实实做好充分准备和知识的不断积累。除了合理的资金分配，创业者还必须懂得营销之道，比如如何进货，如何打开产品的销路，消费者对产品的需求，都要进行充分地调查研究。这些知识获取渠道可以是其他成功者的经验，也可以是书本理论知识。同时还要学会和各类人士打交道，如工商、税务、质检、银行等，这些部门都与企业的生存发展息息相关，要善于同他们交朋友，建立和谐的人脉关系。

5. 培养一个执行力强和效率高的团队

无论是做什么事情，都是需要由人去完成的。有了创业计划和创业能力及知识后，还需要组建一支执行力强，运作效率高的团队。团队是创业项目成功的基础。在哪里找到团队呢？可以分为网络或实地，网络找团队的优点：只要在网上搜索一下自己相关感兴趣的人就可以了，或者到专业的论坛里面找，比如90后创业论坛、同城创业论坛等等，有一定范围，不受空间限制。缺点是：不能很深入地了解你要找的团队伙伴。实地找团队的优点：一般都是朋友或聚会上认识的，彼此很容易了解对方的性格、兴趣爱好的差别。但受空间限制，很难找到你想要的团队。

6. 营造一个好的氛围

由于缺少商业经验，创业者总会显得“心有余，而力不足”。不如给自己营造一个小的商业氛围，比如加入行业协会，就可以借此了解行业信息，学会借助各种资源结识行业伙伴，建立广泛合作，提升自己的行业能力。千方百计给自己营造一个好的商业氛围，这对创业者的起步十分重要。

7. 学会从“走”到“跑”

在创业的初期，受资金的限制，或许很多事都需要创业者本人亲自去做，不要认为这是“跌份”或因此叫苦不迭，因为不管任何一个企业，从“走”到“跑”都是要经历一个过程的，只有明确目标不断行动，才能最终实现目标。同时在做事的过程中，要分清主次轻重，抓住关键重要的事情先做。每天解决一件关键的事情，比做十件次要的事情会更有效。当企业立了足，并有了资金后，就应该建立一个团队。创业者应从自己亲历亲为，转变为发挥团队中每一个人的作用，把合适的工作交给合适的人去做。一旦形成了一个高效稳定的团队，企业就会跨上一个台阶，进入一个相对稳定的发展阶段。

8. 明确如何盈利

做企业的最终目的就是盈利，无论你的点子有多少，不能为企业赢利就不具备商业价值。因此无论是制定可行性报告、工作计划还是活动方案，都应该明确如何去盈利。企业的盈利来源于找准你的用户，了解你最终使用客户是谁，他们有什么需求和想法，并尽量使之得到满足。

9. 规避创业风险

成本低、收益快的投资项目是创业者梦寐以求的选择，而很多招商者也抓住了很多投资者的这种心理，利用网络做大肆的虚假宣传。这就需要投资者擦亮自己的眼睛，不要被诱人的广告所迷惑，首先看投资的项目是否合法，是否有国家工商局的许可；其次要深入招商者下属的加盟店做实地调查，看经营状况如何，是否值得我们去投资；最否，从实地考察到签约到经营，我们都要步步小心，漫天的招商广告，有几许值得我们信任呢？大胆创业的同时，我们也应该提高警惕，小心受骗。

10. 不断总结复盘，在失败中学会成长

从创业成功案例中不难发现，创业者往往都有“见了南墙挖洞也要过去”的信心。从小就知道“失败是成功之母”这个真理的创业者，又有多少人真正体会到其中的力量呢？如果创业失败了，你又应该怎样面对失败？充分的准备和不断地学习，就能够在很大程度上减少这种概率所起的作用。与此同时调整方案，换个方式和方法继续前进，永远不要停止前进的脚步。经历过一个“死而复生”的过程，就能在未来的发展中脚步更加坚定。永远要记住一点：信心是企业迈向成功的阶梯。

（五）什么企业最需要创新创业

产品技术发展快、市场可替代性强的制造业、服务业、互联网企业需要创新；企业需要转型、行业处于调整期、企业进行组织结构调整人员冗余的企业需要创业。

（六）什么时候企业最需要创新创业

在彼得·德鲁克《创新与企业家精神》一书中总结了创新机遇的来源有七个方面：

前面四个来源于企业的内部，不论它是商业性机构还是公共服务机构，或是存在于某个产业或服务领域内部。后面三个来源涉及机构或产业外的变化。

（1）意料之外的事件——意外的成功、意外的失败、意外的外部事件。

（2）不协调的事件——现实状况与设想或推测的状况不一致的事件。

（3）基于程序需要的创新。

（4）每个人都未曾注意到的产业结构或市场结构的变化。

（5）人口统计数据（人口变化）。

（6）认知、意义及情绪上的变化。

（7）新知识，包括科学和非科学的新知识。

当出现以上七种情况之一时就应当开展创新。

（七）当下新企业创新的组织形态

在本书其他章节，我在谈组织变革转型时，已经总结分析了互联网时代的组织形态。通常情况下在现在企业组织模式下的创新创业，其组织形态主要是小微企业和项目制。

1. 小微企业

企业可以根据项目大小和多少，灵活地采取众多的团队人数不等的小微企业进行创新创业。通过先孵化、培育、支持，帮助创业人员和创新产品和组织成长，再根据产品和服务市场情况扩大企业规模。

2. 项目制

以创新的项目为对象，组建项目团队，制订项目全过程目标及方案，实施项目考核，推进项目实施落地。

四、企业创新创业的经验和案例

（一）海尔的创新创业

2019 年 6 月 21~22 日，我作为金风科技 2018 创新评优十佳团队负责人，按集团创新管理部的安排，随团参加了金风科技与青岛海尔集团的创新学习交流活动，历时 2 天。来自金风科技集团的 22 名代表参观了海尔展览馆，与海尔负责创新的海创汇和海尔产品研发创新平台相关负责人进行了沟通交流；主要先后听了《共建全球共享创业加速生态平台》和《企业开放式创新体系战略及运作》两个专题介绍。通过参观学习、交流沟通，对海尔的“人单合一”模式和有关创新的文化、理念、运作工具和方法有了一定的了解，了解了海尔的创业、发展、创新、再发展的历史，为有这样的中国企业而自豪。尽管金风科技和天润新能与海尔完全是不同的行业，商业模式完全不一样，但海尔的文化、创新理念和运作模式还是可借鉴的。以下是学习过程中的收获分享。

1. 对“人单合一”模式的认识

张瑞敏先生提出的“人单合一”双赢模式，不仅使海尔不断发展，更受到国内外企业家及企业管理者的推崇，且成为哈佛商学院案例。“人单合一”则为海尔成为物联网时代第一生态品牌提供了管理模式的支撑。通过“人单合一”，在战略上，海尔从封闭的企业变成了开放的生态平台，颠覆了传统规模与范围的理论，以用户不断迭代的需求，构建生生不息的生态服务系统，导向生态品牌共创共赢。

“人单合一”模式不同于一般意义上的竞争方式和组织方式，也不同于传统的业务模式和盈利模式的范畴，而是顺应互联网时代“零距离”和“去中心化”“去中介化”的时代特征，从企业、员工和用户三个维度进行战略定位、组织结构、运营流程和资源配置领域的颠覆性、系统性的持续动态变革，在探索实践过程中，不断形成并迭代演进的互联网企业创新模式。

“人单合一”的字面释义：“人”，指员工；“单”，指用户价值；“合一”，指员工的价值实现与所创造的用户价值合一。“人单合一”的基本含义是，每个员工都应直接面对用户，创造用户价值，并在为用户创造价值中实现自己的价值分享。员工不是从属于岗位，而是因用户而存在，有“单”才有“人”。

在海尔集团的实践探索中，“人”的含义有了进一步的延伸，首先，“人”是开放的，不局限于企业内部，任何人都可以凭借有竞争力的预案竞争上岗；其次，员工也不再是被动执行者，而是拥有“三权”（现场决策权、用人权和分配权）的创业者和动态合伙人。“单”的含义也进一步延伸，首先，“单”是抢来的，而不是上级分配的；其次，“单”是引领的，并动态优化的，而不是狭义的订单，更不是封闭固化的。因此，“人单合一”是动态优化的，其特征可以概括为两句话，“竞单上岗、按单聚散”；“高单聚高人、高人树高单”。“人单合一”的“合一”即通过“人单酬”来闭环，每个人的酬来自用户评价、用户付薪，而不是上级评价、企业付薪。传统的企业付薪是事后评价考核的结果，而用户付薪是事先算赢，对赌分享的超利。

“人单合一”模式从薪酬驱动的方式根本性变革倒逼企业两个变量——战略和组织的模式颠覆，体现为“三化”——企业平台化、员工创客化、用户个性化。企业平台化，即企业从传统的科层制组织颠覆为共创共赢的平台；员工创客化，即员工从被动接受指令的执行者颠覆为主动为用户创造价值的创客和动态合伙人；用户个性化，即用户从购买者颠覆为全流程最佳体验的参与者，从顾客转化为交互的用户资源。

模式的颠覆同时颠覆了企业、员工和用户三者之间的关系。传统模式下，用户听员工的，员工听企业的，“人单合一”模式下，企业听员工的，员工听用户的。战略转型、组织重构和关系转变带来的是整个商业模式的重建。

“人单合一”双赢的本质是：我的用户我创造，我的增值我分享。也就是说，员工有权根据市场的变化自主决策，员工有权根据为用户创造的价值自己决定收入。

“人单合一”双赢模式使每个人都是自己的 CEO，并组成直面市场的自组织，每个员工通过为用户创造价值来实现自身价值。

在管理指导思想层面，“人单合一”双赢模式以用户为中心、以战略创新为导向，开创性地把以人为本的管理思想往纵深发展，更加突出个人和自主经营团队的主体地位，推动企业经营活动持续动态升级，实现企业、员工、顾客的互利共赢。

在管理实践层面，“人单合一”双赢模式彻底抛弃传统管理模式下的科层制，让员工从原来被动的命令执行者转变为平台上的自驱动创新者；创业员工并非局限于企业员工，而是生态圈的概念。

2. “海创汇”创业生态平台

“海创汇”作为海尔集团的创业孵化平台，海创汇聚合了海尔生态圈产业资源及开放社会资源，为创客提供综合的创业孵化服务，包括投资基金、创客学院、供应链 & 渠道加速、孵化基地、创新技术对接等 3 大类 9 小类 29 项服务。“海创汇”具有指导职能和投资职能。公司各环节围绕用户需求、同一目标协同起来解决问题。

“海创汇”是海尔集团由制造产品向孵化创客转型的创业平台，支持海尔员工和其他公司初创企业。依托海尔集团大企业产业资源及海创汇开放的生态资源为中小企业加速赋能，让创业者加速成长，减少失败。为创业者提供产业资源加速、投融资、创业培训、创客空间等一站式加速服务。公司提供舞台，员工和外部人员来演戏。

“海创汇”与一般创业平台的区别是从有围墙的花园变成开放的原生态热带雨林，体现出互生、共生、再生的共享特质；它是有根创业，不同于传统的孵化，起到加速转化的作用；它体现出企业家精神，不同于硅谷的创业，是对创业家孵化。

“海创汇”的布局包括：海创汇家——线下空间（社群）、海创汇云——线上共享创业云平台、海创汇金——基金 +FA。

“海创汇”有五大创业模式：内部员工创业、万众创业、资源共享、跨境孵化和生态投资。

“海创汇”实行创客所有制，员工变创客，打破了原来的科层所有制。成为创客就要投资（员工持股 30%），就与公司断奶，与公司解除劳动合同，成功分享收获，失败承担损失。海尔的小微企业就是大工匠平台下的虚拟公司。

“海创汇”已经在 11 个国家设立 28 个孵化基地，涉及 9 大行业的 3000 多个项目，估值达到 750 亿元，达到 50% 的成功率，产生 2 个 IPO 和 2 个独角兽企业。

3. 海尔的 HOPE 开放式创新平台

HOPE 成立于 2009 年 10 月，最初是海尔成立的开放式创新团队，经过多年来的发展，目前已经成为海尔旗下独立的开放式创新服务平台。HOPE 平台是一个创新者聚集的生态社区，一个庞大的资源网络，也是一个支持产品创新的一站式服务平台。

（1）主要特色有：

1）聚合全球资源，破解技术难题。基于 HOPE 平台覆盖全球的一流资源网络，根据客户的需求，快速、精准的匹配所需的技术资源，破解在创新过程中遇到的难题。

2）洞察用户痛点，定义产业需求。通过“微洞察”工具进行精准的用户行为洞察，挖掘痛点，定义用户真实需求，为客户进行产品创新提供用户数据支持，挖掘创新机会点和创新方向。

3）为创新找市场，为创新加速。HOPE是支持产品创新的一站式服务平台，不仅为创新企业提供专业的技术对接服务，还帮助技术持有者实现技术商业化，加速产业落地；同时，为通过验证的项目提供加速器服务，提供研发基金及资源配置服务。

4）监控全球技术动态。通过自建的全球技术舆情监控系统、大数据爬虫系统，对全球技术动态进行实时监控；同时，创新合伙人社群汇聚了全球各领域专家、学者，对各领域的动态能够第一时间获取信息。

（2）主要服务内容包括：

1）微洞察。借助互联网手段收集用户生活场景，分析用户行为，挖掘用户痛点的一种新型的用户研究体系。微洞察包括：①微用户：包含完整信息的真实用户数据库。②微场景：记录用户家庭生活状态的素材库（视频、图片、语音、文字）。③微讨论：针对指定课题的非公开讨论群组，可结合用户访谈、调查问卷、创新工作坊等多种调研手段一起进行。

微洞察的所有流程全部通过线上完成，通过用户提供的目标素材，可以高效地完成用户及对应素材的筛选和过滤，同时基于每个用户所展现出来的不同表象，针对性地进行在线深访，避免同质化问题的低质量答复，同时更精准地切中用户核心痛点，进行有效洞察。

2）专家服务。HOPE创新合伙人社群汇聚了一批来自全球各个领域的专家资源，他们有着多年的技术背景和实践经验，可以为企业解答产品创新过程中遇到的技术难题，找到创新方向；HOPE也希望招募更多的专家加入创新合伙人社群，为企业创新明确研发方向、规避风险，实现技术和知识的商业化。

3）竞争性情报服务。HOPE技术情报团队立足于HOPE开放创新平台，为内外部客户提供技术信息动态跟踪、信息简报、专题报告等专业情报服务。借助广泛优质的信息源网络、先进的数据采集技术以及专业的数据库资源，情报团队能够实时洞察家电及其相关行业最新的技术进展、竞争态势，并做出专业的分析与解读，支撑客户产品技术创新与战略决策。

4）新兴科技资源寻源。利用海尔系统化的全球科技“蛙眼监控系统”，为客户企业提供订制化的全球最具优势的科技创新资源的扫描、识别和机会挖掘，帮助企业实现技术应用转化。

特定技术寻源服务：精准匹配针对具体需求的技术和解决方案。特定技术寻源服务流程如图9–1所示。

5）前沿科技监控服务。根据长期关注的技术领域和方向，持续监控新兴科技和动态，前沿科技监控服务流程如图9–2所示。

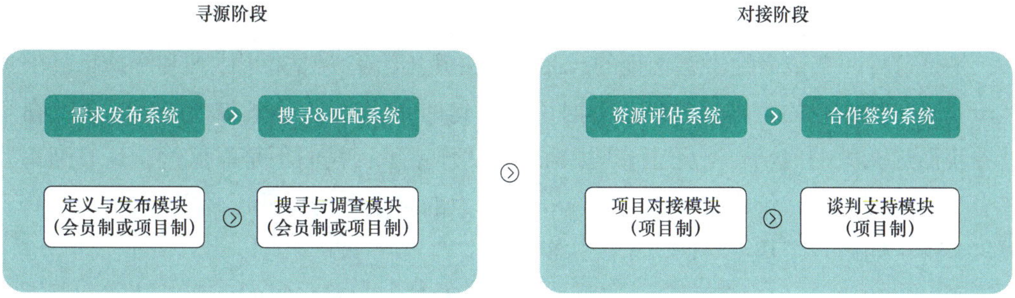

图 9–1　特定技术寻源服务流程

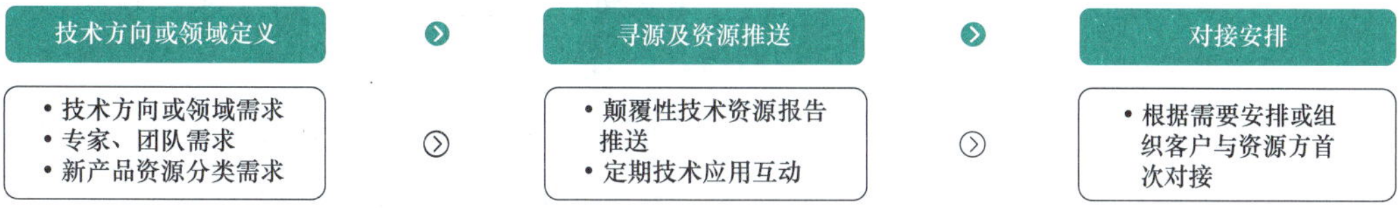

图 9–2　前沿科技监控服务流程

（二）华为的创新

华为是当今世界上最具创新力的公司之一。华为的创新包括技术创新、制度创新、产品微创新、市场与研发的组织创新、决策体制创新。

1. 华为的创新实践之一：技术创新

到 2012 年年底华为拥有 7 万多人的研发队伍，占员工人数的 48%，是全球各类组织中研发人数最多的公司；从 1992 年开始，华为就坚持将每年销售额的至少 10% 投入研发，什么事情都可以打折扣，但“研发的 10% 投不下去是要被砍头的”——这是华为主管研发的负责人说的。2013 年华为研发投入 12.8%，达到 53 亿美金，过去 10 年的研发投入，累计超过 200 亿美金；华为在全球有 16 个研发中心，2011 年又成立了面向基础科学研究为主的 2012 实验室，这可以说是华为的秘密武器。另外，数学在华为研发上有重大贡献。10 多年前，任正非就有明确认知：中国人擅长数理逻辑，数学思维能力很强，这跟中国人的哲学有关系，中国哲学是模糊哲学——儒家、道家基础上的模糊哲学，缺乏形而上学的思辨传统。基于这一点，华为在材料学研究、物理领域尽量少地投入，但在数学研究方面的投入是巨大的。

华为的俄罗斯研究所和法国研究所，主要从事数学研究。俄罗斯人的数学运算能力也是超强的，在华为的 2G、3G 研究方面有重大贡献。

华为在欧洲等发达国家市场的成功，得益于两大架构式的颠覆性产品创新，一个叫分布式基站，一个叫 SingleRAN，后者被沃达丰的技术专家称作“很性感的技术发明”。这一颠覆性产品的设计原理，是指在一个机柜内实现 2G、3G、4G 三种无线通信制式的融合功能，理论上可以为客户节约 50% 的建设成本，也很环保。华为的竞争对手们也企图对此进行模仿创新，但至今未有实质性突破，因为这种多制式的技术融合，背后有着复杂无比的数学运算，并非简单的积木拼装。

正是这样一个革命性、颠覆性的产品，过去几年给华为带来了欧洲和全球市场的重大斩获。一位国企的董事长见任正非时说了一句话，“老任，你们靠低价战术怎么在全世界获得这么大的成功？”任正非脱口而出，“你错了，我们不是靠低价，是靠高价。”在当时的欧洲市场，价格最高的是爱立信，华为的产品平均价低于爱立信 5%，但高于阿尔卡特－朗讯、诺基亚－西门子 5%~8%。

所以，2012~2013 连续两年，当欧盟的贸易专员发起对华为的所谓反倾销、反补贴调查时，华为的欧洲竞争对手，包括爱立信、阿朗、诺西等，全部站出来为华为背书，说华为没有低价倾销。即使如此，为了获得在欧洲的商业生态平衡，华为最后还是做了妥协。任正非说，我要做投降派，要举白旗，我提升价格与爱立信一样，或略高一些。什么叫投降派、举白旗呢？华为要想在这个世界进一步做强、做大，就必须立足于建立平衡的商业生态，而不是把竞争对手赶尽杀绝。当华为把其他竞争对手赶尽杀绝了，华为就是成吉思汗，就是希特勒，华为一定会灭亡，这是任正非的观点。

创新是广义的，包括技术创新、产品创新、商业模式创新，还应该包括制度创新、组织创新等。

2. 华为的创新实践之二：“工者有其股”的制度创新

这应该是华为最大的颠覆性创新，是华为创造奇迹的根本所在，也是任正非对当代管理学研究带有填补空白性质的重大贡献——如何在互联网、全球化的时代对知识劳动者进行管理，这在过去百年一直是管理学研究的薄弱环节。

从常理上讲，任正非完全可以拥有华为的控股权，但创新一定是反常理的。在 26 年前，华为创立的第一天起，任正非就给知识劳动者的智慧——这些非货币、非实物的无形资产进行定价，让“知本家”作为核心资产成为华为的股东和大大小小的老板，到今天为止，华为有将近 8 万股东。最新的股权创新方案是，外籍员工也将大批量的成为公司股东，从而实现完全意义上的“工者有其股”，这无疑是人类有商业史以来未上市公司中员工持股人数最多的企业，也无疑是一种创举，既体现着创始领袖的奉献精神，也考验着管理者的把控能力：如何在如此分散的股权结构下，实现企业的长期使命和中长期战略，满足不同股东阶层、劳动者阶层、管理阶层的不同利益，从而达成多种不同诉求的内外部平衡，其实是极富挑战的——前无经验可循，后面的挑战依然很多。从这一意义上看，这种颠覆性创新具有独特的标本性质。

3. 华为的创新实践之三：产品微创新

早期，不管西方公司还是华为给运营商卖设备都是代理商模式，是华为改变了当年中国市场的营销模式，由代理模式走向了直销模式。这个模式首先是被逼出来的——产品差，不断出问题，然后就得贴近客户去服务。华为的老员工经常说一个词，叫作“守局”，这里的局指的是邮电局，就是今天的运营商。设备随时会出问题，华为那些年轻的研究人员、专家，十几个人经常在一台设备安装之后，守在偏远县、乡的邮电局

（所）一个月，两个月，白天设备在运行，晚上就跑到机房去检测和维护。设备不出问题是侥幸，出故障是大概率。

这就逼出了华为的微创新文化。举个例子，曾经，华为交换机卖到湖南，一到冬天许多设备就短路，什么原因呢？把一台出故障的设备拉回深圳，一帮人白天黑夜琢磨到底是什么问题。最后发现外壳上有不知道是猫、还是老鼠撒的尿，就研究是不是症结在这儿？好，试一试，在设备上撒一泡尿，电一插发现没问题，又苦思冥想。到了第二天有人突然说不对，昨天那个谁谁撒尿之前喝了水，人也年轻，找一个老一点的同事，几个小时别喝水，撒一泡尿再试试。果不其然，撒完尿，电源一插崩一下断了。最终确定，尿里面所含的成分是断电的原因。湖南冬天的时候老鼠在屋内到处窜，交换机上的污渍可以肯定是老鼠尿，撒尿导致断电，华为的工程师们就针对这一具体问题进行产品改造，很快问题就解决了。

华为能够从一家小公司成长为让全球客户信赖的大企业和行业领导者，必须承认，20 多年不间断的、大量的贴近客户的微创新是一个重要因素。有一位华为老员工估计，20 多年华为面向客户需求这样的产品微创新有数千个。正是由于华为跟客户不断、频繁的沟通，正是由于西方公司店大欺客，尤其在中国市场的早期把乙方做成了甲方——那时候买设备要先交钱，半年以后能给你设备算不错了——构成了华为和竞争对手的重大区别与 20 多年彼消此长的分野。

4. 华为创新实践之四：市场与研发的组织创新

市场组织创新。“一点两面三三制”是一个很重要的战术思想、战术原则。“三三制”当然指的组织形态。什么叫一点两面呢？尖刀队先在“华尔街的城墙”（任正非语）撕开口子，两翼的部队蜂拥而上，把这个口子从两边快速拉开，然后，“华尔街就是你的了”。早期，任正非要求华为的干部们就“一点两面三三制”写心得体会。前副总裁费敏、以及还在基层的今天的常务董事李杰，对“一点两面三三制”体会最深，在《华为人报》发表后，任正非大加赞扬。就提拔他们上来。此后，“一点两面三三制”便作为华为公司的一种市场作战方式、一线组织的组织建设原则在全公司广泛推开，应该说，这是受中国军队的启示，华为在市场组织建设上的一种模仿式创新，对华为 20 多年的市场成功助益甚多，至今仍然被市场一线的指挥官们奉为经典。

铁三角向谁学的呢？向美国军队学的。蜂群战术，还有重装旅等等，这些美国军队的作战体制变革也都成为华为进行管理创新的学习标本。

什么叫重装旅？一线营销人员发现战机后，传导给后方指挥部，山头在哪，目标在哪，总部专家们要做评价。当专家团们认为可以派重装旅过去，这些由商务专家、技术专家、市场解决方案专家组成的专家小组就奔赴前线，与市场一线的团队联合确定作战方案，甚至共同参与客户的技术交流、商务谈判等。

研发体制创新。比如固定网络部门用工业的流程在做研发，创造了一种模块式组织——把一个研发产品分解成不同的功能模块，在此基础上成立不同的模块组织，每个组织由 4、5 个精干的专家组成，分头进行技术攻关，各自实现突破后再进行模块集成。第一，大大提高了研发速度。第二，每一模块的人员都由精英构成，所以每个功能模块的错误率很低，集成的时候相对来说失误率也低。华为的 400G 路由器的研发就是以这样的组织方式进行的，领先思科公司 12 个月以上，已在全球多个国家布局并进入成熟应用。而在无线研发部门，则发明了底层架构研发，强调修万里长城，板凳要坐十年冷；直接面向客户的应用平台研发推行海豹突击队模式，从而形成了整个研发团队的整体作战能力和快速应变力的有效结合。这即是任正非说的“修长城”，坚固的万里长城上跑的是“海豹突击队”，“海豹突击队”在“长城”上建“烽火台”。

5. 华为创新实践之五：决策体制的创新

美国的美世咨询（Mercer）公司，在 2004 年对华为进行决策机制的咨询。让任正非主持办公会，任正非不愿意，就提了一个模型，叫轮值 COO。七位常务副总裁轮流担任 COO，每半年轮值一次。轮值 COO 进行了 8 年，结果是什么呢？

首先是任正非远离经营，甚至远离管理，变成一个头脑越来越发达，“四肢越来越萎缩”的领袖。真正的大企业领袖在企业进入相对成熟阶段时一定是畸形的人，脑袋极其发达，聚焦于思想和文化、企业观念层面的建设；“四肢要萎缩”，四肢不萎缩，就会时常指手画脚，下面的人就会无所适从。

10 年前，任正非是大半个思想家和小半个事务主义者。10 年以后的任正非完全脱离开事务层面，成为完全意义上的华为思想领袖。轮值 COO 的成功实践，促使在 3 年前，华为开始推行轮值 CEO 制度。EMT 管理团队由 7 个常务董事组成，负责公司日常的经营管理，7 个人中 3 位是轮值主席，每人轮值半年。3 年来的运行效果是显著的，最大成效之一是决策体系的动态均衡。如果上任轮值主席偏于激进，那么整个公司战车隆隆，但半年以后会有偏稳健的人上来掌舵，把前任风格调节一下，而过于稳健又可能影响发展，再上来的人可能既非左又非右，既非激进又非保守。这套体制的原型来自咨询公司的建议，但华为做了很多改造和创新，包括从美国的政党轮替制度里借鉴了一些东西，融入华为的高层决策体系。

在美国的政治决策史上，民主党追求公平，民主党执政时期，赤字大幅增加，政府不断加税，拉车的资本家们没有干劲了，社会充满了疲惫，民众又把票投给共和党。共和党执政干的第一件事常常是减税，强调发展，强调效率，走着走着，社会公平又出问题了，老百姓又投票，干掉财富党换上公平党。美国 200 年来大致就是这样一种财富党与公平党轮流执政的过程。当然今天美国的政治生态，比我们这个结论要复杂多了，因为互联网与全球化，对传统的美国政治历史文化，也带来了很大冲击，比如社会大众心态的离散化趋态，政党文化的极化现象等。但美国传统的政治制度设计和运作方式给华为的高层决策体制创新也带来了很多重要的启示。

其次，避免了山头问题。任正非认为，华为实行的轮值 COO、CEO，与西方公司相比，制度优越性要大得多。西方公司是“一朝天子一朝臣”，一个人做 CEO，他的哥们全跟着鸡犬升天，这个人干得不好被干掉，一帮人跟着被干掉，这在西方公司是很普遍的。而华为的轮值 COO、轮值 CEO 制度，从体制上制约了山头文化的坐大，为公司包容、积淀了很多五湖四海的杰出人才。同时这种创新体制也使整个公司的决策过程越来越科学化和民主化。今天的华为已经从早年的高度集权，演变到今天的适度民主加适度集权这么一个组织决策体制。

轮值 CEO 制度，相对于传统的管理理论与实践，可以称得上是划时代的颠覆性创新，在有史可寻的人类商业管理史上恐怕找不到第二例。有中国学者质疑这一体制的成功可能性，但至少迄今为止的 8+3 年的华为实验是相对成功的。未来如何？由未来的历史去下结论：创新就意味着风险，意味着对本本主义、教条主义的反叛和修正。华为的任何创新都是基于变化而做出的主动或被动的适应，在这个日益动荡和充满变化的时代，最大的危险是“缘木求鱼”。

（三）阿里巴巴的创新

阿里巴巴是中国最大最有活力的互联网企业，它创造了 10 个最有价值的模式创新：

1. 将免费变为商业模式，淘宝的免费模式至少产生了三个方面的创新

第一，在丰富了商品品类的同时，自然形成了竞价搜索模式。

第二，为了方便买卖双方交易，淘宝提出支付宝模式，在解决了信用问题的同时带来了新的商业价值。

第三，为了尽可能促成交易，淘宝不仅不收买家和卖家的交易费，而且创新出 IM 工具阿里旺旺，方便买卖双方进行交流。

2. 全球最佳 B2B 站点

它从一开始创建就有明确的商业模式，这一点不同于技术驱动的早期互联网公司。阿里巴巴从纯粹的商业模式出发，与大量的风险资本和商业合作伙伴相关联构成网上贸易市场。

3. 担保平台让人接受网上支付

2003 年 10 月，淘宝网首次推出支付宝服务，作为淘宝网上交易双方信用的第三方担保。其最初业务创新很“简单”，只是来源于用户的资金担保需求。2005 年，支付宝已经独立为一个第三方支付平台，开始与各大银行签订战略合作，将网银直接接入，方便用户网上直接支付。同时第三方商家和购物平台也开始接入支付宝进行支付。支付宝逐渐成为中国线上交易的一个基础平台。

4. 生活服务培养数字支付习惯

利用支付宝将公用事业缴费、手机宽带充值、信用卡还款等琐碎又重要的日常业务整合成为一站式生活服务入口，在为用户提供便利的同时，也让用户养成了购物以外的数字支付习惯。

5. 互联网金融开启无门槛理财

2013 年 6 月 17 日，余额宝宣告正式上线。余额宝对于用户的最低购买金额没有限

制，一块钱就能起买。用户将资金转入余额宝内，就可以购买基金公司的货币基金，而且从开户、购买均在支付宝站内一站式进行。

6. 多种数据建立信用体系

在中国金融诚信系统尚未完善的时候，阿里巴巴搭建了一套评价体系，并在推出“中国供应商”后不久就将其打包成产品“诚信通”，将卖家和买家的注册时间、资质、交易记录、双方互评等都纳入其中。这一产品不仅部分解决了网络交易过程中可能的欺诈问题，同时也开始成为阿里巴巴的一块创收来源。

7. 整合物流资源，完善最后一公里

中国的网购卖家和买家都分布在极广的地域范围。阿里给出的解决方案是社会化物流，通过物流平台将买家、卖家和物流快递公司连接起来，能够让他们彼此分享配送状态信息、订单详情，以及用户反馈信息等。同时，卖家可以通过不同路径查看快递公司的服务能力，物流快递公司可以将他们自己的服务能力与同行业进行对比，买家可以通过 PC 和移动设备追踪他们的订单走向等等。

8. 绕开信用卡机构做信用支付

借助阿里巴巴的实名用户资料及数据库，买家可以不借助任何信用卡，直接在支付宝上透支付款。和信用卡类似，阿里的信用支付业务也有最长 38 天的免息期，在授信过程中，信用分析来自阿里金融，资金将来自银行。1 分钟完成信用卡审批，即时可用，解决了实体信用卡审批繁琐的问题，是这一业务的创新之处。

9. 将公司控制权放在合伙人手上

在 2009 年的集团成立十周年晚会上，18 名集团的创始人集体辞去“创始人”身份。紧接着，2010 年合伙人制度的出台，合伙人有权提名 4 个董事会席位（总计 9 个席位）。上市之后，提名权将增加至 6 名（总计 11 个席位），实现合伙人控制董事会再控制公司的管理方式。

10. 将海量信息用于消费分析

互联网诞生前，商业数据需要人工收集；互联网诞生后，大量交易数据自然沉淀，在满足了公司内部决策需求后，催生出了阿里的又一个创新点：面向公众的数据服务。而随着阿里将业务延伸至金融领域，阿里金融也迅速成为集团内数据产品的标杆。通过技术手段，阿里金融能够把碎片化的信息还原成对企业的信用认识，由此开发出的“阿里小贷”产品可以为公司决策层提供客观的分析和建议，并对业务形成优化，最终实现精准控制的低成本放贷。

（四）小米的创新

让用户和企业一起创新是小米成功的重要经验。互联网时代为用户参与到企业产品的开发、设计、制造、上线、销售等全过程提供了条件。定制化设计和个性化服务已经是许多企业创新的新模式。小米公司为了让用户更多地参与产品的研发，特别推出了“橙色星期五”的互联网开发版，其关键是通过 MIUI 团队在论坛和用户互动，做到每一周更新一次系统。在保证手机具有稳定的基础功能的前提下，将或好或坏的想法，不管成熟与否，全部坦诚地放在用户眼前。每个周五下午，MIUI 会伴随着小米橙色标志推出新功能，接着，MIUI 会在下周二让用户提交使用后的四格体验报告，小米团队根据四格体验报告就能知道上星期用户最喜欢的新功能和最不喜欢的新应用。MIUI 用论坛的形式，笼络了高达 10 万人的互联网开发团队，最先获得官方认证的 100 多名工程师成为团队的核心成员。这种方式的创新推动了产品的创新。

五、企业创新创业过程中的问题与改进

现实生活中，并不是所有企业创新创业都能成功，如果没有企业家的全力推动、没有好的方案、没有选准好产品或服务、没有准确的市场定位、没有有能力的实施者、没有相关配套的机制，创新创业也不一定能成功。

（一）常见问题

企业的创新包括产品和服务的创新、管理创新、经营模式创新；企业的创业包括新设企业创业、现有企业整体再创业、现有企业中部分实体创业。在我的职业生涯中，赶上了面对市场的不断变化时企业所开展的创新和创业，也发现了一些企业在创新创业过程中出现较大经济损失或失败。常见问题归纳起来主要有：

1. 落实国家有关创新创业政策的力度不够

推动大众创业、万众创新，是国家应对经济下行压力、打造经济增长新动能的重大关键性举措。大众创新创业核心在人，关键在钱。2018 年以来，国家密集出台一系列扶持创新创业的政策，弘扬全社会鼓励、支持、参与创新创业的理念和价值观，同时在人员流动、创业平台、财政扶持、教育培训、金融支持、商事登记等方面出台了激励和保障措施，成效显著。

在这些系列政策中，释放人的创新创业活力和激情是核心。但落实国有科研事业单位科技人员可离岗创业 3 年的政策还不到位，国家有号召、部门有要求、但一些单位就是不动。一些单位给予科技人员在市场中探索、试错的机会不够，宽容失败的胸怀不够宽广，对创业团队的创业培训不够，创业团队知识技能存在短板，创业成功率低；缺少低成本、便利化、网络化的创业场地；创业团队交纳社会保险费用的负担和压力，存在后顾之忧等等。

2. 创新创业制度和机制需要进一步细化完善

相比传统创业，创新创业的成长潜力和风险性更高。处于初创阶段的创新创业企业往往高度依赖于企业家而忽视了企业制度的作用。在创新创业企业发展的初期，企业家个体领导力弥补了企业组织制度与组织能力的不足，但随着企业规模的扩大，一旦投资及生产销售数额超过企业家个体的掌控能力后，能否建立与经营规模相适应的组织系统与制度体系变得至关重要。企业制度创新主要包括战略创新、产权制度创新、组织制

度创新和管理制度创新。创新创业企业只有建立起更高效的企业制度，主动创新、持续创新，从制度上强化企业的核心竞争力，方能在未来甚至更加激烈的竞争中获得有利的地位。

在我国创业企业中，业主制和合伙制占很大的比重，创业企业产权与企业家个人产权没有明确的界限，一旦企业做大，权益分配矛盾显现，拖累企业发展。而且创新创业企业初期内部治理不规范，集权化程度严重，不利于团队创新。

创新创业型企业组织结构往往比较简单，员工数量也较少，企业大多赋予某些员工一定的权力，以此来激励他们为企业更多地奉献。创新创业企业在初期的商业成长关键驱动力是创新力，企业更多精力用于产品开发以及人员的激励，从而忽略了制度和流程的规范性。创新创业企业初期多为“直线制管理形式”这种简单的企业组织形式，企业各级领导者在多数事项上亲力亲为，按垂直系统直接领导，缺少专门职能机构。创新创业企业发展中面临很多的不确定性和大大小小的各种决策，公司没有建立明确的组织，各人所司何职混淆不清，创业团队内部容易猜疑和不信任，存在内部矛盾，潜在的隐患在企业成长过程中不断凸显。

与传统的国营企业、民营企业相比，创业型企业缺乏优厚的工资待遇和员工福利，尤其对良好的发展前景的期盼和重视创新力的培养，客观工作环境和待遇往往无法满足员工需要。

创新创业活动具有非常规性、不确定性的特点，使得创业者必须多次、更频繁地做出企业决策，来应对层见叠出的不同情况、不同问题。创新创业企业的组织文化、组织规范和制度往往不够成熟稳定，创业企业的组织因素大多体现在创业团队形式上，所以团队行为就在很大程度上决定了创业团队的决策模式。创新创业团队决策的风险倾向要高于一般创业团队。创新创业团队决策过程多为基于头脑风暴、基于愿景驱动或者基于情感支持和基于专家参谋的决策模式，这些模式与创业绩效有强关联，决策风险度高。

创新企业在创业之初，多数内部没有必要的股权分配，在企业成长过程中，再进行股权分配往往会引发内部发生矛盾，甚至一些创新创业企业走向解体。

创新企业一般规模小、实力弱、技术水平低、人才缺乏，生存能力脆弱，50% 到 60% 以上的创新企业生存时间少于 5 年。由于创新创业企业面临很大的市场不确定性，快速反应、主动创新、及时决策、高效执行往往是创新创业企业利用风险实现“套利”以持续成长的重要法则。但是许多创新创业企业靠着“船小好调头”的小规模运作而高效运转的模式，很容易将自己“锁定”在“人治”与“传统模式”内，禁锢企业进一步的成长，无法保持企业的持续创新能力，造成企业竞争力渐弱。

许多创新创业企业创始人虽然认可人力资源是企业的第一资源，但却没有从优化和完善人力资源激励制度层面将员工激励的有关措施付诸实践。当前许多创新创业企业仍然主要采取物质激励，认为员工的高薪可以刺激员工发挥其创新潜能，但是这种方式没有满足员工的高层次需求，在一定程度上压抑了员工的积极性。

创新创业企业的激励机制仍然没有突破传统企业的激励机制，无法同创新创业企业的特质相匹配。

创新创业企业在初创时期，一切行为皆以生存并尽快站稳脚跟为目的。创业企业采用团队决策模式，各持己见，争吵不休，等到重新审视已有主见时已失去商机。

3. 具体推进和实施过程中的问题

一些企业在创业初期没有一个强有力的市场开拓型的管理团队；市场往往由发起人为主开展，有的企业技术创新和市场推广都由专业技术人员负责；有的企业没有解决好产品和服务创新与市场推广的结合，导致创新业务的市场接受过程缓慢。如某企业确定综合能源解决方案是其创新方向，但并没有在可行性研究并确定了针对负荷侧用户的需求下的产品和服务方向后安排专门团队实施，而且还用原来市场开发系统人员开拓市场，所有相关战略方向提出了 5 年，却始终没有形成有核心竞争力的产品或服务。

有的缺乏对团队进行创业创新意识教育；团队对创新创业的认识不一致，一些成员缺乏市场意识、客户意识、成本意识和危机意识；创新创业的积极性不高。如某工程建设企业，决定向工程监理和咨询管理方向创新新的业务，但由于过去的工程管理主要是承担其母公司的项目，员工有较强的业主意识和固有的业主思维，人员不能根据新业务需要积极通过学习获得支撑新业务的资质，所有监理和咨询业务开展缓慢。

有的企业没有制订一份完整清楚的创新创业商业计划书；也没有具体产品或服务规划和产品或服务手册；总是炒概念，讲模式，总在各种会议上传递高大上的空想，在向客户宣传自己业务时，只用 PPT 讲所谓解决方案，没有为产品画像，客户不知道组织提供的产品或服务是什么，企业内部也无法确定考核目标，创新创业长期停留在路上。如某投产企业决定自己开展工程前期咨询、工程设计和工程造价咨询及项目后评估，在开始几年，始终没有提出产品手册和定价标准，业务只停留在为原公司承担设计且还将部分业务外包的阶段。

有的创新创业企业没有明确商业盈利模式；没有内部明确的交易机制；有的企业的创新团队过于在创新上标新立异，而能力却不足，几年也没有拿出有价值的实际应用成果。如某企业设立了新公司开展低碳环保服务，在成立公司的立项申请评审时描述业务以对外提供基于新能源的碳核查、碳交易及绿色环保咨询服务为主，由于商业盈利模式不清晰，3 年了，团队还是只做了一些小规模的与主业相关的投资业务；项目需要母公司的相关业务部门支撑，由于内部交易机制不清晰，几年经营下来收益甚微。

有的企业缺少公司整体技术发展规划，对产品或服务的发展没有明确的方向和具体对策；没有系统地结合现有业务从技术层面策划相关的产品或服务，缺乏可行性研究，技术创新的路径和产品不明，有些创新只停留在想法和概念，讲了多年也没有做成。如某企业决定开发制氢业务，与北京某高校合作，确定了很基础的制氢工艺，由于对新业务的新技术和工艺研究不足，始终没有具体形成新产品生产能力。

在大家都想搞创新创业的时代背景下，有的企业基于生存或发展提出了转型设想，但由于在决策成立创新型公司时没有进行充分的分析，不能听取不同意见，选用的人员不具备经营一家创新型企业的能力，公司又没有一个准确的市场定位，服务业务不聚焦；盈利模式不清楚，创新创业部门成立几年没有效益和成果；有的企业将绩效不好或能力差的员工一起推向市场，没有平台或扶持，最终成为社会的负担。由此看来并不是所有创新创业都会成功。

（二）原因分析与改进

在阅读相关知名企业创新创业成功案例的基础上，结合自己工作的实践，我反思了一些企业创新创业没有实现预期目标甚至失败的原因并提出改进建议。

1. 充分认识创新创业的意义、价值和可能遇到的问题，统一企业高层和业务层的认识

上下同欲者胜。思想认识不到位、不统一的团队是无法正确做好任何事情的。由于创新创业的不可确定性，无论从组织的决策层还是具体实施创新创业的团队都需要对创新创业本身有充分的认识；既要看到创新创业带来的机遇，又要认识创新创业的困难和风险；既然是创新创业，就要有新的思维、新的模式、新的举措，既要允许犯错，但又不能长期试验不出成果。

2. 完善创新创业的企业制度

制度和机制是做好创新创业的保障。很多企业的创新创业之所以夭折或最终失败，是企业本身都没想好如何开展创新创业，缺乏指导和推进创新创业、及时处理过程中问题的制度保障。

为了做好创新创业，企业首先要构建多角度、多层次员工激励机制。从创新创业型企业的基本特点出发，从多个角度和层次构建员工激励机制，既要满足不同类型员工的需求，又能使激励措施之间能够互补和相互支持，从而发挥最大功效。对于基本员工，采用知识工资的方式来进行激励，对于管理人员和掌握核心技术的人员则应该实施股权激励和授权相结合的方法。

其次，构建个人决策与集体决策相结合的决策制度。企业创业初期，企业专业人才不足、组织架构不完善、市场地位微弱，市场的应变能力、组织内部的协调能力都较差，非常需要一个能够快速拍板，又能承担责任的人担当。领导者一人决策主要体现在涉及公司存亡的主营业务上，这样就可以提高市场的应变力、业务的执行力，在其他方面比如企业内部制度、流程的制定，企业文化的建设，考核机制的建立和实施，都应该集体来决策，特别要培养中层干部的决策能力，这样才能给创新企业培养和储备日后的决策高层。在创新创业企业初期，追求决策的效率和谁决策谁承担的原则，所以个人决策是比较适合的。尤其是创业型公司，为了防止个人决策的盲目性，在方案设计阶段应该集思广益，但是到决策的时候领导者一定要慎独，不能被旁人所左右，导致犹犹豫豫错失时机。

再次，要建立创新企业的产权制度。创新需要技术、资金、市场，这些都与人才有关。创新组织要建立清晰的、有利于吸引人才和留住人才的产权制度。对于创新成果可以认定技术作为股权，让创新者长期享受创新带来的价值回报。

最后，要建立完善的创新管理制度，对创新从立项申请、立项评审、项目实施、过程评审、成果鉴定、市场推广、技术更新、绩效评价、人才管理、财务管理建立起完善的管理机制，确保创新创业持续成功。

3. 做好顶层设计和战略规划，明确创新技术路线

任何事情都遵守 P–D–C–A 的循环逻辑，策划好是做好一切工作的前提。没有清晰的战略规划和策略计划，没有很好的顶层设计，创新创业很难成功。许多企业创新不成功就是因为是完全摸着石头过河，没有技术路线、缺少方案。所以企业要创新创业，就要在明确了转型指导思想、调整和完善了组织的使命和愿景后，做好创新创业的战略规划，在做好市场洞察的基础上通过战略规划详细描述相关的创新定位、战略目标、战略措施、组织保证、资源投入和产品或服务及其实现路线。在相关的创新战略中切忌空喊口号，只讲概念。

4. 做好具体创新的商业计划

许多组织之所以没有实现或无法推动具体的创新创业工作，另一个重要原因是没有一份具有指导作用的商业计划书。

确定了创新创业方向及战略后，组织要在可行性研究的基础上编制《项目可行性研究报告》；再根据可行性研究结果完成商业计划书的编制，明确定位产品和服务、细分的确定市场群体，明确商业盈利模式，明确产品和服务实现路径和技术方案，明确资源配置要求；明确产品或服务定价规则；明确相应的工作计划。

5. 确定合适的组织模式、运营机制，配置必要的资源

我们在本书前面的章节中讲到了数字化智能化时代的组织模式选择，创新型组织的模式和运营机制多种多样，只要有利于创新创业工作的开展，组织可以选择适宜的模式。

许多组织旧瓶装新酒，用原有传统组织模式搞所谓创新创业，运营机制不灵活，缺乏必要的人财物和工作场所的配置，这样创新没有不失败的。

创新型组织可以优选无边界的“自组织”模式，按照项目法管理，按项目各阶段需求配置资源，选择人才，按项目制运营和实施考核。可以按新人守旧业，老人开新店的思路确定创新创业团队主体或责任人员；可以在法律允许范围内建立全新的运营机制。

本章深度阅读参考文献索引

1. 周留征．华为创新．北京：机械工业出版社，2017.

2.【美】拉斯洛·博克（Laszlo Bock）．重新定义团队．宋伟译．北京：中信出版社，2015.

3. 曾鸣．智能商业．北京：中信出版集团，2018.

4. 郝亚洲．海尔转型笔记．北京：中国人民大学出版社，2018.

5.【日】稻盛和夫（いなもりかずお）．阿米巴经营模式．刘建英译．北京：东方出版社，2010.

6.【美】彼得·德鲁克（Peter F. Drucke）．创新和企业家精神．蔡文燕译．北京：机械工业出版社，2007.

7.【瑞士】詹姆斯·布雷丁（R. James Breiding）．创新的国度．徐国柱，龚贻译．北京：中信出版社，2014.

8.【美】迈克尔·波特（Michael E. Porter）．国家竞争优势．李明轩，邱如美译．北京：中信出版社，2007.

9. 邱国鹭，邓晓峰，等．投资中不简单的事．成都：四川人民出版社，2018.

10. 方永飞．回归经营．广州：南方出版传媒、广东经济出版社，2016.

第十章 开展企业文化建设

持续成功的企业都有独特的企业文化。企业的高管也在经常思考如何建设好企业文化。曾经听一些专家说，一流的企业文化管人，二流的企业制度管人，三流的企业人管人。优秀的企业都有优秀的文化。企业文化是一个企业的软实力和稳定基石。

现代企业经常谈到文化建设，不少企业在文化建设上不断探索，有的很成功；有的花了不少投入，效果并不好；有的企业并不是真正想开展文化建设，只是上级的要求、评奖的要求或者是市场的要求；有的企业只是人云亦云，听说别人搞文化建设，自己也搞起了文化建设。文化建设搞得好不好，成不成，还是关键在领导。

20 世纪 90 年代，我在央企工作时，就参与过一些企业文化建设，那时由我主笔起草了类似华为公司的《基本法》的体现公司经营理念、宗旨、管理思想、管理模式、企业精神等内容的《中化重机企业基本导则》；后来，在自己写的不少书中都有专门章节论述企业愿景、使命、核心价值观、战略思想等有关企业文化的内容；还发表过专门论文《论企业文化建设》；在中国质量协会质保中心工作时提出的“遵章守法、规范认证、以人为本、拓展事业、精铸品牌、赢得信誉、持续改进、追求卓越”32 字经营方针至今还是该中心的经营方针。2013 年到北京天润新能工作后，在公司第一版管理手册中提出了公司系统的管理理念和思想，提出了公司“集约化发展、精细化管理、标准化建设”的总体思路，总结了公司应当遵循的“战略导向、客户第一、目标管理、全员参与、过程控制、系统分析、持续改进、互利共赢、风险防范”十大原则，总结归纳的公司管理方针已经使用多年，在经营管理思想中提出的经营管理要做到“五精四细”的理念至今依然起着重要指导意义，还提出了公司的管理要做到“复杂事情简单化、重复事情流程化、表达事情数字化、管理事情信息化”的基本要求。后来提出过公司的质量文化理念和安全文化理念，组织持续开展了公司的质量文化建设、安全文化建设和环保低碳文化建设，并参与了公司“树文化”和“家文化”建设，我还用“责任、用心、主动、专业”的部门精神打造了一支持续先进的团队，培养出了多名杰出的企业管理人才。我所在的金风科技也是一家重视企业文化建设的优秀企业，公司对干部在不同时期的要求就是很好的企业文化的体现。“三有六要素”“五种行为习惯和十大行为”“十八个管理惰怠行为”“三维四力”“阳光公约”“协作行为标准、管理行为标准、发展行为标准”“干部公约”都是企业文化建设的最好体现。人生经历的这些过程，使我始终保持了对企业文化建设的关注。2019 年 5 月 3 日，我和知名企业家，全国政协委员、金风科技董事长武钢先生一起探讨过企业文化建设的问题，2019 年 7 月，我去海尔参观学习时也考察了他们的文化。这几年在读书中也深刻领会了华为、腾讯、阿里巴巴的企业文化建设过程。

几十年的实践让我感到，企业文化建设对于提升企业凝聚力和核心竞争力、提高组织的管理和经营效率、培养卓越的员工队伍、塑造和修炼团队成员的品行都具有重要的意义。在这一部分，我将自己对企业文化的理解及一些经历和案例进行回顾，希望给读者们一些启示。

一、理解企业文化

谈企业文化，我们需要从定义、内涵范畴上统一认识。

（一）企业文化的定义

企业文化是在一定的条件下，企业生产经营和管理活动中所创造的具有该企业特色的精神财富和物质形态。它包括企业愿景、使命、文化观念、价值观念、企业精神、道德规范、经营思想、行为准则、历史传统、企业制度、文化环境、企业产品等，其中价值观是企业文化的核心。通常我们讲企业文化更多强调的是精神层面的内容。

（二）企业文化的内涵

企业文化的内涵由视觉识别（VI）、理念识别（MI）和行为识别（BI）三部分构成。

视觉识别包括企业标志、标识、商标、旗帜、广告语、服装、信笺、徽章、印刷品统一模式、专用色系及代言人形象。

理念识别包括企业愿景、使命、文化观念、价值观念、企业精神、道德规范、经营思想、行为准则、历史传统、企业制度、文化环境。

行为识别包括两个方面方案的制订，一方面是企业内部如何对职工的宣传、教育、培训；另一方面是如何对外经营、社会责任履行等。要通过组织开展一系列活动，将企业确立的经营理念融入到企业的实践中，指导企业和职工行为。

（三）企业文化的作用

在我的工作经历和管理咨询诊断中，亲历和了解了一些企业因企业文化建设而取得持续成功，也看到了一些企业在某一阶段由于重要岗位人员变化而导致企业文化的变化，从而造成几亿元企业总体经济损失和队伍凝聚力下降、竞争力降低的例子。所以个人认为企业文化建设具有以下重要作用：

（1）企业文化能激发员工的使命感。不管是什么企业都有它的责任和使命，企业使命感是全体员工工作的目标和方向，是企业不断发展或前进的动力之源。

（2）企业文化能凝聚员工的归属感。企业文化的作用就是通过企业价值观的提炼和传播，让一群来自不同地方的人共同追求同一个梦想。

（3）企业文化能加强员工的责任感。企业通过大量的资料和文件宣传员工责任感的重要性，管理人员给全体员工灌输责任意识、危机意识和团队意识，让大家清楚地认识企业是全体员工共同的企业。

（4）企业文化能赋予员工的荣誉感。促进企业的每个人都在自己的工作岗位、工作领域，多做贡献，多出成绩，多追求荣誉感。

（5）企业文化能实现员工的成就感。一个企业的繁荣昌盛关系到每一个公司员工的生存，企业繁荣了，员工们就会引以为豪，会更积极努力地进取，荣耀越高，成就感就越大，越明显。

（6）良好的企业文化能够创造良好的工作氛围。

好的企业文化能够统一员工的价值观、培养员工的积极心态、引导员工的行为，创造一种积极向上的工作氛围。这种良好的氛围能够使员工心情愉快，加强员工对企业的归属感、认同感。

二、企业文化建设中存在的问题

纵观一些企业文化建设的实践，发现主要存在以下问题：

（一）注重企业文化的形式而忽略了内涵

在我国企业文化建设过程中最突出的问题就是盲目追求企业文化的形式，而忽略了企业文化的内涵。企业文化活动和企业 CI 形象设计都是企业文化表层的表现方式。企业文化是将企业在创业和发展过程中的基本价值观灌输给全体员工，通过教育、整合而形成的一套独特的价值体系，是影响企业适应市场的策略和处理企业内部矛盾冲突的一系列准则和行为方式，这其中渗透着创业者个人在社会化过程中形成的对人性的基本假设、价值观和世界观，也凝结了在创业过程中创业者集体形成的经营理念。将这些理念和价值观通过各种活动和形式表现出来，才是比较完整的企业文化，如果只有表层的形式而未表现出内在价值与理念，这样的企业文化是没有意义的，难以持续的，所以不能形成文化推动力，对企业的发展产生不了深远的影响。

（二）将企业文化等同于企业精神而脱离企业管理实践

有些企业家认为，企业文化就是要塑造企业精神或企业的“圣经”，而与企业管理没有多大关系。这种理解是很片面的。企业文化就是以文化为手段，以管理为目的，因为企业组织和事业性组织都属于实体性组织，它们不同于教会的信念共同体，它们是要依据生产经营状况和一定的业绩来进行评价的，精神因素对企业内部的凝聚力、企业生产效率及企业发展固然有着重要的作用，但这种影响不是单独发挥作用的，它是渗透于企业管理的体制、激励机制、经营策略之中，并协同起作用的。企业的经营理念和企业的价值观是贯穿在企业经营活动和企业管理的每一个环节和整个过程中的，并与企业环境变化相适应的，因此不能脱离企业管理。

（三）忽视了企业文化的创新和个性化

企业文化是某一特定文化背景下该企业独具特色的管理模式，是企业的个性化表现，不是标准统一的模式，更不是迎合时尚的标语。综观许多企业的企业文化，方方面面都大体相似，但是缺乏鲜明的个性特色和独特的风格。其实，每一个企业的发展历程不同，企业的构成成分不同，面对的竞争压力也不同，所以其对环境做出反应的策略和处理内部冲突的方式都会有自己的特色，不可能完全雷同。企业文化是在某一文化背景下，将企业自身发展阶段、发展目标、经营策略、企业内外环境等多种因素综合考虑而确定的独特的文化管理模式。因此，企业文化的形式可以是标准化的，但其侧重点各不相同，其价值内涵和基本假设各不相同，而且企业文化的类型和强度也都不同，正因如此才构成了企业文化的个性化特色。

（四）企业文化政治化

在许多企业的走廊、办公室、各车间的墙上四处可见形形色色，措词铿锵的标语口号，如“团结”“求实”“拼搏”“奉献”等。这些已经被滥用的词汇无法真实地反映本企业的价值取向、经营哲学、行为方式、管理风格，更遑论在全体员工中产生共鸣了。

（五）企业文化口号化

把企业文化等同于空洞的口号，缺乏企业的个性特色，连企业的决策者本身都说不清楚其所代表的具象表现，对员工自然无法起到强烈的凝聚力和向心力的作用。

（六）企业文化文体化

有的企业把企业文化看成是唱歌、跳舞、打球，于是纷纷建立舞厅、成立音乐队、球队，并规定每月活动的次数，作为企业文化建设的硬性指标来完成，这是对企业文化的浅化。

（七）企业文化表象化

有人认为，企业文化就是创造优美的企业环境，注重企业外观色彩的统一协调，花草树木的整齐茂盛，衣冠服饰的整洁大方，设备摆放的流线优美。但这种表面的繁荣并不能掩盖企业精神内核的苍白。

（八）企业文化僵化

有些企业片面强调井然有序的工作纪律，下级对上级的绝对服从，把对员工实行严格的军事化管理等同于企业文化建设，造成组织内部气氛紧张、沉闷，缺乏创造力、活力和凝聚力，这就把企业文化带到了僵化的误区。

有这么一家企业，发展时间不是很长。刚开始公司人少，行业利润空间大，团队效率很高，在一位优秀的创业者带领下，业绩很好，也形成了一些很好但并没有总结提炼和传承的企业文化。后来，主要创业者去了集团担任重要职务。随着这家企业不断发展壮大，凸现出企业没有精神支柱，缺少主心骨，文化也制约了企业的发展。后来从上级单位派来一位总监，她直管企业文化建设，虽然也做了一些表面的工作，比如找专业公司的人来进行一定范围的访谈后给公司编制了《企业文化手册》，但不注重宣传和落地，只有少量的视觉识别的东西得到落实，其他理念类的东西很少得到落地。后来又来了一位更高职位的领导，带来了一些原单位可能试过的东西，但不太注重企业文化建设，因此带来的东西由于水土不服，几乎所有改革的结果基本上都不算成功，几年来公司的业务有的产业是倒退的，公司经营成本也不断增加，几次机构大调整导致人才大量流失。有很长一段时间公司整体情绪相当低落，业务一直处于停滞不前的状态，这就是不注重企业文化建设的代价和后果。

穆胜先生在《释放潜能》一书中也谈到了企业文化建设存在的问题，他认为文化是结果，不是方法，文化不能形成机制，不能脱离管理的重构谈文化塑造。企业文化不是灵丹妙药，也不是一无是处。

三、企业文化的培育和形成

企业文化建设是指企业文化相关理念的形成、塑造、传播等过程，要突出在“建”字上，切忌重口号轻落实，重宣传轻执行。企业文化建设是基于策划学、传播学的，是一种理念的策划和传播，是一种泛文化。企业文化不是一天形成的，也不是编出来的，是在企业发展过程中不断培育形成的。

（一）企业文化建设的过程

从企业文化建设宏观的角度来分析，大致可以分为以下四个相互影响与提升的螺旋上升阶段。

1. 不自觉的（无意识）的文化创造阶段

企业在创立和发展过程中逐渐形成一套行之有效，组织内部广泛认可的一些组织运营的理念或者思想。这一阶段的基本特点就是具有鲜活的个性特征，零散的而非系统的，在组织内部可能是“未经正式发布的或声明的规则”。在这一个过程中，企业关注的是发展进程中那些难忘的、重大的事件或者案例背后所体现出的文化气质或者精神价值。这些事件或者案例的背后往往是组织在面临着巨大的利益的冲突和矛盾的情境下发生的，这种冲突和矛盾下的企业选择正是企业价值观的具体体现。

2. 自觉的文化提炼与总结阶段

企业经过一段时间的发展，在取得一定的市场进步或者成功时候，就需要及时的总结和提炼企业市场成功的核心要素有哪些。这些成功要素是组织在一定时期内成功的工具和方法，具有可参考或者复制的一般性意义。更加重要的是，企业往往在取得市场成功的同时，吸引了更大范围、更多数量的成员加盟。各种管理理念与工作方法交汇冲突，企业如果缺乏共同的价值共识往往会发生内部离散效应。这一阶段对企业而言最重要的就是亟待自觉地进行一次文化的梳理与总结，通过集体的系统思考进行价值观地发掘与讨论，并在共同的使命和愿景地引领下确定共同的价值共识。

3. 文化落地执行与冲突管理阶段

日益庞大的组织规模和多元化的员工结构，为文化的传播和价值理念的共享提出了新的挑战，前期总结和提炼的价值理念体系如何得到更大范围内组织成员的认同就成了这一阶段最为重要的事情。文化落地与传播的手段和工具不计其数，从实践来看，企业在文化落地阶段应该遵循“从易到难、由内而外、循序渐进”的原则开展文化落地建设。

（1）文化传播平台和渠道的建设。企业首先要建设一个打通内外，联系上下的传播平台。所谓打通内外就是要发挥好文化对内凝聚人心，对外传播形象的作用，既要在内部传播，更要重视对外的展示。所谓联系上下，就是要建立一套高层与员工能够平等互动的文化沟通渠道。从实践来看这样几个平台是必不可少的：信息交流与沟通平台、文化案例与杰出人物代表、日常活动建设以及专题活动建设等。

（2）价值观的识别与管理。组织在确立自我的价值体系之后，要能有效的识别和管理组织内部的价值观。最重要就是做好人才输入时的价值观甄选、组织内部日常的价值观检测以及员工的价值观培养与矫正等三项工作。首先价值观测评是一个对人才进行有效甄选的工具和方法，保证进入的员工在价值观与理念方面与企业具有较强的一致性或较高的匹配度；其次，岗位素质模型也是落实文化理念与价值规范的良好载体。

4. 文化的再造与重塑阶段

文化建设对企业而言是一个没有终极答案的建设过程。关乎企业生存与发展的核心命题对企业的领导者而言是一个需要不断思考，不断总结，不断否定与肯定的过程，任何一个阶段性的总结和提炼并不代表着企业的经营者们掌握了全部真相或绝对真理。因此，一个健康的组织一定是有一个“活的”文化体系与之相伴相生，这个活的文化体系并不具备自动进化的智能，需要企业持续不断地进行系统思考，并根据组织内外的环境与组织发展的需要进行文化地更新、进化甚至是再造。至于文化更新的频率有一个合适的时间。文化建设进程是企业主动进行的一次从实践到理论，进而理论指导实践的一个过程，文化落地阶段正是理论（总结提炼了的文化思想体系）指导实践的过程。只有牢牢把握价值观管理这个核心，企业文化的建设才不会出现大的偏差或者失误。

（二）在企业发展过程中不断总结提炼

企业文化不是一天形成的。企业文化的内容也不是长期固定和一成不变的。随着企业业务的发展、内外环境的变化、企业人员的变化，特别是企业主要负责人的变化，企业文化会不断丰富和完善。企业文化需要随着企业的发展，不断总结、提炼。

文化本来就是在组织本身发展的历史过程中形成的。每个企业都有自己的历史传统和经营特点，企业要在继承传统的基础上，结合企业的生产经营活动实践，形成具有自己特色的文化。

企业是一个经济组织，企业文化本身必须为企业的经济活动服务，企业要在提高生产力和经济效益，推动企业生存和发展中完善企业文化。

（三）企业领导人思想提炼

尽管我不赞同企业文化就是领导文化，但是企业文化确实需要企业的主要领导重视并亲自和有意识地培育，企业应当有专门人员及时总结领导在一些重要会议上的讲话，从领导一定时期甚至多年的讲话中归纳提炼升华总结出公司的文化理念。

（四）员工总结

文化建设离不开员工参与。文化是以人为载体的，人是文化生成与承载的第一要素。企业文化中的人不仅仅是指企业家、管理者，也体现于企业的全体员工。企业文化建设要强调关心人、尊重人、理解人和信任人。企业团体意识的形成，首先是企业的全体成员有共同的价值观念，有一致的奋斗目标，才能形成向心力，才能成为一个具有战斗力的整体。因此，要广泛动员员工通过生产经营管理活动的体现和在企业的感受，创造性地形成有企业特色、员工认同的企业文化。

四、企业文化的弘扬和生根

企业文化形成后要持续地通过有效方式在公司弘扬，使其生根发芽成长。实践中我感到可通过以下方式确保企业文化传承。

（一）荣誉室与历史展

大中型企业可以设立荣誉室和企业发展史展厅，以文化发展为主线，通过实物、文字、图片介绍企业文化的形成及传承过程。对于新员工或在关键时期对全体员工特别是管理人员都必须进行相关培训教育，组织参观荣誉室。

（二）企业志

想做成百年老店的企业应当每年编写一本企业年鉴，形成企业志，在企业志中记载年度企业文化建设实践活动。

（三）可持续发展报告

企业可通过编写《可持续发展报告》，向外展示公司的企业文化建设成就。

（四）年度先进人物事迹汇编

公司每年评选的优秀团队和个人，要编辑事迹汇编，并进行广泛的宣传。

（五）先进人物事迹报告会

每年组织评选的先进人物进行巡回事迹报告会。

（六）宣传队

公司可成立文化宣传队，通过各种形式，特别是在公司成立纪念日等重要时机通过各种形式宣传公司文化及成果。

五、知名企业文化研究

我阅读了几本有关华为、阿里巴巴和海尔的书，感到这些著名的成功企业都有优秀和独特的企业文化。这些优秀企业的企业文化持续推动了组织的可持续高速、高质量发展和成功。

（一）华为企业文化的特色在组织中的结合

华为总裁任正非创建了生生不息的华为文化，以企业文化为先导来经营企业，是他的基本理念，通过他的一些讲话可以帮助我们理解华为文化的内涵。任正非认为资源是会枯竭的，唯有文化才能生生不息。他说："人类所占有的物质资源是有限的，总有一天石油、煤炭、森林、铁矿会开采光，而唯有知识会越来越多。以色列这个国家是我们学习的榜样。一个离散了两个世纪的犹太民族，在重返家园后，他们在资源严重贫乏、严重缺水的荒漠上，创造了令人难以相信的奇迹。他们的资源就是有聪明的脑袋，他们是靠精神和文化的力量，创造了世界奇迹。"

任正非说："华为公司有什么呢？连有限的资源都没有，但是我们的员工都很努力，拼命地创造资源。真正如国际歌所唱的，不要说我们一无所有，我们是明天的主人。'从来就没有什么救世主，也不靠神仙皇帝，全靠我们自己'。八年来的含辛茹苦，只有我们自己与亲人才真正知道。一声辛苦了，会使人泪如雨下，只有华为人才真正地理解它的内涵。活下来是多么的不容易，我们对著名跨国公司的能量与水平还没有真正的认识。现在国家还有海关保护，一旦实现贸易自由化、投资自由化，中国还会剩下几个产业？为了能生存下来，我们的研究与试验人员没日没夜地拼命干，拼命地追赶世界潮流，我们有名的垫子文化，将万古流芳。我们生产队伍，努力进行国际接轨，不惜调换一些功臣，也决不迟疑地坚持进步；机关服务队伍，一听枪声，一见火光，就全力以赴支援前方，并不需要长官指令。为了点滴的进步，大家熬干了心血，为了积累一点生产的流动资金，到1998年，98.5%的员工还住在农民房里，我们许多博士、硕士，甚至公司的高层领导还居无定所。一切是为了活下去，一切是为了国家与民族的振兴。世界留给我们的财富就是努力，不努力将一无所有。"

"我认为内地的企业不景气，不仅仅是一个机制问题，关键是企业文化。能否把我们华为的文化推到内地去，救活中国内地的企业。当然有机制和管理方面、资金方面的问题，但也有一个企业文化问题，内地许多企业就没有企业文化。"

1. 主要特色

（1）狼性文化。在华为的发展历程中，任正非对危机特别警觉，在管理理念中也略带"血腥"，他认为做企业就是要发展一批狼。因为狼有让自己活下去的三大特性：一是敏锐的嗅觉；二是不屈不挠、奋不顾身的进攻精神；三是群体奋斗。正是这些凶悍的企业文化，使华为成为连跨国巨头都寝食难安的一匹"土狼"。

（2）垫子文化。据说在华为创业初期，华为的每个员工的桌子底下都放有一张垫子，就像部队的行军床。除了供午休之外，更多是为员工晚上加班加点工作时睡觉用。这种做法后来被华为人称作“垫子文化”。

（3）不穿红舞鞋。在《华为公司基本法》开篇，核心价值观第二条就做了如此描述：“为了使华为成为世界一流的设备供应商，我们将永不进入信息服务业。通过无依赖的市场压力传递，使内部机制永远处于激活状态。”在任正非眼里，红舞鞋虽然很诱人，就像电讯产品之外的利润，但是企业穿上它就脱不了，只能在它的带动下不停地舞蹈，直至死亡。因此任正非以此告诫下属要经受其他领域丰厚利润的诱惑，不要穿红舞鞋，要专注于公司的现有领域。

（4）文化洗脑。华为每年都要招聘大量的大学毕业生，当他们到达华为的时候，要过的第一关就是“文化洗脑”。

2. 特点

（1）远大的追求，求实的作风。一个企业的成功，根源于企业家的胆识和追求，在于企业家的价值观和胸怀，企业家依据自己的追求和价值准则建立公正的价值体系和价值分配制度，并凭借这一体系和制度吸引和积聚优秀人才，建立严密的、有高度活力的组织，形成有高度凝聚力和高度文明的企业文化。企业的生命周期是由企业的内部特征决定的。如果企业只卖产品，而产品又受有生命周期的这一客观规律制约，那么就不能逃脱夭折的厄运，它们注定是短命的。另一种企业是既卖产品又卖文化，因为文化的生生不息导致产品的不断柳暗花明，所以它们注定是长命的。而且，文化鲜明的民族特征能给一个企业带来持续推动力，企业文化必须是能体现一个民族远大追求的文化。

以华为公司的远大追求为例主要表现在三方面：①实现顾客的梦想，成为世界级领先企业。②在开放合作的基础上独立自主和创造性地发展世界领先的核心技术和产品。③以产业报国、振兴民族通讯工业为己任。

强大的国家是强大企业的沃土，企业必须依靠国家作为后盾。另一方面，国家没有强大的、在国际上领先的企业群，经济就没有基础，从而政治上就没有地位。任何一个强大的企业，不管其所有制性质，都是国家经济实力的创造者，都是国家增强综合国力的源泉。企业要在经营活动中处处表现出爱祖国、爱人民、爱事业、爱生活的价值观念。

爱祖国不是空洞的口号，要成长为世界级公司，只能独立自主、自力更生地发展领先的核心技术体系和产品系列。而这种长期艰苦奋斗的精神力量只有来自爱祖国、爱人民。华为公司的企业家和员工是有血有肉的凡人，他们既爱祖国、爱人民，又爱事业、爱生活、爱自己和家人。这样，就把远大的追求与员工的切身利益有机地结合，把“造势与做实”紧密地结合。

（2）尊重个性，集体奋斗。企业不搞偶像崇拜，不推崇个人主义，强调集体奋斗，也给个人以充分发挥才能的平台。高技术企业的生命力在于创新，而突破性的创新和创造力实质上是一种个性行为。这就是要求尊重人才、尊重知识、尊重个性。但高技术企业又要求高度的团结合作，今天的时代已经不是爱迪生的时代，技术的复杂性、产品的复杂性，必须依靠团队协作才能攻克。

华为公司是以高技术为起点，着眼于大市场、大系统、大结构的高科技企业。它需要所有的员工必须坚持合作，走集体奋斗之路。一个没有足够专业能力的人跨不进华为的大门，但融不进华为文化，也等于丧失了在华为发展的机会。

企业应该在组织上，特别是科研和营销组织上采取团队方式运作；在工作态度考评上强调集体奋斗、奉献精神；在工资和奖金分配上实行能力主义工资制，强调能力和绩效；在知识产权上，要保护个人的创造发明；在股权分配上强调个人的能力和潜力。

（3）结成利益共同体。企业是一种功利组织，但为谁谋利益的问题必须解决，否则企业不可能会有长远发展。企业应该奉行利益共同体原则，使顾客、员工与合作者都满意，这里合作者的含义是广泛的，是与公司利害相关的供应商、外协厂家、研究机构、金融机构、人才培养机构、各类媒介和媒体、政府机构、社区机构，甚至目前的一些竞争对手都是公司的合作者。

华为公司正是依靠利益共同体和利益驱动机制，不断地激活了整个组织。

（4）公平竞争，合理分配。华为公司的价值评价体系和价值分配制度是华为之所以成功的关键，是华为公司管理中最具特点之处。华为本着实事求是的原则，从自身的实践中认识到：知识、企业家的管理和风险与劳动共同创造了公司的全部价值，公司是用转化为资本的方式使劳动、知识、企业家的管理和风险的积累贡献得到合理的体现和报偿。职工只要为企业做出了长期贡献，他的资本就有积累；另一方面，不但创业者的资本有积累，新加入者只要为企业做出特殊贡献，他们的利益也通过转化为资本的方式得到了体现和报偿，使劳动、知识、管理成为一体，使分配更加合理。

华为公司从以下四个方面力图使价值分配制度尽量合理：

1）遵循价值规律，按外部人才市场的竞争规律决定公司的价值分配政策。

2）引入内部公平竞争机制，确保机会均等，而在分配上充分拉开差距。

3）树立共同的价值观，使员工认同公司的价值评价标准。

4）以公司的成就和员工的贡献作为衡量价值分配合理性的最终标准。

在对待报酬的态度上，华为人的传统是不打听别人的报酬是多少，不要与别人比，想要得到高回报，把注意力集中在搞好自己的工作上，如果觉得不公平，不闹不吵、好合好散，到外单位折腾一段，觉得还是华为好，再回来，欢迎！从这点上来看华为公司的文化，它是一种实事求是的文化，是一种建立在尊重价值规律和自然规律基础上的文化，是一种精神文明与物质文明互相结合、互相促进的文化。

3. 与管理的关系

（1）华为文化是华为凝聚力的源泉，也是华为二次创业的内在支撑。企业从一次创业进入到二次创业，需要寻找二次创业的内在支撑，华为二次创业的内在支撑在于华为的组织建设与文化建设。华为文化之所以能发挥使员工凝聚在一起的功能作用，关键在于华为文化的假设系统，也就是隐含在华为核心价值观背后的假设系统。如“知识是资本”的假设，“智力资本是企业价值创造的主导要素”的假设。再如学雷锋的文化假设是：雷锋精神的核心本质就是奉献，做好本职工作就是奉献，踏踏实实地做好了本职工作的精神，就是雷锋精神。而华为的价值评价与价值分配系统要保证使这种奉献得到合理的回报。正是这种文化的假设系统使全体华为人认同公司的目标，并把自己的人生追求与公司的目标相结合，帮助员工了解公司的政策；调节人与人之间、个人与团队之间、个人与公司之间相互利益关系，从而形成文化对华为人的行为的牵引和约束。

（2）管理思想的进步推动华为文化的“生生不息”。企业文化说到底是为管理服务的，任何文化不能脱离管理的目的。同时，又是理念和思想层次上的管理。企业文化的发展必然遵从管理者的思想脉络而生生不息。管理者的管理思想通过文化这种形式，与下属员工沟通和交流，产生凝聚力和向心力，从而实现企业家的精神和抱负。

从华为文化的特点来看，其来源有三：一是国内外著名企业的先进管理经验；二是中国传统文化的精华；三是现有华为企业家创造性思维所产生的管理思想。

其中，华为企业家群体的管理思想是华为文化的主流，它不断创新，使得华为文化“生生不息”。

然而，并不是管理者所有的管理思想都能融入华为文化之中，华为在进行文化建设时，坚持处理好了两个关系：一次创业与二次创业的文化关系是继承和发展的关系；公司文化与部门文化的关系是“源”与“流”的关系。在处理这两个关系时，华为就要反对故步自封，继续坚持开放式地吸纳国内外先进企业文化和中国传统文化的精髓，但同时，华为注重防止社会上不良文化和价值观对华为已有的优良文化的稀释与侵扰；华为充分认识到二次创业公司大了，部门大了，部门工作性质差别大，业务评价标准、内容、表现形式有所不同，但都可在一次创业公司文化中找到经过实践验证为正确的价值评价“公理”，因此华为在坚持已有的核心价值观的同时，鼓励各部门逐步形成适合各自工作特点，有利于推进部门工作的特色文化。具体地说，华为公司抓好组织行为和干部行为的价值评价工作；华为的部门要抓好员工个人组织行为和个人行为价值评价工作。

（3）运用文化来构建华为管理机制，以此推动华为管理的改良与提高。华为文化就像企业的“魂”，推动着华为管理改进与提高。

管理制度和规范是在华为文化中酝酿而成的，任何管理制度和规范的制定都不能脱离华为的文化背景。企业的管理制度和规范不可能千篇一律，也不可能照搬其他企业制度。制定华为公司的管理制度和规范，能够从实际出发，反映自身文化特色和业务特点，能为员工所接受和认同。因为华为文化是华为经营管理实践经验的总结，而华为的管理制度和规范也应该是华为文化中具有相对稳定的，符合华为公司核心价值观的并可再次通过实践检验为正确的东西用条文的形式加以固定化，通过试行反复证明，并在员工中达成共识后，经过正式签发和颁布，为员工共同遵守。实际上只有与华为人的文化背景相适应的管理制度和规范，才能与华为的实际相符合，才具有执行力。

管理机制是靠文化来推动的，文化是华为公司管理机制产生效力的润滑剂。各项管理者都必须认同华为企业文化，并科学灵活地运用文化建设来推动、改善华为管理。管理机制是由组织、岗位职责及其管理制度和规范等构成，它具有刚性。它脱胎于企业文化，同时又是构建在企业文化的基础之上，靠企业文化来推动和润滑使其运转。当一个管理者，尤其是中高层管理者，只精通业务，而不懂得如何抓组织建设、制度建设和文化建设，就无法实施管理，实际上不适合做管理者。

（4）将华为企业文化建设扎根于华为日常管理之中。强化 8 小时之内的企业文化与管理，将企业文化建设融入华为的日常管理活动之中，将企业“魂”凝聚在企业产品质量、信誉、品牌和市场竞争力之中，体现于企业各级管理者的日常管理行为之中。

8 小时之内的企业文化就是实施企业管理。那么 8 小时之内企业文化活动是什么？是对管理制度和规范的酝酿与推行，是对个人组织行为的考核评价活动。员工之间管理思想的交流与沟通，管理制度、规范的酝酿与推行以及员工个人组织行为的考核与评价，都是在构筑一个企业“魂”，这个构筑过程就是文化的过程。管理是这一文化过程的外在表现，是把企业“魂”凝聚在企业产品质量、信誉、品牌和市场竞争之中。

8 小时之外，企业有组织的文化活动应该是对个人才能、才华自发培养和评价的活动，或者说，是对个人组织行为和情感的培养以及个人组织行为能力以外的其他智能和体能的评价活动，公司提供一个释放和评价个人能量的场所。通过 8 小时之外的文化活动，使员工生活丰富多彩，身心得以休息、放松，恢复体力和脑力，修整队伍，调节生活。同时，在文化活动中有意识地培育员工的参与意识和乐观向上的企业家精神、敬业精神、创新精神、团结合作精神和奉献精神，陶冶公司提倡的高尚情操与情感，鼓舞员工去创造丰富多彩和积极的人性，如我们要提倡缺乏合作精神的人去踢足球，多参加一些集体项目；要提倡缺乏创新精神的人多参加一些探险活动；要提倡没有奉献精神的人多参加一些义务劳动等等。8 小时之外的企业文化生活是为提高 8 小时之内的工作能力和情感服务的。

2019 年，中国工信出版集团人民邮电出版社出版了邓斌的新书《华为管理之道》，全面总结了任正非的 36 条管理秘诀，揭开了世界级企业的思考法则、工作方式、话语体系，直抵华为管理的本质和精髓。这本书得到了很多华为资深员工的共鸣，我阅读后深受启发，深感这是华为管理之神和文化之魂，是华为持续成功的秘诀。感兴趣的读者可以仔细研读。

（二）阿里巴巴的企业文化在企业发展中的作用

阿里巴巴集团及其子公司基于共同的使命、愿景及价值体系，建立了强大的企业文化，作为公司业务的基石。阿里巴巴的业务成功和快速增长有赖于公司尊崇企业家精神和创新精神，并且始终如一地关注和满足客户的需求。

无论公司成长到哪个阶段，这强大的共同价值观让阿里巴巴可以维持一贯的企业文化，不仅推动了公司的发展，也培养和造就了员工。

阿里巴巴集团使命：让天下没有难做的生意。

阿里巴巴集团的愿景：分享数据的第一平台；幸福指数最高的企业；“活 102 年”。

阿里巴巴集团拥有大量市场资料及统计数据，为履行公司对中小企业的承诺，阿里巴巴成为第一家为全部用户免费提供市场数据的企业，希望让客户通过分析数据，掌握市场先机，继而调整策略，扩展业务。同时希望成为公司员工幸福指数最高的企业，并成为一家“活 102 年”的企业，横跨三个世纪（阿里巴巴于 1999 年成立）的企业。

阿里巴巴集团的价值观：阿里坚持“客户第一、员工第二、股东第三”。

阿里巴巴集团有六个核心价值观，是阿里企业文化的基石和公司 DNA 的重要部分。该六个核心价值观为：

1. 客户第一——客户是衣食父母

（1）尊重他人，随时随地维护阿里巴巴形象。

（2）微笑面对投诉和受到的委屈，积极主动地在工作中为客户解决问题。

（3）与客户交流过程中，即使不是自己的责任，也不推诿。

（4）站在客户的立场思考问题，在坚持原则的基础上，最终达到客户和公司都满意。

（5）具有超前服务意识，防患于未然。

2. 拥抱变化——迎接变化，勇于创新

（1）适应公司的日常变化，不抱怨。

（2）面对变化，理性对待，充分沟通，诚意配合。

（3）对变化产生的困难和挫折，能自我调整，并正面影响和带动同事。

（4）在工作中有前瞻意识，建立新方法、新思路。

（5）创造变化，并带来绩效突破性地提高。

3. 团队合作——共享共担，平凡人做非凡事

（1）积极融入团队，乐于接受同事的帮助，配合团队完成工作。

（2）决策前积极发表建设性意见，充分参与团队讨论；决策后，无论个人是否有异议，必须从言行上完全予以支持。

（3）积极主动分享业务知识和经验；主动给予同事必要的帮助；善于利用团队的力量解决问题和困难。

（4）善于和不同类型的同事合作，不将个人喜好带入工作，充分体现“对事不对人”的原则。

（5）有主人翁意识，积极正面地影响团队，改善团队士气和氛围。

4. 诚信——诚实正直，言行坦荡

（1）诚实正直，表里如一。

（2）通过正确的渠道和流程，准确表达自己的观点；表达批评意见的同时能提出相应建议，直言不讳。

（3）不传播未经证实的消息，不在背后不负责任地议论事和人，并能正面引导，对

于任何意见和反馈“有则改之，无则加勉”。

（4）勇于承认错误，敢于承担责任，并及时改正。

（5）对损害公司利益的、不诚信的行为正确有效地制止。

5. 激情——乐观向上，永不放弃

（1）喜欢自己的工作，认同阿里巴巴企业文化。

（2）热爱阿里巴巴，顾全大局，不计较个人得失。

（3）以积极乐观的心态面对日常工作，碰到困难和挫折的时候永不放弃，不断自我激励，努力提升业绩。

（4）始终以乐观主义的精神和必胜的信念，影响并带动同事和团队。

（5）不断设定更高的目标，今天的最好表现是明天的最低要求。

6. 敬业——专业执着，精益求精

（1）今天的事不推到明天，上班时间只做与工作有关的事情。

（2）遵循必要的工作流程，没有因工作失职而造成的重复错误。

（3）持续学习，自我完善，做事情充分体现以结果为导向。

（4）能根据轻重缓急来正确安排工作优先级，做正确的事。

（5）遵循但不拘泥于工作流程，化繁为简，用较小的投入获得较大的工作成果。

一次参加公司组织的阿里考察学习，我的同事负责企业文化建设的何晶和团队深刻感到那个从十几年前被人们称之为“不靠谱”“闻所未闻”甚至“骗子”的阿里巴巴，到如今超4000亿美元市值的互联网巨头，马云在不断的质疑声中完成了一个个曾经说过的“大话”，通过创新实践积累了宝贵的财富。

通过从人性、管理、文化等方面全方位感受阿里巴巴的管理逻辑；阿里巴巴的一年香、三年醇、五年陈的人文化；全员文化布道官；通过组织设计、文化落地等去感受阿里巴巴的文化，可为本组织的文化建设和落地提出思路和努力的方向。

通过探索阿里巴巴文化可以清晰感觉组织与团队都是如此，只有底层动力清晰了，才能点燃每个人内心中的那团火（这是阿里始终在坚持做的激发创造性张力）。激发阿里人的内心的变化、通过成长的历程驱动员工、激活组织、赋能个体，充分体现阿里的组织之妙，人性之美；呈现阿里巴巴极其强悍的组织能力。

阿里巴巴企业文化建设过程、结果及作用具体分析和总结如表10–1所示。

表10–1　阿里巴巴企业文化建设过程、结果及作用分析

序号	项目	阿里巴巴
1	顶层设计	关乎天下：道、谋、断、人、阵、信。 道：企业所蕴含的文化和老板的初心、志向、愿景。现在都说企业是存在封顶的，其实企业的封顶就是老板，老板只有坚守自己的内心使命，才能寻找到企业的道之所在。 谋和断：企业的战略，战术。具体包含的其实就是一家企业所执行的策略与商务计划。 人、阵、信：企业的组织能力

续表

序号	项目	阿里巴巴
2	组织能力	“杨三角”框架：（组织能力）员工意愿，员工愿不愿意；员工能力，员工会不会；员工治理，员工允不允许；企业的成功 = 战略 × 组织能力。 阿里升级为“战略组织能力的幂次方”，就是把所乘的组织能力变成指数级别
3	战略落地	“湖畔三板斧”：上三板是使命、愿景、价值观，下三板是组织、人才、KPI，中间的就是战略。 阿里巴巴六脉神剑价值体系：阿里巴巴价值观的第一条就是客户第一。 客户思维是一家公司在迈向伟大过程中的必要潜质。 理念是要转化为行动和实践的，因为只有实践才能演化成思维和习惯。两个转化中间，每个中间都像是隔着一个太平洋，有可能一辈子都走不过去，无法跨越。 结果就是客户价值衍生的结果。 结果：实现了客户价值企业所得到的盈利和各方面的收入。 地：让理想在现实的大地上开花结果。 中间：是从客户价值衍生出来的使命、愿景加上这个组织的循环，这个理念叫人
4	战略执行	工具均是采用沟通、共识、执行、反馈的流程，但重点关注人的因素。 人才管理：良将如云，弓马殷实；一家文化、使命和愿景驱动的公司。 重点在培养人： 1．在中国 500 强的企业中有超过 200 家的 CXO 都是从阿里巴巴出来的。 2．管理干部绩效指标：由业绩指标和文化指标两方面共同完成；业绩指标中含有业务、团队成长、个人成长三个方面；文化指标涉及帮助他人、公益参与等，是调薪和晋升的依据。 3．政委服务：身陪伴，心感知！与业务共同吃住、共同决策、共同协助组织能力提升和人员成长。 4．成就他人、协助他人成功成为个人绩效的考评项目。 5．目标的实现重于人员的成长，重点关注人员成长，而非业绩指标。 “天、地、人”文化 = 匹配对应的三板斧
5	企业文化	阿里巴巴文化的 3 个底层基因：梦想、老师和真实。 1．梦想：梦想在这家公司无处不在，并可以得到强有力的支撑和帮助。甚至可以说梦想已经成了这家公司最底层的基因，参与的任何活动无论是大型的还是小型的，无一例外都会有梦想的因素，梦想的基因在这家公司就从来没有缺失过。阿里巴巴崇尚不是科技改变了生活，是科技背后的梦想改变了生活。所以梦想在这家公司就像传奇一样，会在员工的底层基因中种下梦想的种子，然后不断地生根、发芽、成长。 2．老师：是发自内心的希望学生超越自己的，是希望学生能出人头地，是有着一种利他精神的。发自内心的希望员工收获成长，这种底层基因就是利他。 阿里巴巴的团队能达到招之即来，来之即战，战之即胜，胜之即散的组织效率，就是因为底层中的利他精神基础打得很好。组织和组织之间的关系不叫配合、不叫协同，组织和组织之间的关系叫做贡献。团队之间合作共事，首先想到的应该是：我怎么样才能够帮助你的团队去达成你的目标、完成你的方向，而不是先考虑我的团队能从中得到什么。看似很理想的东西，不断地去传递、去宣导，慢慢地形成氛围。阿里巴巴的高效组织，就是源于这种贡献，利他和成人达己的底层基因。 3．真实：大嘴巴，什么都说，给到员工一种始终如一的坚持精神。 阿里巴巴文化是和阿里巴巴人一样不断成长的，不是说去做文化，去设计文化，而是成长和内生的，是随着企业的发展过程逐渐演变出来的，其来源于这种底层的执行力。 阿里巴巴开会之前，每次都是半小时的互黑，尤其领导层被黑的情况最多、最频繁。组织、部门、个人之间没有结缔，真实、客观的表达，在内心深处认可是为了成长和帮助他成功

续表

序号	项目	阿里巴巴
6	文化落地核心之处	1. 切换“从客户看我们”的视角：让团队感觉到价值与成就这两个词，工作过程中客户认可变成了工作的奖赏。 企业员工获得了快速的成长时，源自客户内心的肯定远胜于拿钱给到团队的激励作用，来自客户的激励是最好的能量源。 阿里巴巴认为激励由两方面组成：一方面是工资、奖金、股票、晋升机会等由外而内的；更有效的激励是由内而外产生的，比如价值、成就、责任、荣誉等等。 2. 强化“从未来看现在”的能量：强调企业的愿景，包括愿景是什么，愿景的规划蓝图和方向等。 阿里巴巴的愿景是活 102 年，但这其中还包括三个阶段的愿景“相信在阿里巴巴，工作在阿里巴巴，生活在阿里巴巴”，所以即使阿里巴巴的员工不知道这个数字，却也总能记住这三句话。一个清晰的愿景吸引志同道合的伙伴加入，尤其是当企业还处在一个初创阶段时，想要吸引人才真的不是光靠钱就能做到的，一定是使命与愿景的结合，只有觉得做这件事情有意义，才会全力以赴地做下去，这个时候使命与愿景才会碰撞在一起。 3. 激发“个体的创造性”张力：很多时候个人和团队拿不到结果的最本质原因就是因为员工的目标不清晰或不坚定，企业只有让员工知道目标是什么，员工才会全力以赴地去达成，从而不断实现自我超越。 阿里巴巴在底层给员工的赋能，就是不断地让他们清晰自己的目标，知道自己的方向，激发自己的梦想。让员工知道如何做最好的自己，怎样管理好自己的时间、工作和生活，协助他们寻找和思考这些问题的答案，从而培养出更好的自己。 激发员工的创造性和极强的目标感，管理者打强目标感，不断地让员工理清自己的使命和目标，找到一件晚上做梦都会梦见的事情，一个极具目标感的员工就真的培养成了。 阿里三句话“极度渴望成功，愿付非凡代价；勇敢向上，坚决向左（勇敢指的是积极承担超出自己能力范围以外的责任，这会让你快速成长；左与右指的是舒适圈的边界，向右是舒适圈，向左是非舒适圈，我们一定要跳出舒适圈，这就是坚决向左）；使我们痛苦的必定使我们成长。不断地清晰这些理念，发现目标就在远方
7	管理现状	1. 现在阿里高层队伍全部是 70 后在运作，从支付宝到淘宝、天猫，今天所有的一线业务全部掌握在 70、80 后的手里。 2. 所有领导干部都是从一线成长起来的：从前台小妹干到副总裁的童文红，从销售干到集团合伙人的方大炮（阿里巴巴集团合伙人、钉钉企业服务部总经理方永新），从一线一步步成长起来。 3. 草根干起，从挨家挨户地拜访客户成长起来，总监以下的层面，很少有空降
8	文化布道官	1. 阿里每个人都是文化布道官，每个人都是阿里名片，可以宣讲阿里文化。 2. 每个人都有慈善工作指标（非工作时间，慈善活动 3 小时）；内部很多员工自建团队，协同开展慈善活动，自发组织。 3. 政委融入业务体系，同吃同住，同跑业务。 4. 倡导“平凡人做非凡事”到“非凡人、平常心、做非凡事”

（三）海尔的企业文化造就了企业做大做强

多年前，我参与过海尔公司的质量管理培训和审核，当时就被这家企业感染。海尔的企业文化内涵是什么？简而言之就是它的管理理念、奋斗拼搏精神与价值观！海尔的文化推动这家企业发展成为世界家电行业的领军企业。

海尔的管理理念不仅独特，而且系统、全面、丰富多样、配套协调。海尔集团首席执行官张瑞敏为海尔打造了诸多管理理念。诸如，适应中国国情的“吃休克鱼”、用文化加以激活的企业兼并理念；“有缺陷的产品就是废品”的质量理念；“东方亮了，再亮西方”的市场扩张理念；“先卖信誉，再卖产品”的营销理念；“人人是人才，赛马不相马”的人才开发理念；“用户永远是对的”和“把用户的烦恼降到零”的售后服务理念；“先创名牌后创汇，先难后易”的国际市场开拓理念；“用户的困难就是研究开发的课题”的技术开发理念；“先有市场再办厂，先有订单再生产”的生产经营理念；业务流程化、结构网络化、竞争全球化的战略管理理念，等等。

海尔的精神是什么？可以从五个方面进行详细阐述。

（1）以人为本的求实精神。主要体现在两个层次，一是用户至上，让用户满意率提升至 100%。二是尊重员工、关心员工、理解支持员工，让员工满意率达到 100%。

（2）全员同心同德“塑造品牌，争创一流”的求质精神。海尔有个著名的斜坡球体理论，即发展壮大的企业好似球体，为使其在斜坡上不断向上，必须依靠两股力：止动力与提升力。止动力是基础工作，提升力就是创新。这两种力处理不好，往往会制约、限制着企业的发展。而聪明的海尔人就是靠有效地解决了这个棘手的难题，才在国际市场上赢得了一席之地。

（3）标准近乎苛刻的求严精神。海尔给自己制订了许多差异为零的标准，如“零废品缺陷”“物流零距离”“仓储零库存”“用户零烦恼”等。也就是从 1985 年张瑞敏领着产品责任人砸掉有缺陷的 76 台冰箱，扣掉自己的全部工资开始，海尔就走上了一条“极限”从严治企的管理道路。“海尔品牌 = 零废品”，也就成了事实。

（4）“否定自我，挑战自我”的求新精神。海尔的管理哲学信条是“永远在否定”。今天是对昨天的否定，明天是对今天的否定。今天我会比昨天做得更好，是海尔人的目标与追求。张瑞敏要求每个海尔员工每天都要塑造一个新的自我，若不能自我创新就等于自我抛弃。也正是因为有了这样的要求与标准，海尔人不断进取、不断开拓、不断提高，每天都有所创新和收获。

（5）“反应迅速，马上行动”的求快精神。海尔人自始至终认定市场不变的法则是永远都在变，而且是瞬息万变。张瑞敏经常考虑的是，怎样比对手变得更快，怎样才能保持领跑地位。“敌不动，己先变”是海尔的产品始终能抢占市场先机，立于不败之地的有力保障。

六、企业文化建设实践案例

在我的人生经历中，50 岁以后主要在金风科技旗下的天润新能工作，以下介绍我在这家企业建设企业文化的实践。

金风科技和天润新能两家企业都是十分重视企业文化建设的企业。公司专门设立了企业文化部负责相关工作。金风科技经过 20 多年的发展，从创业到成为世界知名的企业，始终重视企业文化的形成和弘扬。公司形成了集团的企业文化、各业务单元的子文化、各专业的专业文化。公司编制并向全员发放《企业文化手册》，主要领导特别是公司董事长武钢先生亲自负责在金风大学各次中高级管理人员培训班中讲企业文化，也要求各子公司的主要领导每年向员工讲文化。由于公司注重企业文化建设，在公司发展过程中经历了行业的几次重大变革，在企业发展的相对低谷期也有相当的凝聚力，使企业不断发展壮大，从2016年起企业的规模、市场占有率和综合竞争力长期在世界同行业中排名第二和在中国同行业排名第一。

天润新能从2015年起重视企业文化建设，公司在行政部门设有企业文化建设专门岗位人员，公司不断在发展实践中持续完善公司的文化，形成了有特色的“家文化”“树文化”以及质量文化、安全健康文化、责任文化、环境文化等专业文化。公司编制并实施《质量文化建设纲要》，通过质量文化建设，继而形成标准化的质量手册，推动公司获得多项行业和国家的优质工程奖；公司量化安全文化落地考核，形成了有特色的一整套安全文化；公司重视社会责任，总结提炼了公司的责任文化，形成责任理念；公司重视环境保护，提倡低碳生活，编制《全员低碳生活手册》，员工从日常生活到工作都特别重视节能减排。

（一）金风科技公司愿景、使命、核心价值观的确立

金风科技的文化是以企业使命、愿景、价值观等为核心的理念体系，以及与之相应的管理制度、行为准则和企业形象的综合。它是对全体金风人思想意识的统一，行为方向的指引，工作协同的标准，决策判断的原则，是全体金风人的精神契约。

1. 使命：为人类奉献碧水蓝天，给未来留下更多资源

金风的使命是金风人事业追求的初心。是我们工作的动力之源，也是牵引我们永不止步的方向。

金风的使命决定了我们的事业是对人类社会可持续发展有重大贡献的崇高事业，代表了全社会对美好生活的向往。能把个人、企业、国家对未来追求完美结合在一起，是金风人的荣耀和幸福。

金风的使命是服务于全社会与全人类。通过整合全球范围内的先进技术、产品、商业模式和管理经验，为全球范围内的组织和个人提供可再生能源的产品及解决方案，推动人类社会的持续发展，促进人与自然和谐共存。

金风的使命是一项长期的事业。当我们把事业的初心与全人类的可持续发展紧密链接的时候，就决定了这是一项长久不衰的事业，也是需要长期奋斗的事业。我们不会计较一时的得与失，我们抱定了为可再生能源的事业奉献一生。

2. 愿景：成为全球清洁能源和节能环保解决方案的行业领跑者

金风科技致力于为全世界千家万户提供绿色、便宜、可靠的可再生能源。我们愿意通过更大的努力与付出，为引领全球未来能源的发展有所贡献，推动全社会对可再生能源的共识和可持续发展，不断努力践行企业公民社会责任，赢得社会尊敬。

3. 核心价值观：创造价值　成就人生

金风价值观“创造价值　成就人生”，其核心内涵包括客户导向、敢为天下先、知行合一、开放、协作、尊重、信任。

（1）客户导向：客户导向是金风安身立命的根本。客户导向需要对客户需求高度专注，要求上下一致心系客户，克服管理至上、唯我独尊惯性思维，树立管理为客户、一线员工服务的基本理念，全员紧贴市场，洞察客户需求，聚焦问题，与客户一起奋斗，在帮助客户获取成功的过程中实现成长。

金风业务和管理工作都应围绕成就客户展开，各级组织和团队以及每位金风人，都需要回答“我们的付出是否为客户（包括内部客户）带来了价值？”

敢为天下先：金风深知突破自我的重要性，金风人宁愿倒在前行的路上，也不愿跟在别人后面等死，只有为客户创造价值，才会有灿烂的人生，只要有利于成就客户，我们必将不遗余力地探索和尝试，直到成功。

作为行业的引领者，必须要对行业发展有所贡献才能不负使命。金风敢于在没有前人先例的困难条件下，解放思想、敢为天下先、勇于开拓、勇于创新，夺取一个又一个新的胜利。金风总是能不断从时代发展中汲取养分，在实践中推陈出新。发现价值、创造价值永远是金风人的愿望与追求。

（2）知行合一：古人自有知易行难的经验和体会，我们反对说得多、想得多、讨论得多，但是做得少、做得不实的现象。“知”需要通过实践和行动得到验证和提升，行是知之始，知是行之成。

互联网时代，响应客户的速度决定了市场地位，谁能做到知行合一，谁就有脱颖而出的巨大机会，有创意就要立刻实践，做出结果。

（3）开放、协作：谦逊的心态，心怀善念，开放阳光，如饥似渴地欣赏吸取别人的优点。始终抱有空杯心态。谦虚不自满，打开心胸和眼界，向时代学习、向客户和友商学习，向行业先进企业学习。

去掉光环，才能面向未来，开放进取，才能突破局限。最大的敌人是自己，只有背水一战，从头再来，不断学习、持续成长，才能创造新的辉煌。

（4）协同，是互联网时代创新新模式，只有实现全产业链协同，才能推动行业竞争力的提升，最大限度地降低成本提高性能。我们坚信成就他人就是成就自己。

（5）尊重、信任：尊重，首先体现在对人的尊重。志同道合的金风人是金风科技最大的财富，追求让金风人有尊严地工作和生活。对员工的尊重，体现在鼓励员工自主意识，充分授权员工在工作范围之内大胆决策，体现在让员工想干事、能干事、干成事。尊重，体现在追求公理的文化，体现在依法治企的机制。金风始终坚持不唯上、不唯权，尊重公理，尊重规则讲纪律。知行合一，令行禁止，个人服从组织，对制度和纪律敬畏感是保障整个组织高效运作的基础，执行力要靠大家对目标发自内心的执着、坚韧，靠专业化的素养，靠组织高效的协同才能实现。

"商之道，信为先"，信任可以凝聚人心提升工作热情，信任可以化解纠纷提高效率，挖掘潜能。但信任是建立在追求公理、公平公正的价值观基础上，需要透明的规范来作保护，金风科技通过实际行动营造一个充满信任的工作环境，让企业、员工以及供应商、客户等形成一个有诚信的集合体。

（二）天润新能的愿景、使命、核心价值观的确立

天润人认为：企业文化包括精神层、行为层、制度层和物质层。企业文化是经验和教训的总结，是集体智慧的结晶，是生存和发展之道。天润新能的文化主题是"卓越天润人·温暖天润家"。

经过 10 多年的实践认识公司形成了以树为特征的文化生态圈，如图 10-1 所示。

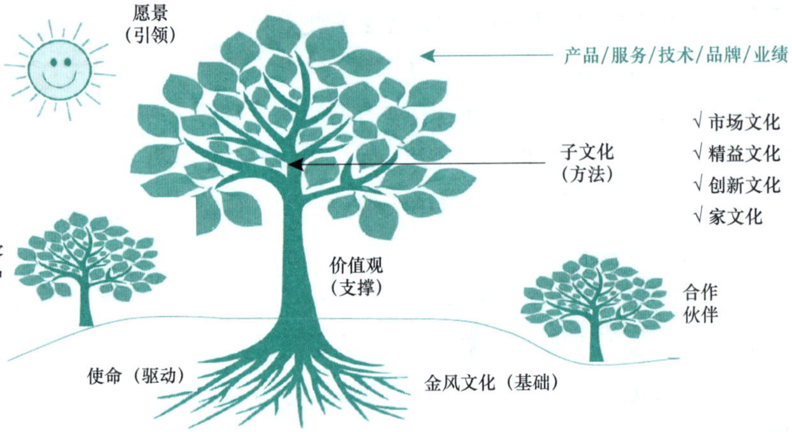

图 10-1　天润新能建立的文化生态圈

1. 愿景、使命、核心价值观

（1）愿景：成为一流的清洁能源服务共享平台。

（2）使命：为人类提供更优质的绿色能源。

（3）核心价值：创造价值、精益求精、追求卓越。

（4）创造价值的含义：洞察市场（只有深入市场才能更好察觉变化，拥有敏锐洞察力，无论内部市场，还是外部市场都需要主动调研了解）；引导需求（要在满足客户需求的基础上，引导客户的需求，以获得持久和独特的竞争优势，这需要我们付出巨大的努力）；成就客户（为客户着想，解决客户的实际问题，整合各种资源能力帮助客户成功，客户的成功会铸造我们的成就）；创新优化（开放创新，不断优化提供给客户的产品、服务和体验感知，增强客户的信赖；不断优化社会发展、新能源提供和环境保护的关系，维护人与自然的和谐）。

（5）精益求精：全心投入（全心全意投入工作，这会带给您事业成就感，还会让您体验到工作的乐趣。在快乐中工作，成就才能更持久）；规范执行（尊重公司制度和

标准，有规则的按规则办，没规则的按文化办）；持续改进（在工作中不仅要发现问题，更重要的是动手解决问题，实现工作的持续改进）；组织学习（成功提炼经验，失败总结教训，将成败沉淀为组织智慧；注重对标学习，在开放学习中，我们才能更好进步。不会学习的组织只会停滞不前）。

（6）追求卓越：思维卓越（做事要有格局、定方向、明目标、找方法、聚资源，具有战略的坚定性和战术的灵活性，防范和摆脱惯性思维）；团队卓越（打造卓越团队，打破组织边界，善待合作伙伴，聚内外众人之力，成就事业，共同营造平台生态是我们成功的关键）；工作卓越（时刻保持积极进取心态，诚信经营，高效管理，不断挑战自己，将工作做得富有自豪感，在工作中创造不平凡的成功经历）；创新卓越（敢为人先，热烈拥抱变化，将变化看作新机会，主动追求创新发展，拒绝变化只会被边缘化、被淘汰，故步自封会让我们错失创造未来的机会）。

2. 家文化

“家文化”是对团队和员工为人的要求。包括：

（1）正直守信：做人坦坦荡荡，廉洁自律，做事干干净净，透明阳光，主动维护公司利益和荣誉，做一位令人尊重的人。诚实而不欺骗，守信而不食言，这是珍贵品格，也是内外合作基础，应注重积累公司和个人信用，因为信用就是价值。

（2）敢于担当：将公司的事当作自己的事，积极承担好本职范围内的责任。主动承担“无主之事”，给自己多个“闪亮”的机会。敢于面向未知，以探索精神积极进取，以工匠精神将工作做好，而不仅仅是完成。在困难面前也无所畏惧，勇于追求更高目标。

（3）团队协作：以开放心态主动沟通，以信任心理坦诚交流，不妄自揣测或琢磨；对他人信息及时反馈，能换位思考，就事论事。理解大局，顾全大局，超越个人或部门的狭隘本位主义，注重团结和工作协同，工作中乐于相互支持和帮助，做一位与人为善的工作伙伴，携手打造卓越的天润团队。

（4）快乐工作：选对人是事业发展的前提，用对人是事业成功的关键，发展人是成就卓越的根本。我们努力引入有才华和符合公司价值观的员工，为员工提供自我绽放的舞台，并致力于不断发觉人的潜能，提升人的能力，升华人的心灵，规划和帮助每个人的成长。我们提供健康安全的工作环境，营造快乐工作的文化氛围，持续致力于提升员工的工作成就感、管理参与感、发展获得感、公司归属感、生活幸福感。

3. 树文化

树有着积极丰富的文化态度，与天润文化同心同理，树是天润企业文化的形象代表。树文化体现的特征如图 10–2 所示。

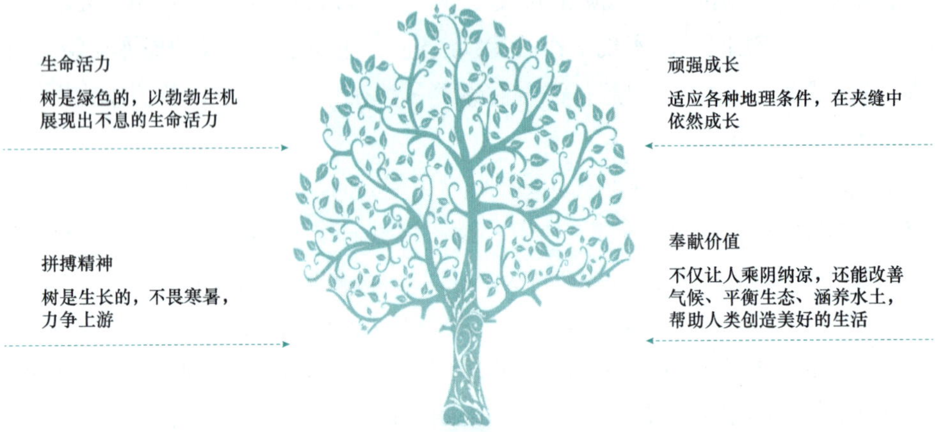
生命活力
树是绿色的，以勃勃生机展现出不息的生命活力
顽强成长
适应各种地理条件，在夹缝中依然成长
拼搏精神
树是生长的，不畏寒暑，力争上游
奉献价值
不仅让人乘阴纳凉，还能改善气候、平衡生态、涵养水土，帮助人类创造美好的生活

图 10-2　树文化体现的特征

公司还形成了廉洁文化、明确了干部的廉洁行为规范、负面清单、高管行为公约。

本章深度阅读参考文献索引

1.【美】瑞·达利欧（Ray Dalio）. 原则 . 刘波译 . 北京：中信出版集团，2018.

2.【美】罗伯特·卡普兰（Robert S. Kaplan），【美】戴维·诺顿（David P. Norton）. 战略中心型组织　平衡计分卡的制胜方略 . 上海博意门咨询有限公司译 . 北京：中国人已大学出版社，2018.

3. 周留征 . 华为创新 . 北京：机械工业出版社，2017.

4. 王成 . 战略罗盘——新时代持续增长的战略逻辑 . 北京：中信出版集团，2018.

5.【美】安妮特·西蒙斯 . 你的团队需要一个会讲故事的人 . 南京：江苏凤凰文艺出版社，2016.

6. 詹姆斯·库泽斯，巴里·波斯纳 . 领导力 . 李丽林等译 . 北京：电子工业出版社，2009.

7.【美】埃里克·施密特 . 重新定义公司 . 靳婷婷，陈序，何晔译 . 北京：中信出版社，2015.

8. 穆胜 . 释放潜能 . 北京：人民邮电出版社，2018.

9. 李在卿 . 管理体系绩效改进指南 . 北京：中国标准出版社，2006.

10. 李在卿 . 持续成功的管理 . 北京：中国标准出版社，2011.

11. 李在卿 . ISO 45001：2018《职业健康安全管理体系　要求及使用指南》的应用指南 . 北京：中国质量标准出版传媒有限公司、中国标准出版社，2019.

12. 李在卿 . 浅谈企业文化建设 . 管理科学文摘，2000-8.